本研究得到国家社会科学基金项目（12BJY144）资助

农村最低生活保障对象识别机制研究

汪柱旺　著

NONGCUN ZUIDI
SHENGHUO BAOZHANG DUIXIANG
SHIBIE JIZHI YANJIU

人民出版社

责任编辑:吴焰东
封面设计:姚 菲

图书在版编目(CIP)数据

农村最低生活保障对象识别机制研究/汪柱旺 著. —北京:人民
　出版社,2019.12
ISBN 978－7－01－021785－7

Ⅰ.①农⋯　Ⅱ.①汪⋯　Ⅲ.①农村-社会保障制度-研究-中国
　Ⅳ.①F323.89

中国版本图书馆 CIP 数据核字(2019)第 301961 号

农村最低生活保障对象识别机制研究

NONGCUN ZUIDI SHENGHUO BAOZHANG DUIXIANG SHIBIE JIZHI YANJIU

汪柱旺　著

人民出版社 出版发行
(100706　北京市东城区隆福寺街 99 号)

北京华联印刷有限公司印刷　新华书店经销

2019 年 12 月第 1 版　2019 年 12 月北京第 1 次印刷
开本:710 毫米×1000 毫米 1/16　印张:17.25
字数:200 千字

ISBN 978－7－01－021785－7　定价:70.00 元

邮购地址 100706　北京市东城区隆福寺街 99 号
人民东方图书销售中心　电话 (010)65250042　65289539

目　录

绪　　论

第一节　研究背景与研究意义

一、研究背景

公共救助资源的分配问题始终是社会关注的焦点问题。这是因为社会救助是保障人民基本生活的最后一道安全网，事关社会公平正义。我国于 2007 年在农村全面建立最低生活保障制度，为农村贫困人口提供必要的生活保障发挥了重要作用。经历了十余年的发展，农村最低生活保障制度在不断完善的同时也依然存在着一些问题，其中保障对象瞄偏问题尤为突出。2015 年民政部、国家统计局《关于进一步加强农村最低生活保障申请家庭经济状况核查工作的意见》也指出，骗保、错保、关系保、人情保等违规现象没有得到根本遏制。因此，在农村经济发展迎来重大战略机遇期和全面小康社会建设进入关键时期之际，如何提高农村低保对象识别的精准度，使保障政策实施更具有针对性是一个不容忽视的问题，关系着农村低保制度的反贫困效果。因此，在研究过程中，本书将把农村低保对象识别问题置于新时期扶贫开发工作面临新的挑战、精准扶贫思想的提出、乡村振兴战略的实施与全面小康的实现等宏观背景下进行深入探讨。

（一）新时期扶贫开发工作面临新的挑战

作为一个世界性的难题，贫困问题伴随着人类社会的产生与发展。新中国成立以来，我国政府致力于发展生产、消除贫困的工作，但真正意义上的扶贫，是在改革开放以后被提出并大规模实施的。改革开放以来，我国的扶贫开发工作取得了历史性的成就，贫困人口大规模减少，贫困发生率显著下降。以官方最初制定的极端贫困线来计算，1978 年农村贫困发生率为 30.7%，2007 年下降到 1.6%；2008 年贫困标准提高至当年价格下的低收入线（1196 元/人/年），按此标准计算，2000 年农村贫困发生率为 10.2%，2010 年下降至 2.8%；2011 年将贫困标准再次提高至 2010 年价格下的 2300 元/人/年，贫困发生率由 2010 年的 17.27% 下降至 2016 年的 4.5%。[①] 2018 年李克强总理在作《政府工作报告》时指出，过去五年，脱贫攻坚工作取得决定性进展。贫困人口减少 6800 多万人，易地扶贫搬迁 830 万人，贫困发生率由 10.2% 下降到 3.1%。经过几十年的大规模扶贫开发，我国贫困人口数量大幅减少，贫困群体的生活状况得到了很大改善，贫困地区面貌焕然一新。我国进行的扶贫开发工作不仅有利于促进贫困地区经济发展、维护政治稳定、加强边疆巩固与民族团结、增进社会和谐，并且走出了一条具有中国特色的扶贫开发道路，为全球减贫事业提供了有力支持。

随着我国特色社会主义发展进入新时代，我国的脱贫攻坚工作也进入了关键阶段。目前，我国仍有 1660 万农村贫困人口尚未脱贫，并且自 2010 年以来减贫速度逐步减缓，扶贫难度不断提高。尚未脱

---

① 资料来源：国家统计局住户调查办公室：《中国农村贫困监测报告》（2007—2017 年），中国统计出版社历年版。

贫的人口大多集中在荒漠化地区和石漠化地区，生态环境脆弱，生产生活困难较多。如何解决这些地区人口的生存发展问题，是新时期下我国扶贫工作面临的新挑战。党的十九大报告提出"让贫困人口和贫困地区同全国一道进入全面小康社会，确保到2020年我国现行标准下农村贫困人口实现脱贫，贫困县全部摘帽，解决区域性整体贫困，做到脱真贫、真脱贫"。缓解和消除贫困仍然是我国今后一项长期的历史任务。在"撒胡椒面"式的扶贫方式下，扶贫资源的过于分散导致扶贫效率并不尽如人意，因此，今后一段时期的扶贫应集中有限的资金，针对最需要帮扶的人群和地区进行重点扶持，这就要求对贫困对象进行精确识别。农村低保的保障对象是家庭年人均收入低于当地保障标准的居民，即绝对贫困人口。现阶段农村最低生活保障制度是否真正发挥了托底农村底线民生的作用，在很大程度上取决于低保是否真正瞄准了贫困人口。如何将低保户从贫困群体中识别并筛选出来，既不遗漏真正的贫困人口，也不把非贫困人口纳入保障范围，是一项至关重要的工作。

（二）精准扶贫思想的提出

长期以来，我国的扶贫开发采用的方式都比较粗放，扶贫制度设计存在缺陷：扶贫项目设计指向性不强；扶贫资金使用分散化、碎片化问题突出；贫困县舍不得摘帽，挤占了国家扶贫资源；关系扶贫、人情扶贫等现象屡见不鲜，加剧了社会不公。因此，原有的扶贫体制机制亟需完善，特别是在扶贫开发工作进入"啃硬骨头、攻坚拔寨"的冲刺期，减贫难度越来越大，必须及时转变扶贫方式方法，提高扶贫"精准度"，解决好资金和政策用在谁身上、怎么用、用的怎么样等问题，做到精准扶贫。

不同于粗放扶贫，精准扶贫针对不同地区的发展环境、致贫因素、农户贫困状况等，运用科学程序实现对象识别精确、帮扶精准、管理精确，力求实现有效治贫。2013 年 11 月，习近平总书记在湘西考察时首次作出了"实事求是、因地制宜、分类指导、精准扶贫"的重要指示。2014 年 1 月，中共中央办公厅详细规制了精准扶贫工作模式的顶层设计，推动了"精准扶贫"思想落地。2014 年两会期间习近平总书记再次强调，要实施精准扶贫，瞄准扶贫对象，进行重点施策，进一步阐释了精准扶贫理念。新时期下精准扶贫是全面建成小康社会、实现中华民族伟大复兴中国梦的重要保障。社会主义的本质要求是实现共同富裕，没有农村的小康，特别是没有贫困地区的小康，就没有全面建成小康社会。作为我国农村贫困人口的主要救济方式，应充分发挥农村低保制度在打赢脱贫攻坚战中的兜底保障作用，将其与扶贫开发政策进行有效衔接。2016 年，国务院办公厅转发民政部等部门《关于做好农村低保制度与扶贫开发政策有效衔接的指导意见》并指出，农村低保制度与扶贫开发政策衔接的过程中，应坚持应扶尽扶、应保尽保、动态管理、资源统筹等原则，精准识别农村贫困人口，及时将符合条件的建档立卡贫困户全部纳入农村低保范围，保障其基本生活。农村贫困人口的精准识别问题已成为扶贫开发能否取得新成效的关键突破口。

（三）乡村振兴战略的实施与全面小康的实现

当前，我国已进入全面建成小康社会的决胜阶段。我国的城镇化率已由 2010 年的 47.5% 提高到 2016 年年末的 57.4%，六年间城镇化率提高了近十个百分点，城镇化规模和水平都有了很大提升。但与城镇化快速发展的势头不相称的是，我国农村与城市的发展差距逐渐拉大，特别是在产业发展、生态建设、社会治理等方面，农村的发展仍较为滞后，已成为中国实现"两个一百年"奋斗目标的短板。农村贫困人口的脱贫与全面脱贫目标的实现关系密切。因此，必须准确识别贫困对象，将有限的低保救助资源发放到最需要帮扶的贫困群体手中，充分发挥农村低保制度的兜底作用。这既是建设美丽乡村、实现乡村振兴的重要举措，更关系着全面建成小康社会的成色和社会主义现代化的质量。

党的十九大以来，中央作出了一系列关于农村发展的战略部署，最引人注目的就是提出了乡村振兴战略。党的十九大报告中首次提出了"乡村振兴"战略，在随后召开的首次中央深改小组会议上，"三农"议题占了近三分之一。2017年12月举行的中央农村工作会议全面分析了新时期"三农"工作面临的形势和任务，研究了实施乡村振兴战略的重要政策，对2018年及今后一个时期的农业农村工作作出了部署。紧接着召开的全国农业工作会议再一次强调了"以实施乡村振兴战略为抓手，加快农业农村现代化步伐"。2018年年初国务院发布了改革开放以来第20个、21世纪以来第15个指导"三农"工作的中央一号文件——《中共中央国务院关于实施乡村振兴战略的意见》，对实施乡村振兴战略进行了全面部署。在2018年3月召开的两会上，李克强总理在作政府工作报告时又一次提出大力实施乡村振兴战略。可以看出，乡村振兴战略是新时期党和政府针对不断变化的"三农"问题作出的重大战略部署。农村低保对象识别与乡村振兴息息相关，只有准确识别低保对象，将最需要帮助的农村贫困人口纳入低保范围，有效保障他们的基本生活，农村社会秩序才能得到稳定，在此基础上才能不遗余力地推动乡村产业振兴、人才振兴、文化振兴、生态振兴和组织振兴，乡村振兴才能有序推进，农业强、农村美、农民富才有可能实现。

二、研究意义

社会保障主要包括社会保险、社会救济、社会福利、优抚安置等内容，其中，社会保险对象的权利与义务是相称的，权利的获得必须以缴费义务的履行为前提，而社会救济对象权利的获得不需要履行任何缴费义务，资金给付是单向的。这就使得一部分社会成员为了满足个人私利，故意隐瞒其家庭财产与收入以尽可能进入低保范围，挤占低保资源，导致出现错保、漏保等现象。农村低保制度作为社会保障体系中的最后一道安全网，是否为收入低于低保标准的农村贫困人口提供必要的生活保障，关系社会的公平正义在农村的倡导与实施，关系乡村振兴的实现和全面小康社会建设能否取得最终胜利。

（一）理论意义

长期以来，我国农村低保对象识别主要以收入为标准来衡量，在此基础上有些地方考虑了其他一些重要因素，以弥补单纯地以收入为标准进行选择的不足。随着我国经济社会发展形势的不断变化，农村贫困问题也面临着新的挑战，致贫因素也呈多元化态势。本书尝试对我国农村低保对象识别问题进行专项研究，在重新考虑我国农村低保制度的目标与功能定位的基础上，结合多维贫困理论、主观贫困认知等因素重新构建了农村低保对象识别指标体系以提高保障对象瞄准率，这既可为完善我国农村低保制度提供理论依据和支撑，促进我国社会保障体系的不断完善，又可以进一步丰富社会救助理论和贫困理论，对拓宽学科视野、创新研究方法具有积极的推动作用。

（二）现实意义

相较于城市最低生活保障制度，我国农村最低生活保障制度的建设较为滞后。1994 年在民政部的指导下我国开始了农村最低生活保障制度建设的试点探索工作，2007 年中央政府开始主导农村低保制度建设，公布了《国务院关于在全国建立农村最低生活保障制度的通知》，明确了农村低保制度的总体目标和要求。随着我国经济的发展和社会的进步，农村低保制度的建设水平不断进步，低保覆盖面不断扩大，保障标准逐年提高，有效保障了农村地区贫困人口的基本生活。但不可否认的是，我国农村低保制度的发展仍然处在一个由粗放到完善的过程，还存在一些亟待解决的问题，尤其是保障对象识别机制更是亟需精准构建与完善。根据《通知》要求，农村最低生活保障的对象是家庭年人均收入低于当地保障标准、生活常年困难的农村居民，包括因病致残者、年老体弱者、丧失劳动能力者等。在具体操作中，一般是先制定保障标准，再通过家计调查甄选出符合给付条件的申请者；也有一些地方政府结合当地实际情况制定出了行之有效的低保对象识别办法，但这些办法大多具有地方特色与局限性，尚不具备在全国范围内推广的可行性。家计调查的实质就是计算家庭成员人均收入并与当地低保标准进行比较，以此确定是否给予救助及具体的救助金额。县民政部门、街道办事处、乡镇政府以及村（居）委会等负责调查申请者的收入状况，采用的方式主要有入户调查、邻里访问、信函索证等。但现实情况是，目前的家计调查并不能全面、准确地识别出符合条件的低保对象，瞄准遗漏和瞄准漏出现象在全国范围内不同程度地存在。

在美丽乡村建设和全面小康社会建设进入关键时期之际，如何提高低保救助对象的瞄准率，使低保救助资源能得到合理配置，提高社会救助资金的使用效率，在当前背景下具有很强的现实针对性。农村低保工作是一个复杂的系统工程，农村低保对象识别作为农村最低生活保障制度实施过程中最为关键的一环，关系着能否将有限的低保资源集中于最需要帮助的贫困群体，关系着以农村低保制度为核心的社会保障体系的健全与完善。本书以此作为研究对象，并对相关问题展开深入探讨，以期探索出一种能适应新时期下农村贫困问题变化的识别机制，提高低保救助对象识别精准度，为完善我国农村最低生活保障制度提供参考与借鉴。

第二节　文献综述

从20世纪40年代开始，西方发达国家相继建立了较为完善的社会救助体系，走上了福利国家道路。由于国外没有"最低生活保障"这一说法，自然也就没有最低生活保障制度，对生活困难群体的帮扶主要是通过社会救助制度来实现的。农村最低生活保障制度是我国社会保障体系的重要组成部分，在有效减少绝对贫困人口、保障困难群众基本生活、维护农村社会稳定等方面都发挥了不可替代的作用。梳理国内外相关的文献，学习、借鉴已有的研究成果，是本书展开研究的前提与基础。

一、国外研究现状

从理论与实践来看，低保对象识别与贫困对象识别二者在本质上是同一个问题。在国外学者的研究语境中，一般称之为"贫困对象识别"。国外关于贫困对象识别的研究主要集中在以下几个方面：

（一）贫困的内涵

国外学者对贫困内涵的研究最为广泛，对这方面的研究经历了一个从收入贫困到能力贫困再到权利贫困的过程。如 19 世纪末英国学者朗特里（S.Rowntree，1901）认为贫困即为缺乏维持体力的最低需要。在这之后，费尔柴尔德（Fairchild，1962）、德克斯特（Dexter，1973）、雷诺兹（Reynolds，1986）、约翰·斯科特（John Scot，1994）等学者也详细阐述了收入贫困的概念。考虑到从收入层面定义和测量贫困具有一定的局限性，也有一些学者提出了"资产贫困"的概念和测量方法，如罗伯特·哈弗曼（Robert Haveman）和爱德华·沃尔夫（Edward N.Wolff，1995）认为一个家庭在一定时期内缺乏满足其最低需要的资产就应当被视为资产贫困。阿玛蒂亚·森（A.Sen，1984）首次提出能力贫困理论，并提出了包括教育与健康在内的"能力集"概念，能力贫困理论一经提出便引起强烈反响，将人们的注意力从手段（收入）转向了目的，很快就被运用到全球反贫困的政策实践中。这之后的学者们分别从社会剥夺（Townsend，1979）、社会排斥（Jourdan，1996；Wagle，1998）、脆弱性（Moser，1998；Farrington，2002）等方面探讨了权利贫困问题，指出社会权利不足是导致贫困的深层次原因。也有学者从贫困程度的角度将贫困分为绝对贫困（Reynolds，1986；Alcock，1993）和相对贫困（Galbraith，1988），而汤森（Townsend，1979）则将贫困划分为维持生存、基本需要和相对匮缺三个层次。

（二）贫困救助对象瞄准

在国外，对贫困群体的救济主要是通过社会救助制度实现的。关于社会救助对象的瞄准问题，国外学者的研究主要集中在瞄准效率和瞄准方法两个方面。

朗特里和拉弗斯（Lavers，1951）对英国约克郡的社会救助制度的贫困减少效果进行了开创性研究，发现社会救助并没有为贫困群体提供充足的保障。此后一些学者的研究得出了类似的结论。哈罗德·奥德曼（Harold Alderman，2001）提出，若阿尔巴尼亚将救助资源分配转移给地方政府，可能更能提高救助政策的瞄准效果。约翰·米克勒赖特（John Micklewright）和希拉·玛尼（Sheila Marnie，2005）研究了乌兹别克斯坦的社会救助体系，指出当地的社会救助并未瞄准最需要帮助的对象，并且在救助过程中存在救助水平不高、救助金发放标准模糊等问题。纳齐姆·哈比博夫（Nazim Habibov，2008）利用全国性家计调查获得的数据实证分析了阿塞拜疆社会救助项目的瞄准情况，结果表明非贫困群体获得了大量的社会救助福利，而大部分穷人并未从社会救助中受益，社会救助对象瞄准率低下。格林·威廉姆斯（Glyn Williams，2012）等对印度西南部最贫困地区喀拉拉邦的调查发现，一些地方性因素的存在如村委会把控着最低生活保障制度，社会救助无法覆盖到所有贫困对象。

在社会救助对象的瞄准方法上，不同学者的研究各有差异。约翰·米克勒赖特和希拉·玛尼（2005）利用包括收入、消费、农业资产状况、就业情况等一系列指标在内的家计调查，有助于判断社会救助项目是否准确瞄准了受助对象。马梅多娃（M.H.Mamedova）和贾布拉罗娃（Z.G.Djabrailova，2007）利用模糊逻辑分析方法估计家庭收入，这种方法有助于反映家庭收入估计模型的不完整和不准确信息、定性和定量数据、标准组、维度和专业知识。马丁·拉瓦利翁

（Martin Ravallion，2008）运用反事实模型计算出了多维的福利度量标准，克服了仅以单一收入标准确定贫困对象的不足，有效提高了政策的瞄准程度。大卫·约翰·马洛塔（David John Marotta，2011）指出，家计调查方法相比代用税计划更具优势，原因在于家计调查减少了富人受益的可能，并且不会给中小企业家造成负担。

二、国内研究现状

相比西方福利国家，我国社会救助制度建设进展较为缓慢，我国现代意义上的社会救助制度直到 20 世纪 50 年代初才正式建立。作为规范性社会救助制度的重要构成，农村最低生活保障制度是在农村特困群众定期定量生活救济制度的基础上逐步发展和完善的。1994 年在民政部的主导下我国开始了农村最低生活保障制度建设的试点探索工作，但直到 2007 年才在全国范围内正式建立起农村最低生活保障制度。从实施效果来看，农村低保制度的落地有效地减少了贫困人口、保障了农村困难群众的基本生活、稳定了农村社会秩序。然而，由于农村低保制度在我国实施的时间较短，相比其他社会救助制度而言其发展仍处在一个由粗放到完善的过程，不可避免地存在很多问题，这些问题也引起了学者们的广泛关注。总的来说这些研究大致可以分为以下几个方面：

（一）农村低保制度存在的主要问题

1. 保障标准的设定

保障标准是指低保制度规定的社会救助对象所能获得的最高救助金额。如何科学合理地设定保障标准是最低生活保障制度实施过程中一个非常重要的环节，这直接关系着低保制度对贫困家庭的保障程度、覆盖面大小及其所需资金的多少，也关系着反贫困目标的实现程度。现有关于农村低保标准的研究主要集中于对低保救助水平的测算与评估。米红、叶岚（2010）结合弹性理论，运用改进后的 ELES 模型测算农村低保标准的实证研究表明，不同地区低保标准的测算值和实际保障水平存在偏差，说明各地制定的低保标准的合理性有待考量。王增文（2010）的研究发现，各地保障标准差异明显，剔除经济发展水平等因素后发达地区低保标准仍高于中西部农村地区。孙健夫、付云飞（2012）利用救助力度系数、生活救助系数和农村低保覆盖率三个指标考察了河北省农村低保的救助效果，发现河北省财政对农村低保的支持呈现"水平低、覆盖广、差异大"的非适度性特征；而后运用恩格尔系数对河北农村低保标准适度性进行测算后发现，河北现行低保标准较低，难以保障困难农民的基本生活，因此有必要增强财政对农村低保的支持力度。江华、杨雪（2014）运用改进后的 ELES 方法测算了我国 2010 年全国低保线和东、中、西部地区代表省份的低保线，并提出了进一步改进的建议。李春根、夏珺（2015）运用比率模型分析了我国农村低保标准的保障力度，指出虽然各省域农村低保标准占人均收入、人均消费和地方财政支出的比重总体逐年上升，但低保标准的保障力度区域差异性明显。谢东梅、刘丽丽（2017）选取了五类生活消费支出，运用 ELES 模型测算了福建农村低保标准，结果表明 2007—2011 年福建农村低保标准整体偏低，究其原因主要包括财政能力约束、城乡经济发展差距大等。边恕等（2017）利用马丁法比较了现实低保给付标准与低贫困线和高贫困线的差异，发现当前辽宁省低保给付标准分别占马丁法低贫困线和高贫困线的 54% 和 36%，说明当前的保障标准无法满足农民的生存需要，对此设计了低保标准的动态调整机制。

在建立农村低保制度的过程中，科学制定低保标准是一项重要的工作，这关系到受助人群是否能够获得充足的帮助。从目前的研究现状来看，学者们运用不同的方法测算了全国或特定省份的低保标准，发现不管是从全国层面来看还是从省级层面来看，现有低保标准偏低，难以满足居民的基本生活需要，并且各地保障标准差异较大。由此，进一步研究农村低保的合理标准与动态调整机制，是本书的基础性工作。

2. 资金的筹集与使用

资金问题一直是制约我国农村最低生活保障制度建设的最大障碍。目前关于农村低保资金的研究较少，现有研究主要集中讨论了农村低保资金的供给规模及筹集问题。刘玉森等（2006）、陈明文（2007）梳理了农村低保制度几种主要的资金筹措方式并分析了其局限性，提出应进一步完善农村低保资金筹措方式，坚持"分级负责，合理负担"原则，明确各级政府的支出责任，为农村低保政策实施提供可靠的资金保障。赖志杰、廖宇航（2009）基于两级政府之间行为和政策的博弈分析，探讨了下级政府虚报低保对象人数的原因，对如何建立农村低保资金分担机制提出了相应的建议，如确定不同层级政府间合理的分担比例、建立监督机制即加强内部监督和诚信教育等。姚红义（2010）认为，应调整我国农村低保资金的供给模式，即由地方政府提供为主转变为以中央政府提供为主，从而减轻地方政府财政压力，将主要精力放到农村低保管理工作上来。孙睿等（2011）从供需角度分析了低保资金的使用现状，并测算了实现应保尽保目标所需的资金总量，指出目前农村低保资金仍存在较大缺口，论述了建立农村低保基金的重要性。谢冰（2011）指出，西部民族地区由于出资能力低下、资金筹措渠道有限等因素制约，实际低保标准明显低于东部地区。为实现基本公共服务均等化的目标，中央和各省（区）要进一步加大对西部农村低保的财政补助力度，适时建立农村低保金的跨省调配机制，以缩小区域差距。郝秀琴（2014）利用柯布—道格拉斯生产函数和个体随机效应模型估计了河南省农村低保支出的最优规模并分析了河南省农村低保的实际状况。研究发现，河南省农村低保实际保障水平低于测算规模，经济发展水平与低保支出规模二者存在一定的负相关性。因此，可以从加大财政投入、建立完善的道德风险预警机制、创新低保救助方式、多渠道筹措低保资金等方面入手优化农村低保支出规模。张乃亭（2015）研究发现，我国农村低保的资金需求占 GDP 的比重仅为万分之四，占财政支出的比重约为千分之二，我国财政收入的逐年增长，说明国家财政完全有能力承担低保支出且不会造成过大的财政压力。因此，应进一步提高低保水平，多层次、多渠道筹集低保资金，但应坚持以中央财政负担为主。除此之外，为数不多的学者讨论了低保资金的使用效率问题，如刘晓梅等（2014）指出，目前我国低保绩效评估呈现评估体系多层次、评估实施措施多元化、评估方法多样化、评估结果运用多渠道的特点，分析了低保资金绩效评估工作存在的问题如考核指标体系不全面、指标选取不当、信息获取困难等，据此提出进一步完善低保资金绩效考核工作的建议。夏珺、李春根（2018）利用 DEA-Malmquist 指数法测算了我国 2008—2013 年农村最低生活保障财政支出效率并分析其动态变化情况。静态效率研究结果显示，农村低保支出效率存在明显的区域差异，其综合技术效率很大程度上取决于规模效率；动态分析结果表明，随着低保财政支出的逐年增加，其支出效率在不断下降，主要原因在于技术进步变动。刘丹、卢洪友（2018）从基本公共服务受益均等化视角，运用 MBI 方法系统测度了 2008—2012 年我国 118 个地级市农村低保支出的边际受益状况，研究表明，低保支出的边际受益率与地区经济发展水平成正比；进一步的动态研究发现，贫困地区与富裕地区低保支出的边际受益率差值在不断扩大，说明农村低保支出受益分配的公平性问题亟需解决。因此，为提高贫困地区低保受益水平，应完善转移支付体制，提高低保资源配置效率。

农村低保资金的筹措和使用问题一直是学界关注的焦点，从现有的研究情况来看，学术界关于低保资金的使用问题研究较少，只有少数的学者对低保资金的使用效率问题进行了分析，大部分的学者将研究重心放在低保资金的筹措方式上。关于低保资金的筹资方式问题，学界主要运用定性研究的方法，从不同的角度论述了多渠道筹措低保资金的必要性和重要性，得出的结论是"积极调整我国低保资金供给模式，中央政府应承担主要的出资责任，减轻地方财政压力"。此外，也有一些学者运用定量分析的方法，对低保资金的需求总量、支出的最优规模、占财政支出的比重等进行测算，从客观上说明了我国低保资金的供给现状，进一步说明了完善我国低保资金筹措方式的必要性。

3. 低保对象的识别与瞄准

农村低保对象的确定，就是受益者选择机制建立及执行的过程。如何将有限的低保资源集中于最需要救助的贫困群体至关重要，只有准确确定低保对象，才能做到应保尽保、应补尽补、应退尽退。然而如何准确识别低保对象是低保制度实施过程中非常重要而艰难的环节。关于低保对象的瞄准识别问题，大量的学者运用定性和定量的研究方法，取得了一定的成果。一些学者运用定性的方法探讨了低保对象瞄准失误的原因并提出了相应的对策建议。李小云等（2006）选取福建沙县作为研究对象，调查了当地农村最低生活保障政策的执行情况，发现由于基层财政困难，再加上乡镇政府为维持农村社会稳定而采取策略平衡性政策，在低保户的具体识别过程中就会出现瞄准偏差和瞄准遗漏的问题。艾广青等（2009）探讨了低保对象界定中民主评议办法的可行性与不利因素，提出了促进农村低保政策公平有效实施的建议，如搞好入户调查工作、完善民主评议制度、重视公示监督及跟进相关配套工作等。李春根（2010）对江西农村低保对象进行调查后发现，由于农民收入的不确定性和隐蔽性的特点，一些地方政府在低保对象认定中"发明"了一些简便做法，而这些做法或缺乏法律依据，或表现出随意性，都是不合理的。汪柱旺（2010）认为可以根据因地制宜原则，分类别分情况制定出保障对象的条件与范围，在实际选取中可以运用调查摸底与群众评议相结合的办法，同时革除低保对象认定过程中一些歧视性的规定和做法。耿羽（2012）认为遴选标准模糊、基层治理资源匮乏以及"小私"逻辑充斥村庄是造成农村低保错位分配的几个主要原因。赖志杰（2013）认为，目前最低生活保障救助对象"瞄偏"主要包括"应保未保""保不应保"和"应退未退"三种情况，造成这种现象的原因是多方面的，申请者出于利益的考虑或自身能力限制可能存在的"福利欺诈"与"弃真错误"、社会救助人员审查不当与"取伪错误"以及缺乏实操性的家计调查方法等都可能导致救助瞄偏的问题。何植民（2013）提出，农村低保政策实施过程中较大的行政弹性以及农民收入的难以计量给农村低保对象的选择造成了很大困难。李小云（2015）认为我国目前低保户身份识别不准确的原因主要是治理结构不合理，治理的要求和治理的投入不成比例，并提出了通过加大政策投入，改进扶贫资源调配模式的方法来提升低保户身份识别的准确性。李振刚（2016）从理论、实践和运行效益几个维度分析说明以家计调查为主的目标定位机制并不是农村低保对象识别的最佳选择，建议采取以身份类别为基础的目标定位机制来甄别低保户，在此基础上建立类别化的补贴制度。安永军（2017）通过对鄂东 W 村的实地调研，发现社区评议机制在低保对象识别中由于管理粗放以及监督薄弱等原因存在严重的瞄准困境；家计调查机制的引入则大大提升了低保对象瞄准的精准化程度。仇叶（2018）指出，我国贫困人口瞄准偏差产生的最重要的制度原因是福利配额制的广泛存在。为了实现对贫困人口的精准识别，应以福利认证取代福利配额。李春根、廖彦（2018）总结了农村低保对象诚信缺失的表现，从主、客观两个角度着重分析了诚信缺失的深层原因，如核查机制不健全、福利捆绑、法制观念淡薄、公德意识缺失等，提出建立包括预警机制、监督机制和奖惩机制在内的诚信机制，为解决农村低保对象的诚信问题提供了参考。

运用定性方法只能说明低保对象瞄准失误可能缺乏一定的可信度，而利用数据进行测算来说明问题则增加了科学性和合理性。也有一些学者基于不同来源的数据对低保对象的瞄准效果进行了定量评估，大多研究都认为目前农村低保对象瞄准效果欠佳。艾广青等（2009）调查了浙江、大连和甘肃三个地区的收入核算问题，指出家庭收入结构单一、家庭丧失主劳动力、管理水平低下等是现阶段中国农村困难群众的基本状况，因此农村家庭收入的核算应采用家庭收入核算和复杂家庭收入核算相结合的方法，因地、因人、因户评定低保对象。汪三贵、阿尔伯特·帕克（Albert Park，2010）指出，由于数据来源和统计方法的差异，民政部认定的低保对象和国家统计局估算的贫困人口实际上是两类不同的群体。为有效选择和瞄准农村扶贫对象，应建立统一的贫困人口识别机制。李艳军（2011）运用 Logistic 回归模型调查了宁夏 690 户家庭的农村最低生活保障的目标瞄准情况，研究结果表明农村最低生活保障没有有效地瞄准贫困家庭和个人，非公开的分配程序、农村社会的人情因素以及农民对制度的不了解都是导致这种现象产生的原因。易红梅、张林秀（2011）以赤贫指数衡量农户贫困程度，并测算了我国农村低保对象的瞄准率，发现我国农村低保对象瞄准率在村级、乡镇级或是县级都不高，瞄准遗漏和瞄准漏出问题严重。陈传波等（2014）基于湖北、四川两省 120 个村庄的抽样调查数据，分析了应当救助与实际救助之间的偏差，结果发现在调查的样本村中，只有 28% 的困难户获得了救助，相当多的非困难户获得了正式救助，说明农村救助对象瞄准工作仍存在很大的改进空间。刘凤芹和徐月宾（2016）利用 2010 年北京师范大学 9107 份农村入户调查数据进行研究后发现，低保救助资源向非贫困群体泄露的现象确实存在但是非常有限，大约有 15% 左右的低保救助资源分配给了非贫困人口。韩华为和高琴（2017）从瞄准效果、救助充足性和减贫效应三个方面考察了我国农村低保救助制度的保护效果，研究发现尽管我国低保救助对象瞄准率在发展中国家同类救助项目中处于较高水平，但瞄准偏误的情况仍不容忽视。张昊（2017）将案例调查与定量研究相结合，考察了农村低保评审乱象的原因：在识别低保对象时，收入标准由于难以衡量被逐渐淡化，老龄、残疾、重病等显性特征成为识别的主要依据；同时，在低保评选过程中，政府作用不断弱化而村民评议色彩逐渐浓厚，伦理道德、乡村治理乃至村组干部意志等都会对评审过程产生影响。韩华为（2018）从社区瞄准机制视角，利用 TD（Targeting Differential）指标和分解性框架系统评估了农村低保对象的瞄准效果。他认为，精英俘获效应的存在是导致村庄内救助对象瞄准偏误的重要原因，为完善农村低保社区瞄准机制，规范贫困识别标准和克服精英俘获效应是其重要举措。

部分学者为了提高农村低保对象识别效果，从科学化识别保障对象的角度进行了探讨。邓大松和王增文（2008）在现有农村低保对象识别机制的基础上，利用农村住户基本情况的指标体系建立 Logistic 二元回归模型，可以有效地判断出一个农村家庭在多大的概率下被识别为低保户。李艳军（2013）构建一个代理财富审查体系（PMT），通过目标瞄准效率检验证明该体系可以较好地识别农户家庭经济状况。李昊源、崔琪琪（2015）利用 Logistic 模型，建立相应的指标体系以及参数估计构建模型，实现了农村低保户的身份识别，并提出相应的政策建议。高翔等（2016）基于对山东某县农村居民的实地调研，在梳理农村低保居民经济特征的基础上构建农村低保对象识别指标体系，利用人工神经网络分类模型对低保户进行判别。研究结果表明，基于非对称训练集的人工神经网络分类模型具有较高的判别精度与判别效率，在实际工作中具有较高的推广价值。朱梦冰、李实（2017）利用 CHIP 2013 年的农村样本数据对农村低保政策的瞄准问题进行研究。研究发现，基于低保线标准和基于贫困线标准的低保对象瞄准率都较低，而按照多维贫困标准来测量，低保瞄准率有所提高。因此，为使低保制度真正起到兜底作用，对低保户的识别应由单一收入标准向多维贫困标准转变，并同时扩大低保覆盖面、增加低保金投入。

低保对象识别是农村低保制度实施过程中至关重要的一环，关系到社会救助资源能否准确发放到救助对象手中。围绕这个问题，学者们展开了较为系统的研究，取得了丰富的研究成果。部分学者通过实地调研总结出了低保对象瞄准失误的主要原因并提出了提高低保对象瞄准率的对策建议。为了提高研究结论的准确性和可靠性，一些学者运用定量研究的方法测算了我国农村低保的目标瞄准情况，比较一致的观点是确实存在低保救助资源向非贫困群体漏出的现象，我国农村低保没有有效瞄准贫困家庭或个人，因此，完善农村低保制度应从提高低保对象识别的精准度入手。由于现行的低保对象识别机制存在一定的瞄准偏差或瞄准遗漏，还有一些学者通过建立相应的指标体系对低保户进行判别，有效地提高了低保对象瞄准率。

（二）农村低保政策运行的绩效评价

绩效评价是指对某一时期特定组织的成绩及效益进行评价，既可以用努力程度来衡量，也可以用客观结果进行分析，其不仅包括制度的内在合理设计，还包括制度的外在实施效果，一般通过投入、过程、产出和结果来描述。考察农村低保制度的运行状况对完善社会保障体系具有重要意义，已经有不少学者在这方面做了有益的探索。目前学界关于农村低保制度的绩效评价问题主要从三个方面着手：

1. 从整体层面上对制度运行绩效进行定性分析

农村最低生活保障制度自 2007 年在全国推行以来，已发展成制度较为成熟、实施比较到位、成效显著突出的一项社会救助政策，但也存在一些不足之处。许多学者对此展开了全面深入的研究。汪柱旺

（2009）对我国农村最低生活保障制度运行绩效进行了定性评价，何植民（2014）从经济、社会和文化层面评价了农村低保政策的实施效果，还考察了农村低保政策的附带效果和意外效果。

2. 运用问卷调查、定量分析等方法对农村低保制度的实施效果进行测算

何晖、邓大松（2010）利用 AHP 法对我国 2007—2008 年各省（区、市）农村低保制度运行绩效进行评价。研究结果显示，制度运行绩效在省域之间存在明显的差异性和层次性；经济发展水平与运行绩效二者之间没有相关性；虽然从整体上来看制度运行绩效水平有所提高，但离"应保尽保"的目标还有一定差距。赵宁（2012）运用 DEA 模型分析了我国 31 个省（区、市）农村最低生活保障的支出效率，研究发现，仅有广东、贵州、西藏和甘肃四个省区的支出是有效率的；分区域来看，支出效率由高到低依次为西部、东部、中部。何植民、温婷（2013）以江西和湖南两地的农民作为调查对象，考察了农户对低保政策实施的认知度、满意度和政策期望情况。从调查结果来看，农户对低保政策的认同度和满意度在总体上处于中等水平。梁雅莉、张开云（2014）建立 BWT 模型评价了我国农村低保制度的实施效果，研究发现，总体上看我国农村低保制度实施效果处于中等水平，不同省份制度实施效果差异明显；经济发展程度与实施绩效无正相关关系，而各省（区、市）的背景、路径、目标差异性与协调性则会影响农村低保制度的实施绩效。徐强等（2015）探讨了公众对于社会保障制度建设绩效的评价，发现在人群覆盖和济贫方面最低生活保障制度成效显著，但在保障水平、获得方式、资格审查等方面存在较大问题，距离公众预期仍有较大差距。何植民、熊小刚

（2015）在实地调研的基础上运用因子分析法等综合评价了我国东、中、西部 20 个农村的低保政策实施绩效，得出的结论是：农村低保政策的实施绩效与经济发展水平有一定的相关性，总体上不够理想；从内在绩效来看，西部地区普遍好于东部和中部；从社会性绩效来看，东部地区要好于西部地区。雷勋平、邱罗斌（2017）选取安徽为研究样本，从农民满意度视角建立农村低保政策绩效评价指标体系，运用基于熵权的 TOPSIS 模型及障碍度模型进行研究发现，低保政策满意度存在着明显的省域差异。

3. 集中考察农村低保制度的减贫效果和对缩小收入差距的影响

陈建东等（2010）根据 2002—2007 年相关数据，分析了最低生活保障制度如何影响我国居民收入差距，指出低保在一定程度上抑制了城镇和农村内部的收入差距但作用并不显著。夏立君、叶慧（2013）利用 2008 年和 2010 年的数据，从低保线与贫困线差距、农村收入贫困、文化教育贫困、健康贫困、权利贫困等多方面检验了农村低保政策对缓解贫困的实际效应，并提出了相应的对策建议。杨翠迎、冯广刚（2014）验证了我国经济发展存在"库兹涅茨曲线"特征，运用 FE 面板模型分析了最低生活保障支出对缩小居民收入差距的影响，实证研究发现，农村低保支出对缩小城乡居民收入差距具有显著作用。宁亚芳（2014）计算了农村家庭基尼系数和人均家庭收入离散系数，指出农村低保制度对缓解贫困和收入不平等具有积极作用但作用较为有限。李盛基等（2014）结合福利经济学理论，运用 1990—2008 年的时间序列数据，协整分析了农村低保制度在劳动力供给和减贫方面的效果，指出农村低保支出虽然能够缩小农村贫困者之间的收入差距，但是效果并不明显，减贫效果较差。韩华为、徐月宾（2014）利用2010年中西部五省大样本农户调查数据，探讨了农村低保的反贫困效应及其决定因素。研究发现，低保政策的实施显著降低了保障样本的贫困水平，但对总样本和应保样本的减贫效果则不太理想，农村低保政策仍存在很大的改进空间，而建立精准识别机制是提高农村低保制度减贫效应的重要途径。刘小珉（2015）运用APK方法，基于CHES2011年的农村数据，探讨了部分民族地区农村低保制度对反贫困的作用。研究结果表明，农村低保制度具有一定的反贫困效应，在一定程度上缩小了农村收入差距，但效用相对较小，而且存在地区差异、民族差异。曹艳春（2016）从农村低保金的替代效应和收入再分配效应着手，考察了农村低保制度对改善农村贫困群体生活水平的影响。研究发现，低保制度的实施对改善贫困群体生活水平作用显著，但其影响随着农村贫困家庭人均纯收入的增长而逐渐减弱；从区域差异来看，农村低保金缩小了西部地区与东部地区贫困群体的收入差距，但中部地区与东部地区的收入差距依然存在。谢东梅等（2016）运用反事实分析方法估算低保转移支付前、后的分配效果，结果显示：低保转移支付对缩小低收入群体之间的收入差距、提高这部分人群的整体福利效果显著，但由于低保制度累进性的存在，对减少农村收入不平等作用有限。柳建平、刘方方（2018）利用2016年甘肃省14个建档立卡贫困村的数据，重点考察了农村低保制度对贫困农户脱贫的影响。实证研究表明，对样本群体来说，低保的转移支付在一定程度上降低了贫困发生率和贫困深度，但对目标总体而言，作用甚微；而且扩大了贫困群体的收入差距，脱贫效应较差。也有一些学者的研究发现农村低保不仅没有起到调节收入分配的作用，反而拉大了农村居民的收入分配差距。邓大松和仙蜜花

（2014）借助广义墒考察了东部 12 个省（区、市）的社会保障转移支付情况后发现，社会保障转移支付拉大了东部农村内部的收入差距。谢勇才和杨斌（2015）探讨了社会保障与广东农村居民收入分配的关系，得出的结论是：中高收入阶层占据了有限的社会保障资源，总体来看社会保障拉大了广东农村居民收入分配差距。

总结现有的研究可以看出，由于定性研究的结果缺乏一定的客观性，因此以定性方法来评价农村低保制度运行绩效的研究并不多见，学界主要运用定量研究或者定量定性相结合的方法来考察农村最低生活保障制度的运行绩效。一部分学者集中探讨了农村低保制度的减贫效果和对缩小收入差距的影响，得出了不一致的结论。绝大多数学者认为农村低保制度的实施提高了农村贫困群体的生活水平，但减贫效果较差，只是在一定程度上缩小了收入差距；也有少部分学者认为农村低保制度拉大了收入分配差距。还有一些学者基于不同的方法，或评价了我国农村低保政策在不同省域间的实施效果，或构建农村低保政策实施绩效评价指标体系等，探讨了农村低保制度的运行绩效问题。

（三）农村低保制度发展完善的方向

关于如何完善农村最低生活保障制度，现有的研究大致可以分为两类：一是针对现行低保制度在实际操作过程中存在的问题提出相应的对策建议；二是借鉴其他国家社会救助政策对我国农村低保制度的启示。

1. 农村最低生活保障制度的不同发展阶段面临的挑战也不同

学者们根据低保制度所处的不同发展时期，分析其在实践中的突出问题并提出针对性的政策建议。张秀兰等（2007）利用 2005 年农村住户调查数据，分析了农村贫困人口的贫困状况，指出当前农村贫困主要表现为："老年型"家庭多、劳动力负担重、家庭成员受教育程度低下、残疾患病成员多等，家庭缺陷特征明显。因此，中央政府应在农村低保制度中发挥投资主体的作用，逐步扩大保障范围，实行预防和应急相结合的救助策略；实行分类救助，加大医疗救助和教育救助的力度；建立以县为单位的三级救助实施体系和农村低保制度监控评估体系等。邓大松、王增文（2008）对农村低保制度运行过程中存在的问题进行深入剖析，针对农村低保制度的经费来源问题、保障标准问题、低保金发放问题等提出了相应的对策建议。金淑彬（2008）从城乡统筹角度着重分析了西部农村最低生活保障制度存在的问题，提出了进一步完善西部农村低保制度的建议如加快立法建设、科学确定保障标准、合理选择低保对象、实现城乡统筹等。张平（2008）从农村低保方式类型和发放原则入手，探讨了如何合理选择农村贫困人口的保障方式问题。考虑公平和效率，他认为农村低保应以货币低保为主，实物低保为辅；差额低保为主，全额低保为辅；单纯性低保为主，有条件低保、"负所得税"为辅。童星、王增文（2010）分析了我国农村低保制度运行中存在的问题后提出了相应的对策建议如扩大农村低保支出规模、低保资源向中西部倾斜、将"边缘群体"纳入低保范围、完善和健全低保配套项目等。杨立雄（2011）认为，由于缺乏统一具体的计算方法，再加上管理层次太低，我国各地保障标准不一，严重影响了最低生活保障制度的实施效果，解决上述问题的关键在于确定统一的计算方法、提高管理层次并建立中央、省市与区县三级财政分担机制。方菲（2012）利用问卷调查法和社会排斥理论分析了农村低保对象的生活图景，指出虽然农村低保对象获得了国家正式制度的保障，但他们仍然面临着经济排斥和社会排斥。因此，完善农村低保制度应从消除排斥、促进低保对象的社会融合入手。刘峰（2012）分析了我国农村低保制度改革存在的现实困境及原因后提出了相应的措施，如科学确定低保标准和对象、规范低保资金来源、建立科学的管理和监督机制及低保退出机制、构建反贫困体系等。田北海、李春芳（2012）从农村低保制度面临的理念困境、文本缺陷和运行困境三方面入手，提出了优化农村低保制度的对策建议如转变"施恩"观念，树立权利意识；健全低保法律体系，构建多元化筹资渠道，科学审查低保资格，制定统一的低保标准指导规范，加强配套制度建设；建立健全实施农村低保的软硬件设备以及加强监管等。郭剑平（2013）指出，低保制度的完善要多管齐下，不仅要多层次多渠道筹措低保资金、合理确定低保对象，还应该在基层加强对农村低保制度的宣传和建设，并建立健全综合性的低保制度体系。刘丽娟（2018）利用民政部政策研究中心2016年城乡困难家庭调查数据分析了城乡低保家庭的基本特征和支出情况，发现家庭刚性支出是导致贫困的主要原因，而福利捆绑又在一定意义上强化了"贫困陷阱"。据此提出建立和完善"收入消费"结合的收入核查机制、"救助赋能"并重的救助机制、"激励分类"并行的就业导向机制和智能监控管理平台。左停等（2018）指出，随着农村扶贫开发进入新阶段，有必要将低保等社会保障制度与扶贫进行有效衔接。未来社会保障反贫困的发展方向可以从借鉴欧盟社会保障发展经验、加强对贫困人口的服务供给、形成以就业为核心工作以福利为导向的社会保障以及以"一站式服务"方法促进基层社会保障的协同化治理四个方面着手。

2. 借鉴国外社会救助发展的先进经验对完善我国农村低保制度的启示

丁国峰、赵新龙（2010）认为，日本最低生活保障制度的优势主要体现在家族主义与民主主义的融合以及完善的低保法律制度体系，并比较了日本低保与我国低保的相似性和差异性，为完善我国农村低保提供了宝贵的经验如制定农村最低生活保障法、制定合理的保障基准、设置透明高效的低保执法程序等。刘峰（2011）梳理了我国农村最低生活保障制度的发展脉络，分析了美国、日本、英国、德国和意大利五个国家最低生活保障制度的发展变迁，得出的启示是农村低保制度应找准定位，协调好其与脱贫自立之间的关系，同时要加强立法保障，确定合理有效的保障基准线，并加强政府与民间的合作。孙月蓉（2012）以加拿大为例，分析其低收入家庭保障计划的具体项目和运行规则，总结出其先进经验如贯彻社会公平的理念、优化中央和地方间的财政分配体制、保障项目的多元化和人性化、鼓励和引导非政府力量参与等，对完善我国最低生活保障制度具有重要的启示。张乃亭（2015）分析了德国、法国、日本等发达国家社会救助制度的给付标准、支出规模和在劳动力市场效应上的经验教训，对我国农村低保制度建设有重要的借鉴意义。

总结以上研究结论可以发现，学者们对如何完善我国农村低保制度分别从不同的角度提出了相应的建议，这些措施的提出主要是"对症下药"——根据我国农村低保制度在实际运行中存在的缺陷和不足寻找对应的解决办法，也有部分学者通过借鉴国外社会救助制度发展的先进经验并结合我国低保发展的实际情况提出了一些针对性的建议。

三、文献述评

从现有的文献来看，国外关于社会救助对象的研究主要集中在对贫困理论内涵的探讨及对社会救助制度瞄准效果和方法的讨论，其研究的理论和方法为我国农村低保对象的识别提供了有益的借鉴。但国外的研究也存在着一些局限性，如社会救助对象瞄准方法的有效性问题、社会救助缓解贫困的有限性问题等。国内关于农村低保制度的研究主要集中在低保制度本身的合理性分析、低保制度实施中存在的问题以及区域性的典型案例研究等方面。就农村低保对象识别而言，其研究主要集中于对瞄准失误的原因探讨及运用定量方法测算瞄准失误率，也有不多的学者通过建立相应的指标体系来探讨低保对象识别的问题。

总体而言，学者们对农村最低生活保障制度进行了较为深入的研究，取得丰富的研究成果，但也存在一些不足之处。一是对农村低保政策实施环节的研究停留在理论探讨层面，没有完整有机的制度设计；二是在低保标准测定和低保对象选择方面，尚未形成基于实证方法的整体性方案；三是忽视了对贫困识别机制的动态性研究，对低保标准的动态调整和低保对象的退出机制缺乏专门性研究。故此，本书拟将多维贫困理论与层次分析法结合，以期探索出一种有效、合理识别农村低保对象的方法。

第三节　研究思路与研究方法

一、研究思路

本书的研究遵循理论探讨、现状考量、实证分析、实践检验、经验总结的思维轨迹，纵向分析与横向比较相结合，寻求逻辑体系的完整性和严密性。研究的思路为：从法学、经济学和社会学的相关理论出发，探讨了农村最低生活保障制度构建的理论基础；以此为依据，解析了农村低保制度的现行目标，并对低保制度的目标再定位提出构想。从我国农村低保制度的演进入手，剖析了我国现行农村低保对象识别机制存在的问题并深度探讨了低保对象识别机制部分失效的根源。采用 ELES 模型，利用中国统计年鉴 2008—2017 年家庭收支的相关数据，测算了生存型、基本型和发展型三种低保标准理论值，并与我国农村实际低保标准值、农民人均纯收入、农民人均食品支出、人均消费支出进行对比分析，从而评判它们的合意性。应用多维贫困分析法和层次分析法实证研究了我国多维贫困识别总体情况和分地区分省份多维贫困识别情况，并进一步将农村低保对象多维识别指标方法运用于家庭和个人。选取甘肃省和江西省 3 个自然村进行深度调研，分析其低保政策运行情况，总结成效、剖析问题，探寻低保对象识别低效的深层原因，以呼应补充前述的现状考量。在此基础上，提出一系列切实可行、针对性较强的完善农村低保对象识别机制的对策措施。

本书研究的技术路线如图 0-1 所示。

二、研究方法

（一）规范分析法

规范分析是以一定价值判断作为出发点，提出行为的标准，以及如何才能符合这些标准，说明"应该是什么"的问题。故而，规范分析大都与理论和政策相关。本书立足国情和现实，对农村最低生活保障的理论基础及目标定位进行了阐述和辨析，并在理论分析、现状

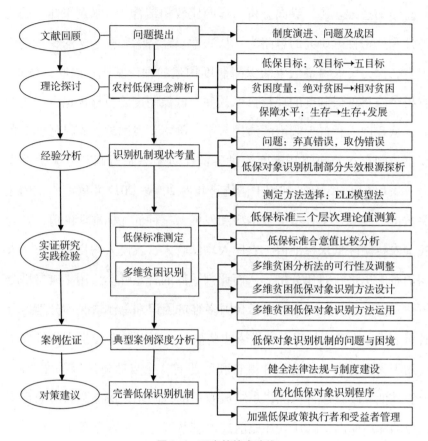

图 0-1　研究的技术路线

考量和实证分析的基础上提出了完善农村低保对象识别机制的一系列
对策措施。

（二）实证与定量分析法

本书将综合采用各种方法进行实证分析：根据中国统计年鉴
2008—2017 年各年度家庭收支情况的调查资料，将消费支出划分为
三个层次：生存型低保标准、基本型低保标准和发展型低保标准，通
过 ELES 模型的计量分析得出它们的理论值，并与我国农村低保的实
际标准值进行对比分析，与农民人均纯收入、农民人均食品支出、人

均消费支出进行比较，从而评判它们的合意性。应用多维贫困分析方法（A-F方法）来选择农村低保对象的维度指标，运用层次分析法（AHP）设定这些指标的权重比例，以此分析我国多维贫困识别总体情况以及分地区分省份多维贫困识别情况，并进一步将农村低保对象多维识别指标细化到家庭和个人，从而为农村低保对象识别提供理论依据与现实参考。

（三）抽样调查法

在东、中、西部各选两个县（市），对农村低保制度现状、农户的低保意愿及生计资产状况等进行问卷调查与实地访谈，在主观调查的基础上选取评价指标、构建评价体系，进一步形成规范的标准化问卷，通过发放问卷收集数据，对问卷数据进行分析。同时，在甘肃和江西两省重点选择3个自然村进行深度的入户调研，充分掌握三个典型样本村农村低保政策的运行情况，总结其取得的成效，剖析存在的问题，以佐证并补充我国农村低保政策实施的现状分析。

第四节　创新之处与不足

一、创新之处

（一）重构了农村低保制度的目标定位

现阶段，我国农村扶贫不仅要解决深度贫困问题，还要预防贫困对象在社会生活的各个方面面临的社会排斥问题。在我国全面建设小康社会和新时期精准扶贫的背景下，我国农村最低生活保障制度的目标重构应着重突出贫困者的发展能力建设和社会生活融合，保障公民权利，促进社会公平正义，努力建立一个多层次的综合贫困治理体系。为此，农村低保制度的目标不仅是消除绝对贫困，维持基本生存的需要，还要促进农村社会和谐稳定。故而，农村低保目标应包含以下内容：满足基本生活需要、保持社会稳定、实现社会公平、提高社会效率、促进社会融合。从可行性分析，重构以上低保制度的目标定位也已具备一定的物质条件、制度基础和技术支撑。这五个目标是渐次递进的，满足基本生活需要是农村低保制度的基本目标，维护稳定、促进公平和提高效率是三个扩展目标，而实现社会融合是最终目标。基本目标是整个目标体系的基础，关系着扩展目标和最终目标的实现程度。在不同的社会发展阶段，扩展目标会有不同的组合，其实现程度也会有所侧重，但社会公平作为核心目标，在扩展目标中应始终发挥重要支撑作用。社会融合是一种更高层次的追求，其实现层次依赖于基本目标与扩展目标的实现程度。

（二）合理测算农村低保标准并论证了当前农村的低保标准不应低于生存型低保标准，同时力求接近基本型低保标准

低保标准是农村最低生活保障制度的核心内容，也是农村低保对象识别的前提条件。本书认为在农村低保标准的理念选择上可以由绝对贫困逐步过渡到相对贫困上来，并融入对能力贫困的考量。因此，采用《中国统计年鉴》近十年的相关数据，通过 ELES 模型的计量分析得出生存型低保标准、基本型低保标准和发展型低保标准的理论值，并与我国农村的实际低保标准值进行对比分析，与农民人均纯收入、农民人均食品支出、人均消费支出进行比较，从而得出：我国实际农村低保标准一直是偏低的，采用生存型低保标准是合理、可行的做法，有条件的地方或经济发达的省份可以采用基本型低保标准。

（三）以系统论的观点构建了包括收入和支出、教育、健康、生活水平等多维因素在内的全面、完整的低保对象识别机制

我国农村低保户的致贫因素不仅是收入问题，教育、健康和生活水平等指标也有较大的影响，尤其是家庭成员健康状况不佳的家庭在各地区贫困发生率皆较高。因此，运用单一维度识别农村最低生活保障对象易造成目标选取的精准性不足的问题，建立多维度识别机制显得尤为重要，也更易满足"应保尽保"的制度目标。而且，这种多维贫困识别的指标选取和权重设定可以根据各地经济发展状况、区域贫困特征和农村居民意见而有所差异，具有一定的动态性，能够对低保户信息进行实时的更新和监测，能有效实现"应保尽保、应退尽退"的制度设计目标。本书将其运用于调研样本村进行实践检验，发现其计算、打分得出的结果与实际状况吻合度良好，从而为农村低保对象识别提供理论依据与现实参考。

二、存在的不足

本书对农村最低生活保障对象的识别机制进行了深入、详实的分析研究，基本达到预期的目标，取得了一系列有价值的研究结论，提出了较为具体的、有针对性且具有操作性的改进措施与建议。但囿于客观条件与主观因素的影响，本书还存在一定的不足与缺憾。

（一）缺乏充分、详实的实地调研案例

由于研究经费不充裕，本书只选取了甘肃省和江西省的三个典型样本村进行为期 39 天的入户深度访谈。其他的省份和地区的调研一部分是本书短时期的随户调研，一部分是委托在校 300 多名学生利用暑寒假回家期间做问卷调查获取的一手资料，对农村低保对象识别手

段的多样性、复杂性和艰巨性认识不充分，因而提出的对策建议尽管合理性、针对性较强，但在精细化方面略显不足。

（二）没有设计出普适性较好的农村居民家计调查方案

由于农村实地深度调研不充分，对农村低保政策落实方式的多样性把握不完整，加上我国地域较广，各地经济发展水平和社会环境千差万别，农村居民的收入来源多元化，居家资产多样性，生活必需品的种类和价格差异较大，很难设计一套全国通用的农村居民家计调查方案，故而只能粗略地提出发达省份的上海模式、欠发达省份的湖北Z县模式。

第一章　农村低保制度的理论基础及目标再定位

第一节　农村低保制度构建的理论基础

　　农村最低生活保障制度作为一项基本的公益性事业和极其重要的"社会民生工程"，也是我国当前全面建设小康社会的重要组成部分。它的建立与完善是一种渐进式的社会变革。这一变革的产生、发展以及制度设计与政策实践的背后，来自政治学、社会学、法学和经济学等学科的相关理论为其提供了重要的理论支撑和实践指导。本章主要从法学、社会学、经济学三个学科的相关理论来探究最低生活保障制度的理论依据。

一、法学理念

　　最低生活保障制度的法学理念应从公民权利保护和扩张的角度加以理解。从某种意义上说，最低生活保障制度的建立和发展主要是为了呼应公民对自身权利的诉求。随着社会的发展变迁，最低生活保障制度法学理念的外延不断扩大，但其核心内涵始终不变：一是保障公民的基本生存权，二是不断充实公民的发展权。

（一）保障公民的基本生存权

生存权是指在特定的社会关系中和历史条件下，人们维持正常生活所应当享有的基本权利。作为一切人权的起点，生存权贯穿人类社会发展过程的始终，随着人类社会的进步不断丰富和发展。基本生存都得不到保障，其他权利更是无从谈起。在国际人权公约上，生存权就是指相当生活水准权。联合国《世界人权宣言》第25条第1款规定：“人人有权享有为维持本人及其家属的健康和福利所需要的生活水准，包括食物、衣着、住房、医疗和必要的社会服务。”我国宪法第二章第四十五条第一款规定：“公民在年老、疾病或者丧失劳动能力的情况下，有从国家和社会获得物质帮助的权利。”由此可见，对国家而言向贫困群体提供必要的社会救助是其义务和责任，对贫困群体而言这是他们应该享有的合法权益。因此，生存权不单单只是满足温饱，还要能够体面地生活，能够充分体现作为人的尊严和价值。

在法律意义上，通常将一部分主体与另一部分主体所享有的权利的差距作为生存权的观察临界点，因此生存权只有下限而没有上限。这个下限主要是国家在综合自身经济发展水平和人民生活状况后确定的最低限度的生活标准，随着国民生活水平的不断提高，国家也应该不断调整最低生活保障标准。

生存权的界定主要从下述六个方面来入手：一是根据国家的财力情况，这主要是强调生存权的确定不是由预算决定的；二是根据国民的平均生活水平，强调在这个水平之下的国民优先享有生活保障权，否定了平均主义的做法；三是根据城乡差距，对不同生活水准的人适用不同的保障标准；四是根据生活态度和劳动倾向，鼓励公民积极自立，反对和谴责"等靠要"的懒惰行为；五是对受益对象实行强制保障，建立起全民皆保障的社会救助体制；六是考虑申请人维持生存的最低条件，将其作为国家对救助申请满足程度的重要参考。国家通过一定的技术处理将这些条件数字化为具体的指标，使得生存权的下限得以明确。国家根据社会发展的不同阶段对下限进行调整，因此生存权的界限总是动态变化的。总而言之，国家根据不同时期的最低生活保障标准，依据申请者的请求给予必要的帮助。

（二）不断充实公民发展权

除了基本的生存权，随着社会经济发展程度的不断变化，个体还应享有与之适应的发展权。1986年通过的《发展权利宣言》第1条第1款明确指出了发展权的主要内容即每个人和所有各国人民均有权参与、促进并享受经济、社会、文化和政治发展，在这种发展中，所有人权和基本自由都能获得充分实现。目前世界上大多数国家都将发展权视为个人的一项基本权利。

从微观的角度来说，发展权包括经济、政治、文化和社会四个方面的内容。其中，经济发展权是指发展主体能够自由决定其发展方式和发展方向，获取必要的物质技术支持来促进发展并创造、享受满足发展所需的物质资料权利的总和。在公民发展权中经济发展权占据主导地位，其实现程度关联着其他发展权的实现。对个体而言，经济发展权就是指所有社会成员都享有通过自身劳动创造，参与经济活动并获取物质收益的权利，是自主劳动权利和享受劳动成果权利的统一。政治发展权是指发展主体作为独立个体，有权使自身一般政治权利得到充分实现的权利的总和。对个体而言，政治发展权是指在法律许可的范围内，公民在政治方面拥有的发展权利，这是公民自由平等政治权利的扩展和进化，其实质意味着公民一般政治权利的充分完整实现。文化发展权是指发展主体通过多渠道、多方式不断吸收、发展本民族、本国家独特文化内涵的权利。对个体而言主要表现为个人享有参与并不断丰富自身文化、体育、娱乐生活的权利，以及对从事文学艺术创作活动者的保护等。社会发展权是指由于社会进步，发展主体在医疗、教育、卫生、环保、宗教等方面也享有充分发展的权利。从个体的角度来看，社会发展权要求社会集体把社会福利事业作为社会进步所必须覆行的职责，要求积极为个人或群体服务，使之能够更好地发展。在这四个权利中，经济发展权居于核心地位，政治发展权是基础和前提，文化和社会发展权则是经济发展权实现的必然延伸。

与其他基本人权相比，发展权的重要特征在于权利义务主体所呈现出的复杂性。从法学视角来探究，生存理念是最低生活保障制度发展的重要支撑，发展理念则伴随着社会进步和经济发展逐渐得到扩张，二者结合反映了最低生活保障制度法律理念的层次构架。

二、经济学基础

（一）马斯洛需求层次理论

1943 年，美国心理学家亚伯拉罕·马斯洛（Abraham Maslow）提出了需求层次理论，将人的需求从低到高分为五种，分别是生理需求、安全需求、社交需求、尊重需求和自我实现需求。其中，生理需求、安全需求和社交需求只要外部条件允许就可以得到满足，是属于较低一级的需求；而对尊重和自我实现的需求是因人而异的，只有通过内部因素才能满足，因此属于较高一级的需求。这五种需求像阶梯一样从低到高逐级递升，一般来说，只有低层次的需求满足后，才会向高层次的需求发展；在同一时期，一个人可能会有多种需求，但总有一种需求占主导地位，对个体的行为起到决定性作用。任何一种需求都不会消失，只不过随着需求层次的不断发展对个体行为的影响程度会不断减弱。

根据马斯洛的需求层次理论，在多种需求都未得到满足的情况下，首先考虑满足迫切需求，只有当这一需求得到满足后，其他需求才能成为新的激励因素。衣食住行等生理需求是满足个体生存最基本的需求，若是连级别最低的需求都难以满足，其他的高层次需求也不能发挥其激励作用。对于农村低保对象而言，满足基本生存是他们的迫切需求。我国现行最低生活保障制度设计目标是将符合条件的农村贫困人口纳入低保范围，解决其温饱问题，保障其基本生活，即满足他们的生理需求，保障标准的设立也是基于生活必需消费的项目和最小需求量来确定的。而只有当这部分人的基本生存得到有效保障后，他们才有能力去思考满足更高层次的需求。

（二）贫困循环理论

贫困循环理论认为恶性循环是贫困的重要特征，其产生的关键在于资本是否稀缺。一方面，贫困群体为数不多的收入基本都用于维持日常生活，相应地用于储蓄和资本积累的资金就减少了；另一方面，由于贫困群体收入低下，有限的购买力水平难以诱发足够的投资需求，也会对资本积累造成影响。这两个因素的共同作用导致社会生产的规模和效率始终处于一个较低的水平，最终陷入又一轮的贫困。自我循环、空间循环和时间循环是贫困循环的三个主要表现。

1. 贫困的自我循环

是指贫困者具有"贫困→贫困"的重复性或"贫困→脱贫→返

贫"的反复性。当下我国贫困自我循环的特征表现得较为明显。相关研究表明,我国农村返贫率常年维持在 20% 以上,部分年份更是达到 60%,2009 年返贫率高达 62%。经济发展落后的西北、西南地区是我国返贫现象高发地区,如甘肃省返贫率通常在 30% 左右。[①] 农村返贫现象频发是多种因素共同作用的结果,首当其冲的就是自然灾害导致的返贫。目前我国的贫困地区主要集中在荒漠化地区和石漠化地区,这些区域经济基础落后,生态环境十分脆弱,农民抗风险能力不强,一旦发生自然灾害很容易陷入贫困。如受自然灾害影响,2003年我国黑龙江、山西、河南和安徽四个省份的返贫人口数超过了脱贫人口数,达 200 万人;[②] 2010 年西南地区大旱导致西南五省市的返贫人口超过了 218 万。其次是由健康因素导致的返贫。近年来因病致贫、返贫已经成为新时期农村贫困问题中比较突出的问题。一方面,受生活条件的限制,贫困群体的健康水平总体较差,更容易感染疾病;另一方面,看病难、看病贵也加剧了贫困家庭的贫困程度。林闽钢等(2014)的研究发现,全国范围内,高达 42% 的农民是由于健康因素导致的贫困,疾病已成为影响农民脱贫和农村经济发展的重要障碍。当下,农村老年群体的贫困问题已经引起了高度重视。民政部 2015 年第三季度农村最低生活保障的数据显示,老年人享受低保的比例已经超过 40%。随着我国人口老龄化进程不断加快,农村贫困老人的数量还会继续增加。然而农村地区养老服务体系建设还比较滞后,由此导致的农村养老困境也成为返贫的又一重要原因。

---

① 杨立雄:《高度重视扶贫攻坚中的返贫问题》,《中国民政》2016 年第 5 期。
② 彭俊:《扶贫开发形势依然十分严峻》,《人民日报》2004 年 7 月 17 日。

2. 贫困的空间循环

是指贫困存在"A 贫困→B 贫困→C 贫困"的空间传递性，其结果往往呈现为贫困区域在地理位置上的聚集性。农村贫困地区主要集中在生态环境恶劣、自然资源匮乏、交通不便、生活环境闭塞的偏远山区，如 20 世纪 80—90 年代中国农村的 18 片集中连片贫困地区就是贫困空间循环的有力证明。随着我国的脱贫攻坚工作进入关键阶段，扶贫开发的难点和重点主要聚焦于深度贫困地区，如西藏和四省藏区、南疆四地州、四川凉山、云南怒江、甘肃临夏等地区。这些地区自然环境恶劣，致贫原因复杂多样，基础设施和公共服务缺口大，贫困发生率一般在 20% 左右。[①]

3. 贫困的时间循环

是指贫困及其致贫的相关因素在家庭内部由长辈传递给子孙辈，使其在成年后仍然重复长辈贫困状态的代际传承性。1959 年美国人类学家奥斯卡·刘易斯（Oscar Lewis）提出了"贫困文化"概念，他认为"贫困文化"有可能通过家庭内部延续传递给子女，导致他们缺少接受外部教育的发展机会，由此陷入贫困代际转移困境。[②] 大量研究证明，贫困家庭的子女相比富裕家庭的子女，在健康、教育、就业等方面都会表现得相对弱势，[③] 大大增加了其陷入贫困的可能性。导致贫困代际传承的原因主要有两个：一是财产的继承。富裕家庭子女能够获得来自其长辈的大部分财产，而贫困家庭子女则无法获

[①]　习近平：《在深度贫困地区脱贫攻坚座谈会上的讲话》，见 http://www.xinhuanet. com/politics/2017-08/31/c_ 1121580205.htm。

[②]　O.Lewis, *Five Families*, *Mexican Case Studies in the Culture of Poverty*, New York：Basic Book，1975.

[③]　Blanden，J.& Gregg，P.，"Family Income and Educational Attainment：A Review of Approaches and Evidence for Britain"，Oxford：*Oxford Review of Economic Policy*，20（2），2004.

得任何资产，两相比较可以看出贫困家庭后代在竞争中处于弱势地位。二是人力资本的投资意愿。2013 年，中国大城市的高中入学率是 90%，而在贫困农村这个比例只有 37%。由于贫困家庭缺少收入来源，再加上教育的高投入性和未来的不确定性，许多贫困家庭不愿意进行教育投资，进一步加重了代际贫困的可能性。

农村最低生活保障制度是破除贫困循环的有力武器。一方面，该制度将生活最为贫困的人群纳入保障范围，使他们的收入得以维持基本生存，解除他们的后顾之忧，在此基础上有条件从事各种生产经营活动，增加收入来源并逐渐摆脱低收入循环。另一方面，随着这部分人群收入的增加，其消费能力也不断增强。促进了社会总消费的提高，进而引发更多的投资需求，刺激经济增长。

三、社会学理论：弱势群体

从经济学视角来理解低保制度忽视了个体或家庭所处的社会环境。农村最低生活保障制度作为社会安全网中最为基础的公益性事业，它的建立和发展反映了社会的渐进式变革。在这一制度不断成熟完善的背后，社会学理论起着重要的支撑作用。

按照弱势群体理论的说法，弱势群体的出现是社会发展、分层的必然产物。社会分层是指在社会生活中，各社会成员因获得资源的机会和能力不同而表现出不同层级的现象和过程。随着社会生产力的不断提高，社会必然会分化出"弱势群体"和"强势群体"，弱势群体的出现与社会分化的加剧息息相关。以我国为例，改革开放 40 多年来，我国人民的整体生活水平有了很大提高，但区域之间、群体之间和个体之间收入差距逐渐扩大。改革是在全社会对经济利益进行重新分配的行为，在这过程中会给社会成员带来风险，有些人的利益会增加而有些人的利益会减少，不同社会成员抗风险的能力是不同的。

目前我国的弱势群体共同特征主要有：一是收入水平低下。受主观（如就业时对女性的性别歧视）或客观（社会制度安排、先天性残疾等）因素影响，这部分人群的经济收入长期处于一个较低的水平。二是生活常年困难。由于没有足够的收入平衡日常生活开支，这部分人群长期在贫困线边缘挣扎，生活水平较低。三是缺乏必要的社会尊重和社会地位。他们往往缺少能够维护自身利益诉求的能力和渠道，在某些方面需要政府为他们提供必要的保护。四是政治参与度不高。由于部分人群长年累月为解决温饱问题奔波，自然缺少参与政治的热情。因此，仅依靠弱势群体自身的力量，他们很难摆脱生活困境。

农村低保对象是社会中的弱势群体，他们对社会风险的抵御能力较差，当他们的基本生活权益受到威胁时，很可能超过他们的承受能力。因此，解决好弱势群体的基本生存问题，对稳定农村社会秩序、实现乡村振兴具有重要的战略意义。

第二节　农村低保制度的目标再定位

一、农村低保制度的现行目标

作为社会救助制度的重要内容，农村低保制度的目标可以概括为基本目标和扩展目标两个方面：基本目标主要是消除绝对贫困，维持基本生存需要；扩展目标是促进农村社会和谐稳定。

（一）基本目标：满足基本生存需要

"需要"一词从词源意义上来看，可以理解为个体对某种目标的渴望，是个体作出各项行为的动力来源。按照马斯洛的需求层次理论，只有实现了基本需要的有效满足，才能激励个体追求更高层次的需求。如果最基本的需要都得不得满足，那别的更高层次的需求则即使有也不会有多强烈。从这个意义上来讲，农村贫困群体的基本诉求就是实现基本生存需要的满足。根据现行低保法规，低保标准的制定主要由各地方政府基于当地的生活水准和基本生活需求量来确定。在具体操作中主要是根据各项消费支出对生活的重要程度计算必须消费项目的数量和价格，其总和即为量化的保障标准。但是该低保法规所透露出的设计理念局限于满足贫困群体的基本生活需要，忽视了贫困群体其他方面的需求。国际劳工组织定义的基本需要包括两方面的内容，除了维持生活足够的食物、衣服、住宅等，还包括享受一些基本的公共服务，如干净的饮用水、医疗健康服务、教育文化设施、公共交通出行等。因此，在任何情况下，基本需要不应当仅仅等同于最低的生理需要。然而，目前我国农村低保的制度设计侧重于满足基本生存层面，这种设计与绝对贫困的内涵相对应，但忽视了贫困群体更深层次的需求，对于从根本上解决新时期下的农村贫困问题是远远不够的。

（二）扩展目标：稳定农村社会秩序，维护农村社会公平正义

经济的健康发展和社会的进步需要一个稳定的国际国内环境，农村社会的和谐与稳定对于整个社会而言重要性也是显而易见的。但是，稳定不能顺其自然地实现，必须建立在物质利益公平分配、人民认知理念和心理素质较为成熟、社会法制和保障体系较为健全的基础之上。然而，目前我国农村社会农民幸福感不高，主要表现为农村就

业困难，教育、医疗等费用上涨导致生活成本增加，治安事件增多引起社会动荡等，这不仅会给社会成员带来焦虑、压抑、烦躁的心理，还有可能会导致社会成员出现一些非理性的冲动行为。如此种种，不但会影响到农村社会的健康发展，而且会给社会和谐稳定造成威胁。建立一个相对完整的农村最低生活保障制度，有助于解决由于贫困、养老、医疗、就业、自然灾害、劳动力转移等因素造成的农村贫困人口基本生活问题，提高农民的风险应对能力，防范因生存危机而可能出现的极端行为，缓解农村社会压力，维护农村社会秩序稳定。

公平和正义，不仅是一个经济概念，更是一个伦理道德概念。罗尔斯（John Rawls）在《正义论》中指出："由于出身和天赋的不平等是不应得的，这些不平等就多少应给予某种补偿。这样补偿原则就认为，为了平等地对待所有人，提供真正的同等的机会，社会必须更多地注意那些天赋较低和出生于较不利的社会地位，甚至际遇糟糕的人们。"[①] 可以看出，正义不仅要求高效，更要求对社会成员给予最基本的关怀。为农村贫困群体提供最低生活保障是一个关乎社会公平正义的问题，政府应该保障所有社会成员享有同等的待遇而不受民族、性别、户籍等限制，使社会成员都能获得最基本的生存权和发展权，这是社会公平的基本内涵。

在很长一段时间，我国农村低保制度仅仅发挥了满足贫困人口基本生活和维护社会稳定两个方面的作用，随着我国农村贫困问题的不断变化，现行的低保制度设计已不能满足绝大多数贫困人口的基本诉求。为充分发挥农村最低生活保障制度的反贫困功能，必须矫正农村

---

① ［美］约翰·罗尔斯：《正义论》，中国社会科学出版社 1988 年版。

低保目标偏差以适应新时期下农村贫困问题面临的挑战，并将农村低保制度与扶贫开发政策有机结合，设计一个积极有效、生存与发展并举的综合性贫困治理目标。

二、农村低保制度目标再定位的必要性

（一）农村贫困问题的新变化要求低保政策理念转型

自 2007 年在全国建立农村最低生活保障制度以来，农村低保制度作为反贫困的重要举措，对我国的扶贫开发工作作出了重要贡献，我国绝对贫困人口数量大幅减少，贫困发生率显著下降，贫困群体的生活水平显著提高。然而，目前我国部分农村地区的脱贫攻坚工作在实践中仍然存在一些问题如扶贫标准偏低、脱贫人口返贫现象频发等，农村贫困地区并没有从根本上解决自身发展问题，缓解和消除贫困仍然是我国今后一段时期的重点任务。

从过去一段时期我国农村的反贫实践来看，应充分重视农村地区的能力贫困问题，从提高贫困人口的自我脱贫能力角度来践行扶贫战略。"能力贫困"概念涵盖广泛，包括了基本生产能力、知识获取能力、决策参与能力、资源利用能力等几个方面，但是由于受到地缘因素及资源配置趋利性的影响，"能力贫困"常常会表现出"缺乏性"，如方式、机会、能力等。现阶段我国农村的能力贫困问题主要是指由于农村社会发育尚不完全，农村贫困人口在资源分配的各个环节处于弱势，很难和外部环境形成良性互动以促进自身发展。而且，目前各部门的扶贫实践主要是以提高贫困对象现期消费能力为目标，过多地强调物质资源的投入，忽视了对贫困人口自我发展能力的提升，忽略了人的主观能动性及其在社会生活中的主体地位。这种更多地依赖

"输血"式的扶贫方式难以形成贫困地区内在的发展动力，很容易导致返贫现象频发的问题。因此，新时期下农村贫困问题的新变化更应当引起重视，应从"能力贫困"角度出发解决农村贫困问题。

（二）"被动"式的救助模式存在缺陷要求低保政策理念变革

随着我国经济社会发展程度不断深化，城乡居民间的收入差距也在不断扩大。对于农村贫困家庭而言，若其在经济基础方面陷入贫困，则在教育、就业、社会关系、政治参与等上层建筑领域都会出现问题。特别是进入新时期以来，农村贫困问题面临着新的治理困境，主要表现在贫困的多维性特点突出、两极分化加剧、返贫现象多发等方面。现行的农村低保制度对于解决农村贫困问题发挥了有效的作用，保障了农村地区贫困人口的基本生活，维护了农村社会秩序的稳定。但由于低保制度的设计初衷主要是为了解决农村地区贫困家庭的基本生存问题，在贫困群体的基本需要问题上估计不足，因此其只是作为一项应急性的社会救助制度对绝对贫困风险进行低水平的防御，在理念上呈现出一种"被动补救"模式的特征。"被动补救"模式是指政府对社会问题的解决不是主动的，而是当社会问题出现后采取一些被动的、即时性的、补救型的措施。不断变化的农村贫困问题给社会秩序的稳定带来了不确定因素，在这种形势下，政府不得不采取一些救助措施来保障农村贫困群体的生存问题，以达到保护基本人权、维护社会稳定的目标。可以看出，这项以"输血"为主要内容的制度只能为农村贫困人口提供基本的物质生活需要，却忽视了贫困者自身"造血"能力的培养，不能帮助其真正摆脱贫困。因此在这种模式下政府采取的对策措施具有被动、消极的特点，总是要在社会问题出现后才能作出相应的决策，导致政策微效，近年来返贫现象的多发就是一个很好的证明。现实情况告诉我们，如果不能对低保制度进行新的设计使其适应新时期下农村贫困问题的新变化，无疑会影响到扶贫攻坚工作的进程和制度的反贫困效果，甚至会产生制度排斥等问题。因此，"被动"式的救助理念亟需变革。

（三）反社会排斥的目标设计要求低保政策理念更新

对于农村贫困家庭而言，其不仅要面临经济贫困，在教育、医疗、住房、社会关系等多方面还面临着社会排斥的风险。在经济方面，收入水平低下、绝对贫困人口较多依然是农村贫困家庭最普遍的特征之一。在身体素质方面，农村因病致残与因病返贫现象较为常见，贫困人口中多有病残，很容易陷入恶性循环；在文化教育方面，子女教育费用是一个沉重的负担，大多数农村贫困家庭无法承担这笔开支；在社会交往方面，农村贫困家庭社交活动贫乏，社会关系网络狭窄，社会支持明显不足。可见，农村贫困家庭在经济、人际关系等多方面处于恶性循环的社会排斥风险中。

应急性的、被动补救型的社会救助，可能会导致部分农村贫困人口过分依赖国家提供的最低生活保障而丧失自我生产、自我发展的积极性，始终无法摆脱贫困的恶性循环。因此需要一个更新的针对社会排斥的理念，其制度诉求应该提升到一个更高的层次，制度的设计理念应该从消除收入匮乏上升到反社会排斥。

三、农村低保制度目标再定位的可行性

（一）国家财政能力的增强为农村社会保障制度建设提供了物质条件

近年来，我国财政实力日益增强，从 2007 年的 5.1 万亿元到

2016 年全国公共财政收入的 15.96 万亿元，全国财政收入十年间实现了超 2 倍的增长。[①] 随着国家财政能力的不断增强，我国已经具备了完善农村社会保障体系、改善农村地区贫困人口生活的物质基础的能力。随着乡村振兴被提高到国家战略的高度，党和政府更加关注农村发展，不断加大对农村地区社会保障领域的投入。2007 年全国低保资金投入总额仅为 109.1 亿元，2016 年全国低保资金投入猛增到 1014.5 亿元，低保资金投入十年间增长了近十倍。在反贫困领域，2010 年中央财政安排专项扶贫资金 222.7 亿元，2016 年中央财政安排专项扶贫资金达 660.95 亿元。[②] 在农村社会保障领域，财政资金的投入力度不断加大，有效保障了农村地区困难群众的基本生活，提高了农村地区的社会保障水平，促进了农村社会的和谐与稳定，加快了农村地区的发展。当前，我国财政已经具备了为贫困人口提供基本物质保障的再分配能力，为农村低保制度目标重构提供了有利的契机。

（二）我国福利体系的不断完善为低保理念转型提供了制度基础

从福利体系的架构来看，我国已经实现了由补缺型福利体系向适度普惠型福利体系的转变。在反贫困领域，这主要体现在制度的不断完善，享有基本的社会救助是贫困人口享有的基本权利。2006 年党的十六届六中全会提出要"建立覆盖城乡居民的社会保障体系"；次年，民政部再次强调要"逐步拓展社会福利保障范围，推进社会福利制度由补缺型向适度普惠型转变"的方向和思路。在这之后，我

---

① 资料来源：中华人民共和国财政部《2015 年全国一般公共预算收入决算表》，见 http://yss.mof.gov.cn/2015js/201607/t20160713_ 2355039.html。

② 资料来源：中华人民共和国财政部网站，见 http://yss.mof.gov.cn/2015js/201607/ t20160713_ 2355039.html。

国反贫困制度的各项建设逐渐趋于完善。2007 年农村最低生活保障制度的全面建立，标志着我国进入了全民"应保尽保"时期，这是我国社会保障制度发展完善的重大突破。2014 年"精准扶贫"思想的落地，强调新时期对贫困人口的帮扶要提高救助资源的使用效率，做到精确识别、精准帮助。2016 年国务院办公厅转发民政部等部门《关于做好农村低保制度与扶贫开发政策有效衔接的指导意见》，提出要将低保制度与扶贫开发政策有机结合，提高对农村贫困人口的识别和救助效率。可以看出，贫困户享有社会救助的权利已经日益制度化，为贫困人口提供必要的社会保障已上升为国家和社会意识。

（三）农村社会治理的变化为低保制度重构提供了技术支撑

随着国家对农村社会发展的逐渐重视，以美丽乡村为代表的社会主义新农村建设的推进使得农村地区面貌有了很大改变，农村社会公共事务也有了很大发展。与此同时，农村地区人口流动加快、农村社会结构进一步分化、农业经营体系和农民思想观念的变化等都给农村社会管理带来了新的挑战。近年来，改进农村社会事务管理方式、构建农村社会事务管理体系已经成为社会共识。2008 年党的十七届三中全会提出"将农村社会管理体系的进一步完善作为 2020 年农村改革发展的基本目标任务之一"。农村社会管理中出现的新变化为农村低保制度的进一步发展完善提供了技术支持：一是农村地区聚集了越来越多的人才。当前，国家越来越重视农村地区的发展，通过"三支一扶"、西部志愿者、大学生村官等形式为农村地区输送了一批新鲜血液。再者逐渐加强了对现有乡镇干部的培训，使他们的工作观念和工作方式能够适应农村社会的新变化。二是农村社会治理主体逐渐多元化，各类专业的社会组织的发展为有效解决农村困难群众的诉求问题提供了便捷。现阶段我国农村社会治理体制改革过程中，逐渐摒弃了传统的由政府包办一切的模式，尝试引入专业的社会组织来提供必要的公共服务以满足农村社会发展的需要。

四、农村低保制度目标的重构

重新定位农村低保制度的目标，不仅要为农村贫困人口提供基本的生存保障，更要提高农村贫困群体的自我发展能力，使他们能够在政府的帮助下通过自己的劳动脱贫致富。首先，应提升和拓展"基本需要"的内涵与外延。除了为贫困人口提供必要的生活保障，有机会享有健全的医疗保障、接受基本的教育、拥有一定面积的住房、参与正常的社会交往活动等，这些都应该被纳入公民"基本需要"的范畴。其次，低保制度设计应突出发展理念。低保制度安排应注重通过各种形式提升贫困者的自我发展能力。从维持基本生活到促进自我发展，从"事后被动补救"到"事前主动回应"，这对激发贫困者依靠自身主观能动性摆脱贫困状态具有良好的激励作用，也有利于减轻国家财政和社会的压力。因此，我国农村最低生活保障制度的目标重构应着重突出贫困者的发展能力建设和社会生活融合，保障公民权利，促进社会公平正义，努力建立一个多层次的综合贫困治理体系。在低保制度目标定位中，笔者利用"木桶效应"建立模型，对目标再定位进行阐释。

一个木桶主要由底板和桶壁两部分组成。其中，底板作为基础，象征着农村低保制度的基本目标——满足基本生活需要；桶壁作为延展，象征着三个扩展目标——稳定、公平和效率；整个木桶所承载的水则象征着最终目标——社会融合。在"木桶效应"模型中，作为底板的基本目标是整个目标体系的基础，关系着扩展目标和最终目标的实现程度。如果没有作为支撑的底板，扩展目标就无法建立；而如果底板出现破裂，木桶的盛水功能不能发挥，最终目标也无法实现。作为桶壁的扩展目标的实现程度直接影响到最终目标的实现水平。只有桶壁的所有组成木板都同样高，木桶才能完全盛满，但是只要有一块木板高度不够，木桶就不可能完全盛满。因此，单个目标的充分实现对最终目标影响不大，只有当三个扩展目标都产生作用的时候，才能发挥最大功效。在不同的社会发展阶段，扩展目标会有不同的组合，其实现程度也会有所侧重，但社会公平作为核心目标，在扩展目标中应始终发挥重要支撑作用。社会融合作为"桶中水"，是一种更高层次的追求，其实现层次依赖于基本目标与扩展目标的实现程度。

"木桶效应"模型不但阐释了农村低保制度五个目标的关系，而且还赋予了各个目标一些新的内涵：

第一，满足基本生活需要，这是农村低保制度设计最根本的定位。在木桶效应模型中，低保制度的基本目标依然是满足基本需要，但是对其内涵和外延应有新的理解。除了保障基本的生存还能够享有健全的医疗保障、接受基本的教育、拥有一定面积的住房、参与正常的社会交往活动等，这些都应该被看作农民"最低生活需要"的组成要素。除此之外，享受当地社区提供的基本公共服务也应当被纳入基本需要的范畴。因此，满足基本生活需要不仅是要解决生理性的最低需求，还应该使农民过上有尊严的生活，使其不仅能够"活"下来，还要参与正常的社会生活。人是社会中的人，除了"生存"还要"生活"。如果仅仅局限于"生存"，最后的结果往往是连"生存"也无法满足。

第二，保持社会稳定。造成社会不稳定的重要因素之一就是贫困。恩格斯在《英国工人阶级状况》一书中曾指出，"当无产者穷到完全不能满足最迫切的生活需要，穷到要饭和饿肚子的时候，藐视一切社会秩序的倾向也就越来越严重了"。[①] 作为反贫困社会救助制度的一项重要内容，农村低保制度在减少农村贫困人口数量、保障农村贫困人口基本生活权益、稳定农村社会秩序等方面发挥了举足轻重的作用，一定程度上减少了社会成员因陷入生存危机而可能出现的反抗社会行为。作为木桶效应模型中的首要扩展目标，实现社会稳定要坚持两方面的原则：一方面要积极贯彻"以人为本"的理念。社会稳定是社会成员发展必不可少的要素，因此，低保制度建设应将维护贫困群体合法权益、实现贫困群体基本愿望作为自身发展完善的出发点和落脚点。另一方面，在低保制度建设和完善的过程中将实现社会稳定纳入谋划和考虑，构建实现贫困群体发展与社会稳定和谐二者相互促进的制度体系。在低保制度建设过程中必须综合考虑社会就业情况、救助资源使用情况、收入分配差距、政治运行等各方面因素，使低保制度和相关的政策措施能够适应社会发展现状，充分发挥其保障贫困群体基本生活权益、促进社会稳定与和谐的重要作用。

第三，实现社会公平。维护社会公平是现代社会救助制度诞生的重要原因，也是其不断追求的目标。在社会保障事业发展初期，社会救助的形式较为单一，主要表现为政府和富人济贫救困的慈善形式。这一时期的社会救助大多带有恩赐的心理，社会保障的公平性主要体现在人文关怀的伦理道德层面。随着生产力的不断解放和社会经济的

[①]　恩格斯：《英国工人阶级状况》，人民出版社1956年版。

不断发展，单纯依靠政府的济贫措施和社会的慈善行为难以应对社会风险，在这样一种背景下，社会保障制度应运而生，并逐渐在社会救助领域发挥着越来越重要的作用，现已成为一项重要的社会调节机制和国民的一项基本权利。尽管世界各国社会保障制度实施的内容、方式方法不同，但公平始终是各国共同遵循的基本原则。现代社会保障制度的公平性就突出体现在对社会公平正义的追求这一层面。

建设和实施农村最低生活保障制度一个很重要的目标就是维护社会公平正义。每个国家在其任何一个发展阶段都不可避免地存在着弱势群体，社会保障制度的建立就是要为这部分人群提供必要的生活来源，满足他们的基本生活需要，为经济发展和社会进步创造一个稳定的环境。马克思在《哥达纲领批判》中论述按劳分配时，看到了按劳分配事实上的不平等，提出为实现社会公平，必须对消费资料进行扣除，建立社会保障后备基金以救济那些遭遇不幸或自然灾害、丧失劳动能力的人。我国《宪法》规定："中华人民共和国公民在年老、疾病或者丧失劳动能力的情况下，有从国家和社会获得物质帮助的权利。国家发展为公民享受这些权利所需要的社会保险、社会救济和医疗卫生事业。"[①] 习近平总书记在党的十九大报告中更是明确提出"按照兜底线、织密网、建机制的要求，全面建成覆盖全民、城乡统筹、权责清晰、保障适度、可持续的多层次社会保障体系"，[②] 要完善包括机会公平在内的社会公平保障体系。这些论述高度概括了社会保障体系的地位和意义，明确了追求公平是当前我国最低生活保障制

---

① 参见《中华人民共和国宪法》（2018 年修正），见 http：//www. npc. gov. cn/npc/xinwen/2018-03/22/content_ 2052621. htm。

② 习近平：《决胜全面建成小康社会　夺取新时代中国特色社会主义伟大胜利——在中国共产党第十九次全国代表大会上的报告》，《人民日报》2017 年 10 月 18 日。

度建设的首要选择目标。

此外，随着现代社会民主和文明程度的不断提高，最低生活保障制度追求社会公平的价值取向也得以不断强化。在现代社会，自由、平等的理念逐渐为公民所接受，人们对社会公平正义也有了更高的追求。除了关注权利公平和规则公平，人们还关注起点公平和结果公平。最低生活保障制度为贫困群体提供基本生活必需的物质资料，使其在面临客观因素带来的生存困境时不至于陷入孤立无援的境地；而且对于所有公民而言，最低生活保障又是一种机会公平的保障，只要社会成员符合法律规定的条件就可以被纳入保障范围。其次，最低生活保障制度在一定程度上促进了结果公平。直接给予现金救助的形式增加了低保对象的可支配收入，有利于缩小社会成员之间的收入差距。可以看出，最低生活保障的制度设计符合现代社会追求公平正义的价值取向，而且一系列制度安排和配套政策的实施使所有社会成员都有机会享受到国家给予的生活保障，使其不至于陷入贫困无援的境地，有助于缓和社会矛盾和冲突，维护了"社会基本结构的正义"，保障了社会公平。

因此，社会公平在木桶效应模型的扩展目标中处于核心地位。但从政府和社会的责任层面来看，农村低保只能是托底农村地区底线公平，其含义主要是：在制度设计上，符合条件的贫困群体都应该被纳入到农村低保的覆盖范围，建立一个具有中国特色的民生安全网，在此基础上逐步缩小农村不同类型保障人群的差距。只有这样的民生安全网才能确保具备同等条件的人获得相同的救助，才能真正促进社会公平的实现。

第四，提高社会效率。对于社会保障体系而言，效率不仅是其产生、存在和发展的最根本理由，也是其不断追求的目标。市场经济是强调竞争和效率的，市场经济的不断发展使得社会贫富差距不断扩大，导致一部分群体在资源配置中处于劣势地位，长此以往甚至无法维持基本生活而陷入无助和绝望的境地。现代社会保障制度的出现就是为了弥补市场机制的缺陷，通过对贫困人口的生活救助使其能够获得维持基本生存的必要条件，有利于缓和社会矛盾，稳定社会秩序，为市场经济的长效发展创造一个稳定的外部环境，从而促进经济效率的提高。

农村低保制度的良性建设对于促进农村发展、推动社会进步具有重要意义，这主要体现在：一是农村低保制度的实施为发展经济创造良好的外部环境。农村社会的稳定与和谐关系着经济体制改革的进展与全面小康社会的建设。低保政策的执行为农村地区贫困人口的基本生存提供必要的物质保障，有利于促进农村社会的稳定与和谐，这是提高社会生产效率、促进经济发展必要的客观环境条件。二是通过申请低保，部分社会成员可以获取生活必需的物质资料，基本生存问题得以解决，有利于调动这部分人群劳动和创造的积极性，这是提高社会效率的主观前提。三是低保制度在一定程度上解决了社会再生产所需的劳动力供给问题。目前低保制度在执行中还为社会成员提供了一系列技能培训课程，有利于提高人力资源的劳动技能和劳动素质，这是提高社会效率的重要因素。

因此，作为社会保障体系重要组成部分的农村最低生活保障制度也应该关注效率、提高效率。在"木桶效应"模型的扩展目标中效率目标具有举足轻重的地位。具体来看，农村低保的效率目标又可划分为宏观目标和微观目标两个层面。宏观目标主要是指作为上层建筑的重要方面和社会化制度安排的一项重要内容，低保制度在提高生产力水平和促进社会经济发展中的作用；微观目标是指在运行与管理过程中，低保制度的激励与效率问题。在实践中，农村低保应在服从宏观目标的前提下重视微观目标的实现。这是因为低保的目标不仅仅是实现对贫困群体的生活救助，更是要在保障基本生存的基础上提高低保对象的自我发展能力，使他们能够真正摆脱贫困。这就要求低保制度在追求社会公平的同时，也要注重提高效率。对个人而言，低保制度的激励与约束即是公平与效率的最佳契合点，对于提高低保政策的执行效果具有重要意义。

第五，促进社会融合。现阶段，我国农村贫困问题面临新的挑战，不仅要解决深度贫困地区 1660 多万贫困人口的温饱问题，还要预防贫困对象在社会生活的各个方面面临的社会排斥问题。由于社会排斥具有多个维度，并且各个维度之间是相互联系的，因此对贫困对象的社会救助不应仅仅局限于某一维度。但目前农村低保的制度设计主要是从经济维度对农村贫困人口给予经济上的援助，其他维度则缺乏相应的措施予以配合，导致低保的功能主要以"输血"为主，其作用往往是暂时的、有限的。因此，新时期下农村低保的制度设计追求不能局限于反贫困，应上升到反社会排斥层面。因此，从这个意义上来看，消除对贫困人口的社会排斥，使其能融入社会生活的方方面面，实现社会融合是农村低保制度追求的最终目标。这个目标对农村低保制度的进一步发展提出了更高层次的要求，不仅要关注农村贫困人口的经济状况，还要关注这部分人群在教育、医疗、社会关系等方面所面临的困难，使他们不但能够得到一定程度的经济支持，在其他方面的权利也能得到保障，能够融入正常的社会生活之中。与此同时，新的制度设计还应注重"造血"功能的培育，在提供经济援助时也要注重提高低保对象的自我发展能力和自我脱贫能力，使他们能够在社会的帮助下逐步具备摆脱贫困的能力。所有的一切都要紧紧围绕反社会排斥、促进社会融合的目标：一方面，制度在设计伊始就要尽可能排除一些可能会造成社会排斥尤其是制度排斥的环节；另一方面，制度提供的救助政策要能够帮助低保对象抵御社会排斥的风险。

需要注意的是，单纯依靠这项制度并不能实现社会融合的目标。笔者提出的这些目标是要强调新型的制度设计不能只局限于反绝对贫困，而是要着眼于长远的社会融合，使这项制度安排成为实现反社会排斥、促进社会融合目标中不可或缺的一环。只有这样，具体的制度设计才能发挥出更为有效、持久的功能作用。

第二章　农村低保对象识别现状考量

　　自 1994 年山西省民政厅在阳泉市率先开展农村最低生活保障工作试点以来，全国大部分省（市）陆续出台相关政策，开展了农村低保试点工作，并在试点工作的基础上初步建立了符合各地自身实际的农村低保制度。2007 年中央政府开始主导农村低保制度建设，出台了《国务院关于在全国建立农村最低生活保障制度的通知》，明确了农村最低生活保障制度的总体目标和要求。在此要求下，全国 31 个省（区、市）全面铺开了农村最低生活保障工作。随着农村低保工作的推进和政策措施的不断优化，我国农村低保覆盖面不断扩大，保障标准逐年提高，保障效果与政策目标渐次叠近。然而，不可否认的是，我国农村低保制度设计还有待完善，低保的政策措施还有待改进。在农村低保工作实践中，还存在一些亟待解决的问题，尤其是低保对象的精准识别问题，"应保尽保""应退尽退"还难以实现，农村低保对象的识别机制还需精准构建与完善。

第一节　我国农村最低生活保障制度的演进

　　社会救助的思想在我国可谓是源远流长。我国古代崇尚以"仁"

为核心内容的儒家学说，在济贫方面儒家积极主张政府介入人民福利，把"保息、养民"作为统治者的责任，提倡百姓互济互助。以"民本""仁爱""大同""中庸"等观念为基础的孔孟思想是我国最早的社会保障思想渊源。在这些思想的影响下，古代中国的统治者们建立了一定的保障制度对人民生活予以保障。周朝至汉朝时期，官府开始兴建"常平仓"，隋唐时期出现了以储粮备荒为目的的"义仓"，到了南宋年间，"义仓"逐渐演化为具有一定社会保险意义的"社仓"。除了储粮制度之外，我国古代也产生了济贫、养老和育幼等慈善事业，时间上最早可以追溯到南北朝，当时出现了以救助老人、病患和儿童为主要目标的孤独园和六疾馆，此外还有唐宋年间出现的养老慈善机构悲田养病坊、元代的医疗救济机构惠民药局等。相比西方福利国家，我国的社会救助制度建设进展较为缓慢，直到20世纪50年代初才正式建立起现代意义上的社会救助制度。1950—1954年，由于新中国成立初期社会生产尚未恢复，再加上大规模自然灾害的频发，导致当时需要救助的贫困人口众多。为了救济灾民和孤老病残人员，国家发放了大量的救灾救济款和救济物资。1956年，我国进入社会主义全面建设时期，在城市形成了就业与保障一体化的保障制度。这一时期的社会救助主要面向城乡"三无"人员，即没有劳动能力、没有收入来源、没有法定赡养人或抚养人的社会成员。城市社会救助费用主要由国家承担，农村则由生产队给予补助。1956年第一届全国人大第三次会议通过了《高级农业生产合作社示范章程》，规定在农村实行"五保"供养制度，其范围主要包括农村集体内部缺乏劳动能力且没有生活保障的社员。在当时的计划经济体制下，社会救助只是针对极少数社会保险制度"漏出"的人而言的，其重要性自然无从谈起。

作为一项规范化、制度化的社会救助，农村最低生活保障制度是在农村困难群众定期定量生活救济制度的基础上逐步发展和完善的，是新时期农村社会救助制度的重要内容和补充。从 2007 年开始，中央政府开始主导农村低保制度建设，公布了《国务院关于在全国建立农村最低生活保障制度的通知》。从此，中央政府开始开展对农村低保制度的资金投入和政策制定工作，农村最低生活保障制度开始进入一个全新的阶段，在中央政府主导下逐步迈向城乡一体化。

一、农村最低生活保障制度的探索阶段（1994—2006 年）

1978 年以来，我国处于由计划经济体制向市场经济体制转型的关键时期，农村的社会环境也发生了深刻变化。随着经济形势的变化和农民生活水平的不断提高，传统的农村社会救助已经不能满足农村贫困人口的基本生活需要，其存在的救济标准低、覆盖面小、管理不规范等问题也不能适应市场经济发展的要求。此外，家庭联产承包责任制的实施也削弱了农村集体经济，这也导致了传统的农村社会救济制度在经济上难以持续。

相比城市最低生活保障制度，我国农村最低生活保障制度的建设较为滞后。1994 年在民政部的指导下我国开始了农村最低生活保障制度建设的试点探索工作。同年 6 月，山西省民政厅颁布了《阳泉市农村社会保障试行办法》，率先在阳泉市展开试点。阳泉市的试点是对农村最低生活保障制度建设的有益探索，也是关于建立农村最低生活保障制度的初步设想。1994 年 9 月，山西省民政厅下发了《关于加快建立和完善农村社会保障制度的通知》，并转发了阳泉市的试行办法。1995 年 3 月，山西省政府在阳泉市召开了农村社会保障制度建设现场会，在全省范围内大力推广阳泉市的宝贵经验，号召全省积极开展农村低保制度建设。1995 年，上海市开始实施农村最低生活保障制度。1995 年 12 月 11 日，广西壮族自治区武鸣县颁布了《武鸣县农村最低生活保障线救济暂行办法》，这是我国出台的第一个县级农村最低生活保障制度的文件。1996 年民政部发布了《关于加快农村社会保障体系建设的意见》，要求在全国各个农村全面建设农村最低生活保障制度，并在此意见发布之后随即制定了《农村社会保障体系建设指导方案》，这两个文件的出台对于加快农村低保制度建设、加强农村低保工作指导具有重要作用。此后，部分省市先后建立起农村低保制度。截至 1997 年，全国 998 个县基本确立了农村低保制度，农村贫困对象的基本生活得到了救助和保障。但是，由于制度建立较晚，发展很不成熟，并受到当时经济社会环境的制约，1994 年以来的农村低保制度发展滞缓，制度建设的实施工作几乎完全依靠各地的自觉努力。尽管各地都取得了一定的成绩，但由于农村低保制度的建设没有受到中央政府的重视，而且这一时期农村最低生活保障资金的落实存在严重问题，很多地区工作进展缓慢，缺乏明显成效。

从 2004 年起，中央政府的态度逐渐明朗，加大了对建设农村最低生活保障制度的支持力度。2004 年 1 月，福建省成为我国第一个全面实施农村居民最低生活保障制度的省份，率先建立起覆盖城乡所有贫困群体的最后一道安全网。2004 年 2 月，国务院出台了《关于促进农民增加收入若干政策意见》的文件，规定"各个城市只要具备条件就要积极探索建立农村最低生活保障制度"。该《意见》出台之后，各省市积极响应国务院号召，在各个贫困地区先后建立了农村最低生活保障制度，为农村贫困人口提供了应有的保障和救助，农村最低生活保障制度开始步入改革和完善的进程。2005 年中央在"十一五"规划中提出"有条件的地方要积极探索建立农村最低生活保障制度"。2006 年 12 月召开的中央农村工作会议明确提出了"在全国范围内建立农村最低生活保障制度"的要求。中央政府的积极介入使农村低保制度建设逐渐走出了低谷，在各地政府的主导下摸索着向前迈进。截至 2006 年年底，全国共有 23 个省（区、市）全面建立了农村低保制度，2133 个县（市）开展了农村最低生活保障工作，有 777.2 万户、1593.1 万人得到了最低生活保障，共有 325.8 万户、775.8 万人得到了特困救助，[①] 保障资金投入逐年提高，保障人数不断增加，但由于中央并没有确立统一的制度规范，各地制度千差万别，水平参差不齐，亟需中央的规范和指导。部分年份数据具体见表 2-1。

表 2-1　2002—2006 年全国农村低保资金投入及保障人数

指　　标	2002	2003	2004	2005	2006
低保资金投入（亿元）	—	9.3	16.2	25.1	30
低保人数（万人）	407.8	367.1	488	825	1593

资料来源：2002—2006 年民政事业发展统计公报，见 http://www.mca.gov.cn/article/sj/tjgb/。

二、农村最低生活保障制度发展阶段（2007 年至今）

从 2007 年开始，我国农村社会保障体系建设迈出了关键性的一

---

①　卫敏丽：《全国有 23 个省份建立农村最低生活保障制度》，2007 年 5 月 24 日，见 www.agri.gov.cn。

步，农村最低生活保障进入制度全面建设时期。2007年年初，党中央、国务院决定在全国建立农村最低生活保障制度，中央财政安排专项资金支持地方工作，农村低保制度建设开始全面推进。1月9日，胡锦涛同志作出重要指示，强调要抓紧建立农村低保制度，为困难群众雪中送炭。3月5日，温家宝同志在做《政府工作报告》时郑重承诺"今年要在全国范围内建立农村最低生活保障制度"。5月23日，温家宝同志在国务院常务会议上对农村低保进行了专题研究。6月26日，国务院在北京召开全国建立农村最低生活保障制度工作会议，7月11日，国务院印发《关于在全国建立农村最低生活保障制度的通知》，明确要求2007年在全国建立农村低保制度，现阶段以因病残、年老体弱、丧失劳动能力以及生存条件恶劣等原因造成生活常年困难的农村居民为保障重点，要求全面开展农村最低生活保障工作，明确了农村低保制度的目标和总体要求，对保障标准、保障对象、资金来源以及管理体制也作出了原则性规定。这一政策的出台标志着我国最低生活保障制度进入城乡一体化建设、全民"应保尽保"的新时期。

自《关于在全国建立农村最低生活保障制度的通知》下发以来，全国各地据此积极探索制定了适合本地区的农村低保制度实施具体办法并予以实践，如《吉林省农村居民最低生活保障办法》（2007）、《湖南省村民最低生活保障办法》（2008）、《重庆市城乡居民最低生活保障办法》（2008）等等。在中央政府和地方政府的共同努力下，在城乡一体化进程的推动下，农村低保制度迅速推广普及，发展也逐步规范化、成熟化。截至2007年年底，全国31个省（直辖市、自治区），2777个涉农县（市、区）已全部实施农村居民最低生活保障制度，3451.9万人享受了最低生活保障，同比增加1948.2万人，增长

128.7%，农村低保制度建设取得了重大的发展和突破。

2008年10月12日，党的十七届三中全会通过《中共中央关于推进农村改革发展若干重大问题的决定》，指出："要健全农村社会保障体系，完善农村最低生活保障制度，加大中央和省级财政补助力度，做到应保尽保，不断提高保障标准和补助水平。"2011年12月1日，中共中央、国务院发布《中国农村扶贫开发纲要（2011—2020年）》，提出："要完善社会保障制度，逐步提高农村最低生活保障和五保供养水平，切实保障没有劳动能力和生活常年困难的农村人口的基本生活。"2012年9月1日，针对一些地区存在的农村低保工作思想认识、责任落实、监督管理、保障机制等方面的问题，国务院发布《关于进一步加强和改进最低生活保障工作的意见》，从总体要求、基本原则、政策措施与落实、领导责任等多方面对如何改进和完善农村低保工作作出了全面部署。2013年10月30日，李克强总理主持召开国务院常务会议，讨论了"建立健全社会救助制度，推进以法治方式织牢保障困难群众基本生活安全网"的问题。2013年，《中共中央关于全面深化改革若干重大问题的决定》出台，提出要建立更加公平可持续的社会保障制度。2014年1月19日，中共中央、国务院印发了《关于全面深化农村改革加快推进农业现代化的若干意见》，指出要加强农村最低生活保障的规范化管理。

2014年7月31日，《浙江省社会救助条例》审议并通过，于同年11月1日起正式施行，这也是我国首部社会救助地方性法规。2015年民政部和国家统计局下发《关于进一步加强农村最低生活保障申请家庭经济状况核查工作的意见》，明确了农村低保家庭经济状况核查的具体操作，努力做到核查办法科学、对象认定准确、认定程序规范、管理运行高效，确保农村低保制度健康可持续运行。2016年，国务院办公厅转发民政部等部门《关于做好农村低保制度与扶贫开发政策有效衔接的指导意见》，指出农村低保制度与扶贫开发政策衔接的过程中，应坚持应扶尽扶、应保尽保、动态管理、资源统筹等原则，精准识别农村贫困人口，及时将符合条件的建档立卡贫困户全部纳入农村低保范围，保障其基本生活。2017年习近平总书记在党的十九大报告中强调"让贫困人口和贫困地区同全国一道进入全面小康社会，坚决打赢脱贫攻坚战"，首次提出实施"乡村振兴"战略。2018年初国务院发布了改革开放以来第20个、21世纪以来第15个指导"三农"工作的中央一号文件《中共中央国务院关于实施乡村振兴战略的意见》，指出要努力做好农村社会救助兜底工作，完善最低生活保障制度，提高农村民生保障水平，塑造美丽乡村新风貌。截至2016年年底，全国农村低保对象2635.3万户、保障人数4586.5万人，年平均增长3.2%，全年各级财政共支出农村低保资金1014.5亿元，全国农村低保平均标准3744元/人/年，农村低保覆盖面逐年扩大，保障水平不断提高，农村低保制度为保障农村地区低收入群体基本生活发挥着越来越重要的作用（见表2-2）。

表2-2　2007—2016年全国农村低保制度实施情况

指标	2007	2008	2009	2010	2011	2012	2013	2014	2015	2016
保障人数（万人）	3566.3	4305.5	4760.0	5214.0	5305.7	5344.5	5388.0	5207.2	4903.6	4586.5
保障人数年增长率（%）	123.9	20.7	10.6	9.5	1.8	0.7	0.8	-3.4	-5.8	-6.7
财政投入（亿元）	109	228.7	363.0	445.0	667.7	718	866.9	870.3	931.5	1014.5

续表

指标	2007	2008	2009	2010	2011	2012	2013	2014	2015	2016
财政投入年增长率（%）	263.7	109.6	58.7	22.6	50.0	7.5	20.7	0.4	7	8.9
保障标准（元/年）	70	987.6	1210.1	1404	1718.4	2067.8	2434	2777	3177.6	3744
保障标准年增长率（%）	—	17.1	22.5	16.1	22.4	20.3	17.7	14.1	14.4	17.8

资料来源：2007—2016 年社会服务发展统计公报。

第二节　现行农村低保对象识别机制存在的问题

农村低保制度作为一项保障农村贫困人口基本生活权利、托底农村地区底线民生的社会救助制度，是我国社会保障体系中的重要安全网，对于切实解决新时期农村贫困问题、稳定农村社会秩序、维护社会公平正义等起着中流砥柱的作用。农村贫困人口的脱贫关系着脱贫攻坚目标的实现，关系着美丽乡村建设的成效和质量。因此，作为扶贫兜底的最后一道屏障，如何将有限的低保救助资源集中到最需要救助的个人和家庭，精确识别、精准帮扶贫困对象，是一个不容忽视又亟待解决的问题。

根据《关于在全国建立农村最低生活保障制度的通知》，农村最低生活保障的对象是："家庭年人均收入低于当地最低生活保障标准的农村居民，主要是因病残、年老体弱、丧失劳动能力以及生存条件恶劣等原因造成生活常年困难的农村居民。"在各地实践中，一般是先设定保障标准，再对申请者的经济状况进行核查，甄选出符合给付条件的对象。低保标准的设立和调整是制度实施的关键一环，在具体操作中多通过恩格尔系数法、基本生活费用支出法或消费支出比例法来执行。

　　通过家计调查对低保申请者的经济状况进行复核的实质就是执行低保标准，通过计算其家庭成员人均收入水平确定是否给予救助以及救助金额。县民政部门、街道办事处、乡镇政府以及村（居）委会等负责调查申请者的收入状况，采用的方式主要有入户调查、邻里访问、信函索证等。随着经济的发展和人民生活水平的提高，也开始调查申请者的资产拥有情况，以全面核查其实际生活水准。从申请流程来看，一般包括上述三级机构的"三级审查"和"三榜公布"、确定救助资格后的复审。

　　但上述操作步骤在实践中难以准确、全面地将符合标准的救助对象甄选出来，保障对象"瞄偏"问题在全国范围内不同程度地存在。2013年内蒙古自治区民政厅共清退不符合认定条件的低保对象10万余人，其中有大量的"人情保""关系保"。9个月后，又有13.9万违规低保被清退，这并非个别地区的现象，2013年6月至2014年9月，全国查纠城乡低保错保漏保151.4万多人，[①] 直接说明了福利泄露现象在低保救助领域屡见不鲜。一方面，农村低保"瞄偏"直接导致社会救助资金使用效率大为下降，公共资源配置无法实现帕累托最优；另一方面，间接地损害了社会公平正义，滋生了养懒汉的"福利依赖"现象。从这个意义上来说，"瞄偏"造成的间接社会成本更加严重，对社会的危害更大。在一些地方的农村低保工作中甚至

---

　　① 资料来源：人民网海南频道，见 http：//hi. people. com. cn/n/2014/1207/c356346 - 23139709.html。

出现了"轮候制"的平均主义做法,看起来貌似公平合理、符合民意,但严重偏离了低保制度设计的轨道。

从统计学角度来概括,农村低保对象识别存在的问题主要表现为两种情况:一是弃真错误,二是取伪错误。

一、弃真错误——应保未保

从统计学角度来分析,进行假设检验的目的就是要根据样本信息推断总体。显而易见,研究者总是希望能够作出正确的决定,也就是当原假设正确(错误)时没有拒绝(接受)它。在假设检验过程中可能发生两类错误:第一类错误又称弃真错误,即当原假设为真时拒绝原假设;第二类错误又称取伪错误,即当原假设为假时没有拒绝原假设。从农村低保对象的识别过程来看,"原假设"应为某家庭年人均收入低于低保标准,属于低保对象。因此,"弃真错误"是指符合救助条件者未被纳入保障范围,即"应保未保"。"弃真错误"发生的原因主要有以下几点。

(一)部分地方政府财力较弱,难以承担农村低保支出

现阶段我国农村低保工作主要依赖地方政府来推进,这就引出了一个悖论:即越是经济发展落后、财政能力弱的地方(如我国欠发达地区),符合低保标准的人口可能越多,保障压力越大。目前我国的社会保障体系主要包括社会保险、社会福利、优抚安置、社会救助和住房保障等多方面的内容,在保障人民基本生活的同时也给地方财政造成了很大压力。再者,我国低保资金筹措渠道过于单一,主要依赖上级政府的转移支付。面对不少欠发达地区出资能力低下的现状,单纯依靠财政支出来解决农村低保问题显得困难重重。同时,个案研

究发现，经济基础较好的东部沿海地区农村低保受助率也较低。其原因自然离不开经济因素的影响，但还要看到资金因素所起的作用。发达地区虽然贫困人口数量较少，相应地获得的中央财政补助也较少，这些省份普遍担心增加保障人数会给自身财政带来压力，因而不愿意扩大低保覆盖范围。而且，农村基层工作人员中仍有一部分群体思想认识不到位，对低保工作重视不够，近些年多次发生农村低保资金被挪用、被挤占甚至被贪污的情况就是一个很好的例证。

由此可见，一些地方农村低保人数少，覆盖率低，存在符合认定条件的贫困人口没有被纳入保障范围的现象，或者是低保标准设定过于苛刻，人为地造成"入口过紧"的问题，人为地导致"隐性应保未保"的现象。

（二）申请者与低保政策之间未形成良性的互动循环关系

一项公共政策能否得到落实、执行效果如何、事后是否能得到良好反馈，很大程度上取决于政策目标群体对政策的理解、支持、接受与认可程度。农村最低生活保障政策的目标群体是生活水平低于保障标准的贫困农户。如果受助农户能够理解并积极参与农村低保政策，就能有助于及时发现并矫正政策执行中出现的偏差，保证政策执行的公平性、廉洁性和有效性；相反地，如果农民不理解、不支持农村低保制度，那么政策执行效果就会大打折扣。从当前农村低保政策反馈的结果来看，申请者与低保政策之间没有形成良性互动是导致"弃真错误"频发的重要原因。首先，由于农村低保制度在基层的宣传普及不到位以及沟通不畅等因素影响，农民对低保制度的政策内容、实施措施、申请流程的不了解妨碍了他们对低保救助的申请，导致他们容易对政策产生误解。其次，目前农村地区的常住人口大多是文化水平有限的老人、妇女和儿童，这类人群信息获取困难，缺乏低保政策执行的参与力。由于大部分青壮年都选择外出务工，农村地区"留守儿童""空巢老人"现象普遍，农村社会"碎片化"特征明显。低组织化的现状再加上自身文化素质限制，大部分农民在农村事务中很难清楚地表达自己的政策观点，也难以形成对政策的准确判断，因此难以有效参与低保实施工作。再者，部分农户认为低保申请程序较为繁琐，申请成本较高。按照政策规定，在低保申请过程中，不仅需要多次核查申请者的家庭经济状况，而且需要多次张榜公示、评议或公开说明申请者的情况以接受群众监督。从工作流程上来讲，这些是农村低保政策执行的必要环节，但无形中给低保申请者造成了很大的心理负担。在西方国家，个体或家庭的收入情况、经济生活水准、是否贫困等都属于个人隐私范畴，是不允许轻易被公之于众的。从这个意义上来说，低保政策执行中的张榜公示环节将个体的情况毫无保留地公开，不仅给申请者造成了心理压力，还在一定程度上贬损其人格与尊严，导致耻辱感的产生。

（三）低保政策中的某些附加条件压缩了救助空间

因触犯法律的行为导致经济困难者，在后续生活中也可能因为得不到社会同情而无法获取救助。《辽宁省农村居民最低生活保障办法》第八条规定："有赌博、吸毒、非法婚姻、非法收养或者无正当理由不参加劳动等行为的，不得享受农村低保待遇。"我国绝大多数省（市）都有类似规定。这些附有伦理道德色彩的限制性规定无疑是与低保救助政策的功能与目标相抵触的，它使得一部分真正需要生活救助的困难群体游离于农村低保制度之外。

二、取伪错误——保不应保和应退未退

"取伪错误"是指将不符合救助条件的申请者纳入救助范围。取伪错误主要包括"保不应保"和"应退未退"两个方面。由于低保资金给付的单向性、农村低保对象识别缺乏法律层面的规范以及低保身份带来的延伸福利（如医疗、教育、住房救助等），导致部分农村居民产生了"不拿白不拿"的贪利思想。再加上家庭经济状况调查缺乏具有实操性的核对方法，部分农民虽然不符合低保认定条件，但是由于核查不力也进入了保障范围。这在很大程度上导致了福利泄露，阻碍了社会公平正义的实现，不利于全体人民共享改革发展的成果。从实地调查分析可知，农村低保的取伪错误主要表现为以下几种形式：

（一）申请者存在福利欺诈的倾向

公共救助资源给付的单向性是申请者进行"福利欺诈"的直接原因。作为一个"理性人"，在作出任何一项行为选择时都不可避免地存在利己的动机。由于不需要履行缴费义务即可无偿获得社会救助给予的利益，因此部分申请者在申请低保资格的过程中，可能作出少报、瞒报其家庭财产与收入的行为，使之尽可能低于保障标准，从而获取尽可能多的补助金额和其他专项救助收益。特别是"边缘户"作为潜在受益者具有趋向贫困的动力，为了从社会救助中收益，要么让自己的收入水平确实低于保障线，要么冒着道德风险隐瞒真实收入。从经济意义上来看，低保制度降低了效率，因为它破坏了农户增收的积极性。更有甚者，部分申请者为了获得低保身份，不惜拆户，将没有收入来源或收入较少的家庭成员"剥离"出去单立门户，而在其他方面仍以家庭名义共同生产与生活。

（二）"关系保""人情保"等低保违规现象屡禁不止

"关系保"，顾名思义，就是在农村最低生活保障制度受助对象的确定上，将与村干部、乡镇干部、县机关干部有亲属关系或其他关系的人纳入低保覆盖范围。"人情保"和"关系保"具有相似的地方，但相对于"关系保"较为"隐蔽"，不易被普通大众所觉察。

在农村低保对象认定过程中，各地较为一致的做法都是"三级审查"，即村委会初审、乡镇政府审核、县民政部门审批。大多数农村在进行低保资格审查时都省略了必要的民主程序，导致低保资格成为基层干部掌握的资源，他们利用职务便利违规操作、优亲厚友、截留私分，损害了社会公平正义，腐败现象不断滋生。在农村低保资源分配过程中，乡土社会的人际关系网络起到了极为重要的作用，产生了拉选票、托关系、走后门等各种不公平现象。据媒体披露：云南省陇川县民政局70%以上干部职工亲属违规享受低保。56名干部职工中，有40名干部职工的82名亲属不符合享受城乡低保的资格，违规享受低保资金达40.5万多元。① 农村低保是有限的公共资源，让不该吃低保的人吃低保，实际上是变相侵占了低保户的合法权益，伤害了贫困群体的感情，使基层政府公信力和低保政策权威性大打折扣。这种现象的存在不仅严重降低了低保资金的使用效率，而且也导致乡村民主评议制度名存实亡，容易激化干群矛盾，扭曲了农村低保对象认定工作的公平公正性，使生活更加贫困的家庭得不到政府给予的必要救助。

除此之外，也有一些地方将低保救助资源异化为乡村治理的一种

① 资料来源：人民网，见 http://fanfu.people.com.cn/n1/2018/0420/c64371-29939562. html。

手段。有的乡镇把低保作为"政策保"来处理辖区内的社会问题，或将不符合低保认定条件的上访户、拆迁户列入保障范围，以维护农村秩序稳定；或将低保作为惩罚工具，对于不配合农村工作的农民，取消其所享受的低保、危房改造等福利政策。更有一些基层干部拿国家资源做"顺水人情"，将低保指标分派给上级领导或项目审批部门领导的亲戚。低保制度设立的初衷是为了"兜底线"，但是在实际工作中，低保资源往往被权力异化成维稳、人情往来、炫耀性寻租以及基层治理的手段，导致"逆向补贴"和"成本转嫁"，进一步加重财政负担，使低保制度偏离了"兜底线"本位，反而成为"劫贫济富"的工具，严重者甚至会激化农村社会矛盾。

（三）应退未退者挤占了救助资源，阻碍"应保尽保"目标的实现

"应退未退"是指符合救助条件者被纳入救助范围之后，经济情况有所好转，不再符合救助条件但仍享有救助资格。低保退出机制包括主动退出和被动退出两种情况。主动退出是指当保障对象的家庭收入水平高于低保标准时，由其主动向民政部门提出退出救助。被动退出是指根据动态经济调查中查明的经济事实或者根据举报人的反映，通过家庭经济复核、邻里访问、入户调查、信函索证等形式来确定低保对象家庭收入状况是否超过保障标准，经核查符合事实的，管理审批机关为其办理退保手续。

对于初次申请低保救助的申请者而言，社保部门进行资格审查和收入、财产核查的程序较为严格，提高了申请的规范性。但是对于已经进入低保行列的农户而言，社保部门的复核相对宽松，恶意骗保收益高、成本低。再加上医疗、教育、住房等关联性救助主要是面向低

保户的，没有低保的身份就不能使用或不能优先使用这些救助资源，而这些救助在很大程度上影响着他们的生活状况。正是这种负激励效应的存在导致申请者为继续享受低保待遇可能会隐瞒其真实的家庭经济状况，产生了"福利依赖"现象。"福利依赖"是指部分有劳动能力的低保人员长期依靠政府提供的低保福利为生，却不愿参加政府和社会提供的文化技术培训，不愿接受政府提供的就业和致富机会的现象。政府旨在通过最低生活保障，给予贫困农户物质上的资助以保障其生存发展权，进而帮助其走上自力更生的道路。然而，实践表明，不少人都有依赖心理，都不愿放弃唾手可得的利益。由于长期享受社会救助，助长了低保群体的惰性，弱化了他们通过就业摆脱贫困的动机，长此以往不知不觉地就满足于低水平的生活状况，形成所谓的"福利依赖"。

出于保障贫困群体基本生活、使全体人民共享改革发展成果的目的，各级财政每年都加大了农村低保资金投入，不断扩大覆盖范围，提高待遇水平，但由于制度设计上存在缺陷以及清退工作的繁重性，使得低保退出者较少而进入者逐年增多，低保"雪球"越滚越大导致财政负担越来越重，资金使用效率也不尽如人意。从本质上来说，低保退出机制的根本设计思路应该是"扶贫不养懒"——应及时清退不符合保障条件的非贫困对象，而不是提供"一劳永逸"的福利保障，只有这样才能维护低保制度的公平公正。然而，由于农村网络化、信息化水平相对滞后，无法及时有效地对低保对象收入进行跟踪，尚未实现对低保对象的有效动态管理，"应退尽退"的实现暂时只能依赖于农村居民的自觉退保、政府低保执行机构的强制退保以及社会监管机构的监督退保。但是，我国政府及相关机构还不够重视这方面的工作，"应退未退"问题严重滋生，导致了福利泄露和"养懒汉"的严重后果，极大地降低了农村低保制度的实施效果。

第三节　现有农村低保对象识别
机制部分失效的原因

研究现有的相关文献，结合多次、多地的田野调查资料分析，我国现阶段农村低保对象识别措施难以实现"应保尽保""应退尽退"的目标，其原因是多方面的，既有客观条件的限制，也有主观因素的影响。

一、制度设计本身存在缺陷

我国农村最低生活保障制度建设起步较晚，在制度设计层面不够成熟，还存在一些问题。特别是现行制度在低保对象识别方面存在较多缺陷，导致低保政策在实施过程中缺乏制度范本的规范与指导，使得低保对象瞄偏现象在全国范围内不同程度地存在。

（一）保障标准偏低且计算方法欠规范

保障标准，即通常意义上所说的贫困线，是低保制度给予救助对象的最高救助金额。科学设定保障标准是低保制度实施过程中非常重要的一环，直接关系到受助群体是否能够获得充分救助。2007 年《关于在全国建立农村最低生活保障制度的通知》规定农村低保标准"按照能够维持当地农村居民全年基本生活所必需的吃饭、穿衣、用水、用电等费用确定"，但并没有给出具体的计算方法。在实际操作中主要是由各区县政府参照当地经济发展水平和财政承受能力来确定。一般来说，应根据地区经济发展水平、政府财力状况、物价水平、人均消费水平、周边省份保障水平等因素动态调整农村低保标准，使保障水平与社会经济发展程度相适应，真正起到兜底扶贫的作用。但是从目前的实施情况来看，各地保障标准普遍偏低，特别是随着近些年经济发展水平不断提高，生活成本也不断增加，然而相比物价的上涨而言，低保标准的调整总是被动、滞后的，给贫困对象的基本生活造成了影响。从某种意义上而言，低保家庭的消费支出是被政府按最低生活标准来计划的，一旦碰上突发疾病或天灾人祸，现有的补差收入仍严重入不敷出。低保制度的设计应使救助对象能够解决基本生存问题，即满足食物、健康、基本交往等需要，否则的话，最低生活保障变成了最低温饱保障，不符合制度设计的初衷。

目前国际上通用的测量贫困线的方法主要有以下几种：（1）热量法，又称"生活需求法"，这种方法是将维持人类生存所必须消耗的物质资料用货币量化计算的。热量法操作简单，计算过程便于理解，但该方法的缺陷在于，由于不同贫困家庭结构、致贫原因不尽相同，现阶段仍缺乏科学合理的测算方法来确定家庭非食品类生活必需品的消费数量、消费结构及相应的价格。（2）国际贫困标准法，是以一个国家或地区的中位收入或平均收入的50%作为其贫困线，实质上是一种收入比例法。这种方法计算简单明了，容易操作，但其收入比例的确定是以西方发达国家的社会救助标准为基础计算的，并不符合发展中国家的实际情况。以我国2016年数据计算，2016年我国人均可支配收入23821元，人均可支配收入中位数20883元，[①] 而

---

① 资料来源：国家统计局《2016年国民经济和社会发展统计公报》，见http：//www.stats.gov.cn/tjsj/zxfb/201702/t20170228_ 1467424.html。

2016 年全国农村低保平均标准 3744 元/人/年，远远低于人均收入的 50%。若按照国际贫困标准规定，我国现行低保标准要增加两倍左右才能达到其规定的水平，这对于政府财政能力来说是一个很大的负担，从我国现实出发暂时不宜采用这种方法。（3）国际贫困线法。这是世界银行从按照购买力平价理论进行的国际比较项目中提出来的，是世界银行经济学家陈（Chen）和拉瓦雷（Ravallion）对 33 个贫困国家贫困线取的中间值，1993 年确定的标准是每人每天 1.08 美元。2005 年世界银行根据新的购买力平价数据和 15 个最贫困国家贫困线的平均值，将这个标准上调到每人每天 1.25 美元。2015 年 10 月,世界银行再次将国际贫困标准上调至每人每天 1.9 美元。（4）恩格尔系数法。19 世纪末，在比较了不同收入水平家庭的消费模式后，恩格尔提出"收入的增加和生活必需品的开支成反比"的著名论断，称为"恩格尔定律"。美国学者欧桑斯基（Orshansky）正式运用这一定律来测量贫困线。目前国际上常用恩格尔系数的 60% 或 50% 作为判断贫困的标准。但在实际使用中该方法也存在一些问题，如不同国家采用相同的标准计算有失偏颇，并且标准往往偏低，再加上要依赖社会消费指数调查带来了额外的成本，采用这种方法也有很大的局限性。从我国社会救助制度的发展历程来看，救助对象的识别方法也经历了由定性到定量的转变。传统的社会救助制度往往以定性方法来确定救助对象，救济标准也多由主观判断得到。最低生活保障制度建立以后，一些地方开始探索运用定量方法计算保障标准如上海市市场菜篮子法、北京市恩格尔系数法、江苏省比例法等。传统工作方式的弊端和缺乏具有统计、社会保障等专业知识的人才，导致现阶段科学测算保障标准难度很大，大多地区在实际工作中仍然采用定性方法确定救济标准。但定性方法依赖低保工作人员的主观感受，随意性很大，而且有些地区没有考虑到家庭结构和消费结构问题，这些都是不合理的。

同时，由于我国区域经济发展水平存在较大差异，由此造成的各地财政能力不同，保障水平自然也不相同。在经济发展水平较高的东部地区，政府财政能力较强，保障标准较高；而在经济发展较为落后的中西部地区，政府财力有限，只能根据政府财政情况和上级政府转移支付水平来确定低保标准，保障标准相对较低。最低生活保障是对公民基本生存权的保障，作为居民最低生活需要的部分应该是没有什么差异的，即使有差异也应该是比较小的，但从我国目前的情况来看，农村低保标准的地区差距较为明显。从民政部公布的 2017 年第 4 季度农村低保标准来看，东部地区如浙江低保标准为平均每人每年 8040.6 元，江苏低保标准为平均每人每年 7147.07 元；而中西部地区如江西低保标准为平均每人每年 3743.33 元，云南低保标准为平均每人每年 3342.02 元。[①] 东部地区与中西部地区的农村低保标准存在较大差距。农村低保制度作为我国社会保障制度的重要内容，应该体现"底线公平"的制度设计原则，尽量缩小地区之间的收入差距。但现有的低保标准不仅没有缩小反而扩大了低收入者之间的差距，违背了公平原则，是非常不合理的。

在低保制度实施过程中，科学测定保障标准是一项基础性的工作。如果设定的标准过低，则制度的兜底作用没有得到充分发挥，难以满足贫困人群的基本生活需要；反之如果标准过高，又会给地方政

---

① 资料来源：中华人民共和国民政部网站，http://www.mca.gov.cn/。

府财政带来较大筹资压力，也有可能助长了低保户的懒汉行为。因此，如何制定一个科学合理的保障标准，既能保障贫困对象的基本生活，又不至于给政府财政造成较大压力，是一个值得深究的问题。

（二）现有的家计调查机制存在缺陷

作为低保政策落实中的一项基础性工作，家计调查的重要性不言而喻。家计调查是指对申请者的家庭经济状况进行调查，计算其家庭人均收入水平并与当地保障标准进行比较，确定是否给予救助及具体的救助金额。

家计调查主要有两种形式：一是收入调查，即只调查申请者的个人收入或家庭收入情况；二是调查申请者的收入水平、工作状态及资产拥有情况。然而，目前家计调查存在着诸多缺陷，其调查结果的有效性和可信度有待提高。首先，家计调查工作难度较大，并且准确性不高，特别是由于我国尚未建立起完整、透明的个人收入登记制度和个人财产登记制度，难以准确估计申请者的经济情况，并且就业形式的多样化也使得申请者的工作状态难以确定，导致无法了解其真实的收入情况。其次，家计调查项目较为片面。目前的家计调查主要是调查申请者的收入状况，而对其支出情况却不甚了解。在目前收入调查很难获得准确信息的情况下，应及时引入家庭支出情况调查，这是因为消费总是以收入为基础，开展支出情况调查可以避免如"开着小车吃低保"等保不应保的情况发生。再者，由于缺乏具有专业知识和技能的家计调查人员，目前的家计调查工作主要由村委会、居委会以及基层政府来执行，受自身文化素质限制以及主观因素影响，在实际工作过程中不可避免地会出现"关系保""人情保"等违规现象，制约了低保制度的健康发展。

在农村低保工作实践中，家计核查工作主要存在两方面的问题：一是政策落实不到位，即量化补差政策难落地；二是缺乏必要的制度依据，即对低保对象的收入计量缺乏一个客观统一的标准，在政策执行过程中也缺少对执行主体的有效监督机制。从低保政策的落实情况来看，由于定量计算农民收入的依据不足，执行主体倾向于将选出低保对象作为目标，反而弱化了对其贫困程度的测量与了解。因此，要使量化补差政策走上规范化轨道，必须建立统一规范的收入核查制度，限制政策执行主体的自由裁量权，为农村低保工作的执行提供必要的制度保障。

在政策执行过程中，大部分地区主要依据家庭人均年收入水平来确定低保对象，但由于农村家庭收入存在较大的复杂性和不确定性，如何准确核定申请人的家庭经济状况成为现实中的一大难题。本书主要从"分子"和"分母"两个方面展开分析。

从"分子"来看，主要是指农村家庭的年收入核算困难。农村经济的特殊性决定了农民家庭收入难以量化核算：一是由于农民收入来源较为分散，既有种植农产品的土地经营收入，又有依靠种植林木、养殖动物等各种附加收入，但附加收入如养殖的家禽家畜等难以用货币量化；而且农产品的价格波动受外界因素影响很大，如时令、雨水、日照、自然灾害、市场行情等因素都会对农产品的价格产生影响，并且很多农村家庭的农产品都是自产自用的，在实际核算中很难扣除。二是难以掌握农民的真实收入水平。目前农民就业形式越来越多样化，导致收入来源的多元化和弹性化，再加上还存在大量的临时就业、非正式就业等现象，更加难以掌握农村的实际就业情况和农民的收入状况。例如有些农民进城务工取得一些临时性收入，或城镇化进程中获得的征地补偿性收入等，增加了收入核算工作的复杂性，也增加了调查成本。三是碍于农村社会的人情关系，农民的举证很容易受到交往亲疏关系的影响，反馈情况的真实性难以保证。四是由于我国尚未建立完善的个人收入申报制度，再加上缺乏有效的调查统计方法，对个人信息的查询和管理还不够规范。家庭的资产状况如房产、有价证券等一般只能依赖申请人的自主申报，至于申报情况是否属实并无可行的手段加以验证。并且如果要获得个人的收入情况明细，如个人储蓄和股票账户情况等，目前仍存在一定难度。

从"分母"来看，主要是指家庭成员界定模糊。比如，在一个既有农村居民又有城市居民的家庭中，应如何确定救助对象，或者家庭成员中出现户口迁移的情况应该如何处理等。现实生活中低保对象认定的问题也是层出不穷。例如有些农民为了获得低保资格，将父母与子女分开设户，让父母申请最低生活保障，把应该由子女承担的赡养义务推给政府，或者是办理假离婚故意形成单亲家庭以获取政府救助。以上这些行为是否应该享受低保都是值得商榷的，但目前的法律条文中对这些问题都没有作出明确的规定，各地出台的相关文件中对这类问题的规定也是参差不齐的，因此在实际操作过程中难免遇到无法解决的问题。

另外，由于对低保家庭的经济状况核实需要耗费大量的时间和精力，在人手不够的条件下，难免出现调查人员敷衍了事、应付工作的情况。在实际操作中，农村低保对象的确定往往采取较为简陋的"生活形态法"和实地考察法，由村委会提供家庭经济状况的证明材料，交乡（镇）人民政府审核，最后再由县民政部门审批。乡镇政府和县有关部门采取重点入户抽查的方式，而低保待遇的档次基本由村委会决定。由此看来，实践中农村低保对象的确定缺乏一定的科学性，而且乡镇和县两级政府要对所有低保户都进行入户调查，成本太高，也不现实。

上述问题能否得到解决直接关系到低保资金的使用效率和低保政策的实施效果。如果不能对申请者的家庭经济状况进行有效核实，就不可避免地会出现救助对象"瞄偏"的情况。因此必须明确最低生活保障家庭经济状况核查办法，确保家庭经济状况调查的合法化。

二、缺乏相应的法律规范

法律是行为的圭臬，只有首先实现有法可依，才能对弱势群体施加行之有效的保护。作为一项制度建立的重要体现，法律规范的出台和表现形式充分反映了其效力层级、稳定性和顶层机关的重视程度。作为公民享有的一项基本权利，基本生活保障权的实现应该得到相关法律法规的保证。但目前我国仍缺乏一部全面、系统的农村低保法律条文对农村低保工作加以指导，各地主要以《国务院关于在全国建立农村最低生活保障制度的通知》（国发〔2007〕19号）、《国务院关于进一步加强和改进最低生活保障工作的通知》（国发〔2012〕45号）和2014年颁布的《社会救助暂行办法》作为参考，结合自身实际情况自主制定相关法律规定，这可以说是我国社会救助制度的突出短板。考察全国范围内农村低保的立法情况，可以发现各地实施低保政策所依据的法律规范主要有三种情形：地方性法规如2014年11月1日起施行的我国首部综合性的社会救助地方性法规——《浙江省社会救助条例》；地方政府规章如各地出台的最低生活保障办法以及其他规范性文件如《最低生活保障审核审批办法（试行）》（民发

〔2012〕220 号）等。可以看出，我国至今尚缺乏一部由全国人大或其常委会审议通过的、以"法"的形式命名的为公民基本生存提供救助的法律，仅有一部由国务院颁行的《社会救助暂行办法》；从地方性法规数量来看，目前全国主要有浙江、江苏、上海、广东、重庆、甘肃等几个省市制定了地方性法规，对最低生活保障工作予以指导，但这类立法数量较少，尚未在全国范围内铺开。现有法律规范主要以地方政府规章或其他规范性文件的形式呈现，文件效力层级不高，远未形成一个合理完整的法律体系。这种立法现状不利于农民低保权利意识、政府责任意识和依法行政意识、社会公众监督意识的觉醒，也使得农村低保政策的实施缺乏相应的法律依据。

城乡二元户籍制度的存在将最低生活保障制度分割成城市最低生活保障制度和农村最低生活保障制度"两条腿走路"模式，并且呈现"城市腿"长、"农村腿"短的"跛腿"特征。[1] 城市的最低生活保障制度有专门的《城市居民最低生活保障条例》予以规范和指导，而农村的最低生活保障缺乏一部适用于全国范围的基本法规，并且各地各自为政，立法差异较大，一些地区的农村低保工作甚至长期面临无法可依的局面。立法的分散再加上缺乏实操性的政策规定，导致农村低保工作很难有实质性的进展，政策效应不能得到充分发挥。《国务院关于在全国建立农村最低生活保障制度的通知》（国发〔2007〕19 号）和《国务院关于进一步加强和改进最低生活保障工作的通知》（国发〔2012〕45 号）的出台虽然使农村低保法律制度建设向前迈出了重要一步，但是以通知和意见的形式缺乏权威性，内容规定也过于

---

① 裴坤鹏：《农村最低生活保障制度的法治困境》，《未来与发展》2015 年第 6 期。

笼统，给各地政策细化与执行留下了较大的自由裁量空间，而且缺乏对保障对象识别、保障标准制定等内容的详细说明，指导性不强。例如，中央政府和省市政府并没有对"基本生活所必需的吃饭、穿衣、用水、用电等费用"作出明确规定，也没能说明"适当考虑未成年人的义务教育、医疗等其他费用"中"适当考虑"具体应达到什么水平，这虽然赋予了地方政府在具体政策执行中较大的行政弹性，但也容易造成政策落实的随意性、主观性、依附性和形式化，严重损害了制度固有的公平性原则，扭曲了政策原意，给低保制度建设留下了隐患。

一个完整的法律规范构成应包括假定、处理和制裁三部分内容。任何一个法律规范如果缺乏对法律责任的明确规定，那么其强制性就形同虚设。目前我国关于农村低保制度法律层级最高的文件是《国务院关于在全国建立农村最低生活保障制度的通知》（国发〔2007〕19号），但其缺乏关于法律责任的界定；《国务院关于进一步加强和改进最低生活保障工作的通知》（国发〔2012〕45号）明确了对政策执行主体和恶意骗保人员的责任追究，但其规定得较为笼统，更多地体现的是行政指导而非国家意志。我国各地也都出台了关于农村最低生活保障的规范性文件，部分地区对于法律责任的界定作出了说明，但由于缺乏中央的统一指导，各地规定差别很大，内容也不尽合理。如《辽宁省农村居民最低生活保障办法》第二十六条规定："采取隐瞒、欺骗手段骗取农村低保待遇的，由民政部门取消其待遇，追回冒领的低保金。"可以看出辽宁省规定的处罚太轻，行为人的违法成本过低难以遏制骗保行为。于2014年11月1日起施行的《浙江省社会救助条例》第十二章第六十一条规定："采取虚报、隐瞒、伪造等手段，骗取社会救助资金、物资或者服务的，除依法追究相应法律责任外，还应当将有关信息记入个人征信系统。"两相比较之下，浙江省对于骗保行为的处罚就要严重得多。法律责任的缺失将给农村低保制度的实施带来严重阻碍，因此中央应尽快从法律层面上明确低保违规行为的法律责任与处罚，为行为人明确法律界限。

　　党的十八届三中全会提出"建设法治中国，维护宪法法律的权威"。法治社会的基本内涵是，社会生活中的诸多问题都可以诉诸法律来解决。这首先要求有法可依。但我国至今还没有一部真正意义上的农村低保法律条文出台，这就给农村低保政策的实施留下了法律漏洞。反观世界上的许多国家都有包括低保制度在内的社会救助制度立法，首先从法律层面为社会救助制度的顺利实施扫除了障碍。如1601 年英国政府颁布了《伊丽莎白济贫法》（旧《济贫法》），其主要内容包括政府有责任保障公民生存权、以征收济贫税的方式确保救助资金来源、实行对象分类救助等。作为英国第一个重要的济贫法和世界上最早的社会保障法，它为这一法律制度的发展确定了基本原则，有许多内容仍然沿用至今。美国于 1935 年通过了《社会保障法》，标志着以最低生活保障制度为基础的社会保障法律制度在全美建立。日本的社会救助几乎涵盖了生活的各个方面，相应的法制建设也十分健全。如 1946—1964 年日本相继颁布了统称福利六法体制的《生活保护法》《儿童福利法》《残疾人福利法》《国民年金法》《老年人福利法》和《母子福利法》，基本涉及了贫困群体的不同生活需要。1956 年，法国出台了《家庭及社会救助法典》，是由各种已施行的单向社会救助条文综合而成。1961 年，德意志联邦共和国通过《联邦社会救助法》，标志着社会救助制度的正式建立。其目标不仅仅是提供最低物质生活标准的保障，还包括提供住宿、暖气等费用，力求保护人们的社会文化道德底线。此外，针对一些生活境遇特殊人群给予"特殊生活条件救助"。不仅发达国家注重低保制度的法律建设，许多发展中国家在这方面也有令人称道的做法，如巴西于1993年通过了《社会救助法》，玻利维亚于1987年成立了第一家社会基金项目。纵观发达国家和发展中国家社会救助的法制化实践，我们可以得出以下启示：只有将低保建设纳入法制化和法治化轨道，做到有法可依、有法必依，才能真正发挥低保制度兜底扶贫的最大效用，包括低保制度在内的社会救助体系才能持续、健康、快速发展。

三、农村低保工作开展缺乏经费保障

资金问题始终是困扰农村低保制度建设的核心问题，充足的经费保障是实现农村低保"应保尽保"目标的关键。2007年《关于在全国建立农村最低生活保障制度的通知》对农村低保资金的筹集工作做了说明："农村最低生活保障资金的筹集以地方为主，各级人民政府要将农村最低生活保障资金列入财政预算，省级人民政府要加大投入，中央财政对财政困难地区给予适当补助。"2012年国发45号文再一次强调要加强低保经费保障，"对于最低生活保障工作经费不足的基层地区，省市级财政给予适当补助。"可以看出虽然中央出台了相关的政策规定，但事实上中央财政并未承担资金支出的主要责任，并且省级财政的支持也十分有限，目前农村低保资金主要依靠市县两级财政自主安排解决，而在实践操作中多数地方是由县乡财政和村集体共同负担。在一些受经济发展水平制约的地区，政府财力有限，难以承担农村低保资金筹集的重任，导致低保制度不能正常运转，严重影响了农村低保制度的实施效果。

（一）地方政府财政能力削弱

1994年分税制改革以后，中央财政得到扩充，地方财政普遍缩紧。然而与此相悖的是，地方政府尤其是基层政府承担了发展经济和社会治理的大部分职能，却缺乏相应的财权，只能求助于上级政府的转移支付。分税制改革带来的一个后果是，县乡政府财政能力被严重剥夺，在一定程度上限制了农村公共品的供给。以低保为例，由于低保资金投入并未带来明显的收益，在以 GDP 为主要考核指标的激励机制下，地方政府为了发展本地区经济，偏向于将掌握的资源投入生产建设领域；而且在我国现行的低保法规中都没有明确规定各级政府的出资比例，使得各级政府在实际运作中存在权责不明晰的问题。从低保制度的运行效果来看，资金统筹状况与各地的经济发展水平密切相关。在一些经济基础比较好的地区，政府财力充足，低保制度就能够顺利实施；而在一些经济发展落后地区，县乡财政困难，难以筹集农村低保资金，只能是象征性地救助保障对象，"有钱就保，没钱不保，钱多多保，钱少少保"的现象因此而生，极大地降低了农村低保制度的实施效果。由于没有规定明确的出资标准，在实际中还出现了下级政府虚报、多报本级政府农村低保救助人数以套取上级政府资金的行为。

（二）各级财政普遍存在"重城轻乡"倾向

在很长一段时期内，政府的工作重心在城市，资金及各项优惠政策都主要投入到城市低保领域，农村低保制度发展没有得到应有的重视，各级财政存在着比较严重的"重城轻乡"倾向。这一点从图2-1中也能反映出来，2007—2010 年，虽然农村低保资金投入快速增长，但各级财政对城市低保的资金投入仍明显高于农村低保。随着我国社会发展程度不断深化，党和政府逐渐意识到了农村发展对全面建成小康社会、实现中华民族伟大复兴的重要性，进入"十二五"时期以来，各级财政对农村低保的投入不断增加，已明显超过城市低保资金投入，但从每万人财政投入总额来看，农村低保投入远远低于城市低保投入并且近几年两者的差距仍在不断扩大（见图2-2）。

单位：亿元

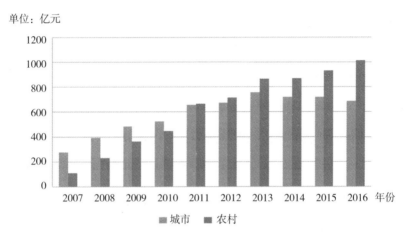

图2-1　2007—2016年城乡低保资金总支出

资料来源：民政部网站 2007—2016 年社会服务发展统计公报。

单位：亿元/万人

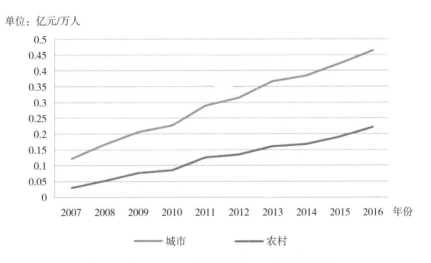

图2-2　2007—2016年城乡低保每万人财政投入总额

资料来源：民政部网站 2007—2016 年社会服务发展统计公报。

在我国大规模的城镇化进程中，城市周边有不少村为了配合城市建设而向农民征用土地，导致大批农民成了失地农民，这些人中有部分人转化成小城镇户，也有不少人依然保持了农户身份，造成居住在同一个村、生活在同一个家庭、处于同一生活水平线的人，由于户籍性质不同，获得的低保待遇不同。以山西省阳泉市郊区荫营镇为例，2015 年荫营镇城镇低保人均发放补助金 3576 元/年，而农村低保人均补助仅为 1577 元/年，① 城乡生活补助标准差距较大，有失公平，群众难以接受。农村低保制度的发展严重滞后于城市最低生活保障制度，这不利于和谐社会的建设，也会影响到全面建成小康社会目标的实现。

（三）低保资金筹措渠道有限，社会赞助力量没有得到充分发挥

从我国农村低保工作的现状来看，低保资金筹措渠道较为单一，主要依赖政府的财政预算安排，以社会名义捐助的部分很少，社会赞助力量没有得到充分发挥。低保制度的社会化程度较低是我国社会保障体系建设过程中面临的重大挑战。作为社会救助制度的重要构成，农村低保制度的发展在很大程度上依赖政府的财政支持，但要提高其发展的社会化程度，还是要实现筹资渠道多元化。目前我国各级政府财政预算安排用于低保救助的资金非常有限，为缓解财政压力，应多层次、多渠道筹措低保资金，充分发挥社会资本的作用，实现政府资源与社会资源的互补。在国外，救助制度社会化是一种非常普遍的做法。如德国法律规定，社会救助要坚持政府与民间合作的原则，联邦社会救助法不得侵犯教会、宗教等民间团体的地位与活动；社会救助机构与福利团体合作时应互相取长补短并支持民间团体的救助行为。美

---

① 资料来源：民进中央网站，http：//www.mj.org.cn/。

国慈善组织在募集社会救济资金、帮助救助社会贫困人员、监督资金使用等方面发挥了积极作用。2016 年我国共接收全社会捐赠款 827 亿元，[①]占 GDP 的比重仅为 0.11%，而美国的社会捐款在 2013 年是 3000 亿美元，占其 GDP 的 2.2%。[②] 相比之下，我国企业和个人的力量没有得到充分发挥。一方面，我国缺乏相应的捐赠激励机制，难以激发社会力量参与捐赠的热情；另一方面，我国对于捐赠物资的使用和管理还没有实现规范化，如有关部门没有及时向社会公布捐赠使用明细或将捐赠物资挪作他用等，诸如此类的行为不但降低了民众参与捐赠的积极性，更削弱了社会对政府部门的信任。此外我国的慈善基金中有一部分是用于扶贫济困的，若能合理使用这部分资金，不仅可以解决一部分低保资金的缺口，减轻地方政府财政压力，而且可以对困难群体提供具有针对性的救助，提高其待遇水平和资金使用效率。社会捐款虽然无法保证低保资金的充分性和稳定性，但相关部门可以考虑利用捐款建立农村低保专项使用基金，在必要时给予财政困难地区一定的帮助。

四、工作主体和受助主体文化水平和道德素质制约

（一）基层政府人员工作水平有限

我国农村低保对象的识别工作主要由基层工作人员承担，他们的专业素质很大程度上决定了对象识别的精准度。然而，从现实情况来看，目前基层工作人员的工作能力与农村低保工作的要求不相符合，

---

① 资料来源：国家统计局《2016 年国民经济和社会发展统计公报》，见 http：//www.stats.gov.cn/tjsj/zxfb/201702/t20170228_ 1467424.html。

② 资料来源：2015 网易经济学家年会，见 http：//money.163.com/14/1215/21/ADHL-MRS7002554JB_ all.html#p1。

给低保政策的落实带来了很大困难。

第一，现有专职低保工作人员不足，且工作能力参差不齐。低保的落实工作是一项政策性和针对性很强的工作，执行主体的专业性直接关系到低保政策的执行效果。现阶段我国农村低保工作中人员编制不足、任务繁重的问题具有一定的普遍性，在乡镇表现得更为明显，一般而言，基层政府通常只有1—2名社保专员和民政专员，缺乏相关工作人员，他们要担负全乡（镇）上千人甚至上万人的低保工作及其他各项民政业务，日常工作繁忙，在身兼数职的情况下对所有低保户的情况无法逐一进行核查，自然也无法保证工作的客观、公正和细致。以山西省阳泉市郊区荫营镇为例。该镇正式编制的民政服务人员仅有2人，但民政服务对象近8万人（荫营镇及驻地厂矿、破产倒闭企业），仅低保服务对象就有4400余户、8400余人，工作人员与服务对象二者比例为1：4200，按照每人每天走访20户的高效率计算，2人每天也只能走访40户，复核一次也要将近半年时间。除此之外民政工作的内容还包括救灾救济、五保供养、双拥优抚、民政信访、殡葬管理、经费公开等，工作量庞大，为了保证按期完成复核工作，每年只能通过提供相关资料进行复核，部分隐瞒家庭人员、隐瞒收入等伪材料难以把握，就会出现不符合政策而享受低保金的"伪贫困户"。① 此外，现有低保工作人员或是没有参加过系统的农村低保工作培训，缺乏社会保障、农村工作等知识技能，或是刚从象牙塔走出来的大学生，不了解农村的具体情况，不明确低保工作的具体内容，思想观念、理论知识都与农村低保工作有一定的距离。低保工作

---

① 资料来源：民进中央网站，见 http://www.mj.org.cn/lxzn/content/2016-06-21/content_229008.htm。

人员的知识技能与农村低保工作需要的脱节制约了工作积极性的发挥，直接影响到农村最低生活保障政策的有效运行。

第二，部分工作人员道德素质不高，对低保制度内涵的理解较为粗浅。农村低保制度以追求社会公平正义为目标，保障困难群体的基本生活是国家义不容辞的责任和义务。然而，在我国长期的开发式扶贫过程中，政府权利本位和公民义务本位的传统的社会救助理念已经根深蒂固。进入现代社会后，虽然提出了公民本位、社会本位、服务行政的理念，但农村社会的法治秩序尚未完全建立，服务行政的理念还未普及，传统权力观念和"官本位"的思想仍在农村社会占据主导地位，在一些生活环境封闭、思想观念落后的偏远地区，这种情况就更加严重。一些低保工作人员没有认识到低保制度对保障困难群体基本生活、维护农村社会秩序稳定的重要意义，而是将其视作对贫困者的"恩赐和福利"，可有可无，可多可少，对低保工作采取敷衍了事的态度和做法，导致政策执行不到位，降低了低保制度的执行效果。在这样一种理念的影响下，各级工作人员很难从以人为本、社会公平正义、和谐社会建设等角度对农村低保制度贯彻的重要性和必要性形成正确认识。由于认知理念存在缺陷，政策执行主体对低保的实质缺乏认同感，导致各级工作人员在低保工作过程中缺乏对保障对象的尊重和人文关怀，在各个环节对受助对象存在不同程度的歧视；更有部分工作人员将低保资源作为寻租工具，变相向低保对象索要好处，导致各种腐败行为的产生，造成政策落实过程中的扭曲与变形。

（二）村干部违规利用低保资源谋求私利

作为国家在农村提供的公共品，低保具有所属主体和管理主体不一致的特性，在运行过程中存在着一种委托代理关系：即县乡政府委托村干部代理。众所周知，在低保资源发放的各个环节村干部都承担了大量工作，因此从某种意义上而言，村干部在低保对象认定环节中具有重要决策权。另外，中国社会是一个在熟人关系建构下的、以自我为中心的"差序格局"社会关系网络，这种特征在农村表现得尤为明显。在农村，家庭成员较多、家族势力较大的个人在民主评议环节具有绝对优势，表达的声音就会受到重视；与村干部关系好的个人在农村社会事务中就能得到优先照顾；政府工作人员的亲属有可能优先享受到低保资源。相反，一些本来应该被纳入保障范围之内，但缺乏这种"社会关系"的家庭却被排除在外，"关系保"和"人情保"正是在这样的背景下出现的。作为低保工作的直接参与者，村干部在低保资源的分配过程中扮演着特殊代理人的角色，其能否合法合理地利用手中的权力关系到农村低保制度的实施效果。

第一，村干部具有特殊的地区信息优势。在农村工作中，由于地理、历史等原因，村落之间往往分布得比较分散，乡镇政府和县民政部门专职农村低保工作的人员较少，仅以现有的人力物力去完成低保情况的核实、实现对低保户的动态管理是非常困难的。在现实中，由于村干部对当地信息的充分了解，出于行政成本的考虑，委托村干部来完成具体的低保工作成了政府的不二选择。正是由于政府与村干部之间存在信息不对称的现象，这就可能导致一些村干部利用自身掌握的信息资源优势，通过伪造、变造相关资料，使低保资源按照他们的意愿配置到相应的家庭和人员手中。

第二，工作成本与工作收益不对等易导致村干部的趋利心理。从某种意义上来讲，村委会作为政府机关在基层的延伸，在乡村社会事务中发挥着国家权力末梢的作用。但是根据我国宪法和《村民委员会组织法》的规定，村民委员会是由村民选举产生的，是村民自我管理、自我教育、自我服务的基层群众性自治组织，主要负责管理本村事务、调解村民纠纷、维护社会治安并协助乡镇人民政府开展工作等，属于民间团体性质。相较于国家机关而言，村委会属于非正式权力系统，不属于政府行政序列范畴，因此村干部不被纳入财政支付工资统筹安排，其职务收入统一由村民决定和支付，待遇普遍不高，在一些落后地区村委会成员基本上没有额外收入。由于付出的精力与得到的回报不成正比，使得村干部在农村工作过程中容易出现趋利行为。

第三，村干部易违规利用低保资源将其作为乡村治理的工具。公共选择理论认为，任何人都可能出于利己心理作出相应的行为选择，政策执行者也不例外。然而，基层工作人员具有"经济人"本质，他们在理解和执行政策时并不仅仅考虑实现选民利益最大化，且更多地倾向于选择那种能为自己带来更多好处和收益的方法。我国法律规定，村委会领导班子没有终身制，每五年选举一次。① 这就意味着村干部若想在民主选举中获胜，必须与村民保持良好的关系。低保作为不需要履行任何义务即可获得的国家救助资源，对大多数农民来说都具有强大的吸引力，自然容易被村干部用作换取选票的工具。再加上随着乡村事务治理难度的增大，为了维持村庄的和谐与稳定，作为村干部掌握的资源，低保有可能会被作为维稳的一种手段。2012 年国家审计署对社会保障资金的使用情况进行审计后发现，在抽查的8101 个村（居）委会中，有 719 个村（居）委会存在未按规定程序审批低保对象的情况，有 210 个村（居）委会存在干部人为确定低

---

① 参见《中华人民共和国村民委员会组织法》，中国法制出版社 2019 年版。

保对象的情况。① 这些违纪违规现象的存在给农村低保制度的落实与监督带来了严峻挑战。

（三）农民对低保制度的认知度和参与率有待提高

第一，农民对低保制度的认知程度偏低。由于农村生活环境较为闭塞，各种信息无法充分流动，再加上村民文化程度普遍不高，对国家发布的相关政策了解得不及时、不充分，使得大多数村民对低保没有形成一个正确的认识。有些符合低保认定条件的农民，由于文化水平不高，不知道该如何申请，从而不能获得救助；有些农民思想观念仍没有改变，始终认为吃低保是一件丢脸面、不光彩的事情，简单地把低保和贫困二者等同起来，碍于面子不愿意申请；或者是不了解低保政策对于农村的惠民意义，认为跟自身关系不大，缺乏了解低保制度的动力；甚至对于那些正在享受低保待遇的救助对象而言，他们只是把低保看作获得生活来源的途径，却很少去了解这项制度的真正内涵。

第二，农民维权监督意识较为薄弱。在农村，尤其是生活在偏远地区的农村，交通闭塞、文化氛围落后、社会生活封闭等诸多因素导致农民缺乏足够的维权意识。在乡村社会事务处理过程中遭遇不公平对待时，他们倾向于保持沉默。这一方面是农民善良淳朴的天性使然，不敢也不愿意与政府权力相抗争，更重要的是他们缺乏权利意识，对自身享有的合法权益不甚了解，在发现低保违规现象时大多选择视而不见、听之任之。维权意识的薄弱必然导致监督环节的丧失。事实证明，公众监督在很多地方都是一个名义上的环节，在实际操作

---

① 资料来源：中华人民共和国审计署 2012 年第 34 号公告：全国社会保障资金审计结果，见 http：//www.audit.gov.cn/n5/n25/c63607/content.html。

过程中常常被忽略。在农村，虽然农民之间对互相的家庭情况都有所了解，但村民对乡村社会事务的参与程度并不高，而且大多数村民认为低保与其关系不大，缺乏自觉监督的动力。加之仍有一部分村民抱有"官贵民贱"的传统思想，不敢对乡镇干部的工作进行监督，公众监督的作用难以发挥。特别是随着农民工流动现象的加剧，留守农村的群体以老弱病残为主，他们碍于自身生活条件限制，参与村委会事务的能力和热情有限，对乡村民主制度的影响也十分有限。

第三，农民独特的生存逻辑产生趋利行为。生活在农村社会，农民身上既有勤劳致富的优良品德，也不可避免地会受到"马不吃夜草不肥，人不得外财不富"等传统观念的影响。一些农民在面对政府给予的各项福利政策时，偏向从个人利益的角度来考虑问题，把低保当成是人人都有资格享受的资源；一些农民则认为能获得低保全凭自己的本事，表现出了一种无原则地向国家索要救助的"等靠要"的思想；还有部分农民为了获得低保身份，采取一些不正当的手段如隐瞒家庭真实收入、夸大家庭贫困状况等来争取低保资格。这些行为的存在某种程度上给低保政策的顺利施行造成了伦理困境，导致在某些农村出现"人人要低保，户户争贫困"的不良现象。

五、监督管理机制欠缺

现阶段我国还没有建立起系统规范的监督管理机制，自然缺乏对农村低保制度运行的有效监督。为充分发挥监督管理机制的管控功能，对农村低保工作的监督应贯穿政府及其工作人员行政行为的全过程，采取事前事中预防控制、事后惩戒相结合的监督方式。但长期以来，我国农村低保监督工作大多采取事后监督的方式来完成，监督主体往往将工作重点放在"查错纠偏"上，主要是通过接受群众举报或者事后检查的方式来发现问题。然而事后监督多是违法行为已经给社会带来了损失和危害才进行惩处，忽略了行为产生前的预防和工作过程中的有效控制，是一种滞后的监督方式。监督机构的监察行为通常是在违法行为发生之后才产生的，使得监督工作陷入相当被动的局面。事实上，这些违法乱纪行为一般发生在农村低保政策实施过程中，与事后监督偏重惩戒和处罚不同，事前预防和事中控制往往是比较有效的监督方式。因此，应改变单一的监督方式，将事前、事中、事后对应的三种做法有机结合：在开展低保工作前，要加强政策宣传，强化公众的监督意识，激发他们的监督热情；在政策实施过程中，要加强对工作流程的监督；在低保工作完成之后，也要注意及时接受群众反馈。

在一项政府的行政行为中，各监督主体之间的协调与配合不仅能够为行政工作的开展提供必要保障，而且有利于降低行政成本，提高监督效率。在农村低保政策的落实过程中，涉及众多监督主体，不同的监督主体发挥的作用不尽相同，但都以确保农村低保工作顺利进行为目的。然而在实践中由于各监督主体之间缺乏科学的协调与配合，造成了监督效率低下、监管成本浪费、监督流于形式等现象。监督主体的多元化是人民主权原则的重要体现，同时各监督主体之间权责交叉、工作协调不一致等问题也应该引起重视并得到解决。在我国，除政府监督部门相互之间权责较为明确外，其他社会监督主体实际上处于分散运行的状态。监督力量的分散使得不同监督主体监督范围有限，难以充分发挥其最大效用；另一方面，由于社会监督主体之间分工不明确，导致重复监督、资源浪费、监督"盲区"等现象。由此可知，我国农村低保工作的监督不力是"保不应保""应退未退"的重要原因之一。

第三章　农村低保标准的测定

最低生活保障标准制定得是否合理，直接影响最低生活保障制度功能的发挥。不同的学者对低保标准的定义也存在细微差异。王东进（2001）将低保标准定义为："一个地区根据当地经济发展状况和居民收入水平而确定的维持居民基本生活的最低支出标准。"[①] 汪泓、张伯生（2001）则以维持人的基本生存需求为出发点将低保标准界定为一种区别社会成员是否具有维持基本生存需求能力的标准。[②] 随着社会经济的发展，一些学者提出了更高的要求，他们认为，所谓"最低生活标准"，应该是以当地经济与社会发展水平为基础的基本生活标准，是一种达到当地"社会人"水平的基本标准，而不只是满足生理上的生存需要。[③] 还有的学者将低保标准定义如下：最低生活保障标准（简称低保标准，也称作最低生活水平标准、最低生活保障线），是指在社会发展的某一时期，由政府制定的、与社会经济发展水平相适应的、在衣食住行等方面保障居民生存的最低限度的基

---

① 王东进：《中国社会保障制度的改革与发展》，法律出版社 2001 年版。

② 汪泓、张伯生：《上海市城镇居民最低生活保障线的研究》，《东华大学学报（自然科学版）》2001 年第 6 期。

③ 关信平：《论建立农村居民最低生活保障制度的条件、原则及运行机制》，《文史哲》2007 年第 1 期。

本生活标准。①

由此可见，剥离这些定义的差别，从本质上来说，农村低保标准是用来衡量农村居民能否达到维持其基本生活水平的一个最低支出指标。

第一节　农村低保标准制定的理念选择

一、最低生活保障标准的相关概念

农村最低生活保障制度理应以农村贫困居民为保障对象，而个人或家庭是否处于贫困状态，需要通过一定的标准来衡量。随着经济和社会的发展，人们思想观念的改变，关于贫困状态的衡量标准也会随之变化。研究制定出合理的适应当下社会情况需要的最低生活保障标准，就需要了解清楚最低生活保障标准以及与之相关的一些概念，将这些概念串联起来，构建一个可解释的框架，为进一步的定量研究提供概念基础。

（一）贫困的内涵

贫困问题历来存在，但人们对贫困内涵的探索却从未停止。无论是从道德、社会还是政治的角度来看，关于贫困内涵的界定不胜枚举。对于贫困概念的争辩，其更为深刻的意义在于贫困内涵和外延关系的反映。从社会保障和社会救助的角度去研究贫困问题大约可以从20世纪初英国的布什（Booth）和朗特里（Rowntree）的早期著作算起，在这100多年的历史期间，许多专家学者从不同的角度出发给

---

① 孙光德、董克用：《社会保障概论》，中国人民大学出版社2004年版。

"贫困"下了定义。

英国学者朗特里在其著作《贫困：城镇生活研究》中提出："如果一个家庭的总收入不足以维持家庭人口最基本的生存活动要求，那么，这个家庭就基本上陷入了贫困之中。"①

英国学者汤森（Townsend）在其著作《英国的贫困：家庭财产和生活标准的测量》中写道："所有居民中那些缺乏获得各种食物、参加社会活动和最起码的生活和社交条件的资源的个人、家庭和群体就是所谓贫困的。"②

英国学者奥本海默（Oppenheim）在其著作《贫困真相》中写道："贫困是指物质上的、社会上的和情感上的匮乏。它意味着在食物、保暖和衣着方面的开支要少于平均水平……首先，贫困夺去了人们建立未来大厦——'你的生存机会'的工具。它悄悄地夺去了人们享有生命不受疾病侵害、有体面的教育、有安全的住宅和长时间的退休生涯的机会。"③

阿玛蒂亚·森（Amartya Sen）在其著作《以自由看待发展》中写道："所谓贫困，是指对人类基本能力和权利的剥夺，而不仅仅是收入低下。能力是一种自由，获得各种功能性活动的选择组合的实质是自由。"④

欧洲共同体委员会与 1989 年在《向贫困开战的共同体特别行动计划的中期报告》中将贫困定义为："贫困应该被理解为个人、家庭

① Rowntree Benjamin S., *Poverty：A Study of Town Life*, London：Macmillan, 1901.

② Townsend, *Pouery in Kingdom：A Survey of the Hense Hold Resourse and Living Standand*, London：Allen Lane and Pengain Books, 1997.

③ Carey Oppenheim, *Poverty：The Facts*, London：Child Poverty Action Group, 1993.

④ 阿玛蒂亚·森：《以自由看待发展》，任赜译，中国人民大学出版社 2002 年版。

和人的群体的资源（物质的、文化的和社会的）如何有限，以致他们被排除在他们所在的成员国可以接受的最低限度的生活方式之外。"①

沙里温（2000）在"21世纪初中国扶贫战略国际研讨会"上的致辞中说道："贫困是一种对个人财产和机会的剥夺。每个人都应该享有基础教育和基本健康服务。穷人有通过劳动获取应得报酬供养自己的权利，也应该有抵御外来冲击的保护。除了收入和基本服务之外，如果他们不能参与直接影响自己生活的决策，那么，这样的个人和社会就处于贫困状态。如果在收入、就业和工资之外再采用基础教育、健康保障、营养状况、饮水与卫生条件等指标，贫困的衡量就是得到进一步改进"。

江亮演（1990）在其所著的《社会救助的理论与实务》一书中写道："通常所称的贫困是指生活资源缺乏或无法适应所属的社会环境，也就是无法或有困难维持其肉体性或精神性生活的现象。"②

童星、林闽钢（1993）在其所撰写的学术论文《我国农村贫困标准线研究》中这样定义贫困："贫困是经济、社会、文化落后的总称，是由低收入造成的缺乏生活必需的基本物质和服务以及没有发展的机会和手段的一种生活状况。"③

汪三贵（1994）在他的著作《贫困问题与经济发展政策》中写道："贫困是缺乏生活资料，缺少劳动力再生产的物质条件，或者因

---

① A.B.Atkinson, *The Institution of an Official Poverty Line and Economic Policy*, STICERO, 1993.

② 江亮演：《社会救助的理论与实务》，台北桂冠图书股份有限公司1990年版。

③ 童星、林闽钢：《我国农村贫困标准线研究》，《中国社会科学》1993年第3期。

收入低而仅能维持相当低的生活水平。"①

　　中国国家统计局《中国城镇居民贫困问题研究》课题组（1990）和《中国农村贫困标准》课题组（1990）对贫困有较为一致的看法，他们在调研报告中这样定义贫困："贫困一般是指物质生活困难，即一个人或一个家庭的生活水平达不到一种社会可接受的最低标准。他们缺乏某些必要的生活资料和服务，生活处于困难境地。"②

　　贫困是人类所面临的共同问题，这一复杂的问题涉及了经济、政治和社会等诸多方面。以上关于贫困内涵的多种理解，从表述上来看存在差异，但它们之间有着紧密关联。仔细对比这些关于贫困的不同表述，笔者可以抽离出它们普遍传达的共同信息，总结出贫困至少应该包括的基本特点如下：

　　（1）贫困是一种客观存在的社会现象，它在不同区域和不同生产力发展阶段具有不同的特点。

　　（2）贫困意味着"匮乏"，而这种"匮乏"是一种普遍公认的社会评价。

　　（3）贫困是一种非自愿的现象，自愿选择的贫困不在笔者所研究的贫困问题范围内。

　　（4）贫困表现出与人类需求层次同步的动态递进，随着社会不断地向前发展，贫困也表现出更高层次需求的缺失。

　　（5）贫困可以表现为生理形式上的剥夺，包括健康、营养、住所、教育等物质或生理上的基本需求不能得到满足；也可以表现为社

---

　　① 汪三贵：《贫困问题与经济发展政策》，农村读物出版社1994年版。
　　② 国家统计局《中国城镇居民贫困问题研究》课题组：《中国城镇居民贫困问题研究》，《统计研究》1991年第12期。

会形式上的剥夺，包括无发言权、脆弱性和社会排斥等。

（二）贫困的标准

研究贫困问题的最终目的在于反贫困，要制定具体的反贫困政策，理解贫困的内涵和外延固然非常重要，但如果对贫困的研究仅仅停留在定性阶段是远远不够的。将对贫困的研究深入到定量阶段，明确"谁是穷人"的内容细则以及构建量化判断标准，才能为制定和实施合理的反贫困政策提供科学、合理的依据。

很多时候，贫困的标准往往与贫困线等同，贫困线就是指能够满足最低生活标准所需要的货币量。通过货币收入或支出来确定贫困程度的做法由来已久。1901 年朗特里在定义贫困时就采用了贫困线方法，根据当时的研究，他认为一个 5 口之家为了维持正常身体功能所需的每周最低支出是 21 先令 8 便士。[1] 以贫困线来体现贫困标准的方法至今仍有广泛的使用，自 1990 年以来世界银行就一直统计各国的收入贫困数据。《1990 年世界发展报告》中就提到 12 个最贫困国家的贫困线是在人均每年 275 美元到 370 美元之间（按 1985 年购买力平价不变价格计算），并将 275 美元（约合 0.75 美元每天）作为国际通用的赤贫标准。[2] 而《2000/2001 年世界发展报告》中所估算的贫困线为每人日均生活费 1.08 美元（按 1993 年购买力平价不变价格计算）。

而我国国家统计局所公布的贫困标准有两个，分别为农村贫困标准和农村低收入标准。对两个标准进行比较可以知道，农村贫困标准反映出极端贫困状况，而低收入标准相比于贫困标准而言则是一条较

---

[1]　世界银行：《2000/2001 年世界发展报告》，中国财政经济出版社 2001 年版。
[2]　世界银行：《1990 年世界发展报告》，中国财政经济出版社 1990 年版。

高的贫困标准。此外，需要说明的是目前我国国家统计局还没有正式公布过全国城市贫困标准。

（三）最低生活保障标准与其他相关概念的区别与联系

唐钧（1997）在《确定中国城镇贫困线方法的探讨》中这样解释贫困线：贫困线亦称最低生活保障线，是指为度量贫困而制定的针对最起码的生存条件或者相对社会中等生活水平的差距所作的定量化的界定。衡量个人、家庭或某一地区贫困与否的界定标志或测定体系，称为贫困标准或贫困线。[①]

由此看来，贫困标准、贫困线、最低生活保障线和最低生活保障标准等均是用来描述贫困的。贫困标准或贫困线是一种比较通用的描述贫困现象的定量指标，并且在前一时期国家扶贫中用于划分农村贫困人口和非贫困人口的界线。而最低生活保障标准或最低生活保障线是随着城市救济制度的改革和完善出现的一种比较规范化制度体系中的一部分内容，他们是最低生活保障制度中区分贫困人口和非贫困人口的界线。大体上来看，贫困标准或贫困线的主要作用在于统计贫困人口数量，评估贫困深度，评价反贫困效果；最低生活保障标准或最低生活保障线则用于实际救助。贫困线或贫困标准强调理论，属于经济学的范畴；最低生活保障线或最低生活保障标准强调应用，属于社会学范畴。因此，这两种贫困线或贫困标准具有不同的属性。

二、贫困理念的演进与选择

前文已经论述了不同学者或机构对于贫困内涵有着各种各样的界

---

① 唐钧：《确定中国城镇贫困线方法的探讨》，《社会学研究》1997 年第 2 期。

定，从某种角度上说这些存在差异的贫困内涵体现了研究者在研究贫困问题时的不同理念。贫困的内涵和贫困的理念相互交织，共同演进，而笔者在研究具体反贫困政策时，就需要把握住贫困理念与现实情况的相适应，这样才能更好地解决实际问题。贫困理念的不同体现在贫困的分类上，而贫困的分类又是可以从多角度进行的，下面笔者通过几种普遍的贫困分类来体验贫困理念上的差异。

（一）绝对贫困和相对贫困

贫困最为基本和普遍的一种划分方法是从贫困程度的角度来区分的，即划分绝对贫困和相对贫困。

有关绝对贫困的表述有很多，例如前部分内容所提到的朗特里对贫困的表述就是典型的绝对贫困。笔者提取出各种绝对贫困表述中的核心，也就是从本质上而言，绝对贫困是从人的生存角度出发，以维持人的生理效能的最低需要为标准加以限定，因此绝对贫困也称为生存贫困。[1]

持相对贫困观的研究者则认为满足了生存条件并不意味着远离了贫困，作为社会动物，人还需有尊严、有体面地活着，为了避免不体面的生活，人们需要的物品或资源不仅仅限于饮食和保暖。关于相对贫困的定义也有很多，综合而言，相对贫困主要是指在解决基本生存需求后，与其他社会成员相比或是按照当时社会通行的生活标准对比，表现出一种相对不足或缺乏的状态。

从绝对贫困和相对贫困这两个不同的角度出发，必然会对所制定的贫困标准产生重大影响，这两个出发点在核心理念和调整机制上存

---

[1] 陈端计、杨莉莎、史扬：《中国返贫问题研究》，《石家庄经济学院学报》2006 年第2 期。

在本质区别，这种区别又使得以前者为出发点的贫困标准在时间上具有某种程度的稳定性，且在空间上具有一定的普遍性，而以后者为出发点的贫困标准会随着时间的变动而变动，在不同的社会中又会存在很大差异。

较之相对贫困，绝对贫困的历史更为悠久，且以此为核心理念而制定的贫困标准在很长一段时间占据着主导地位。从朗特里的生存需要贫困线，到奥珊斯基（Orshansky）的贫困门槛，再到世界银行的"1天1美元"，还有众多发展中国家的贫困标准，都表明绝对贫困相关的贫困线方法得到广泛的应用。直到20世纪50年代，有关相对贫困的贫困标准制定方法才得到发展，并且直到今天仍然主要应用于发达国家。

绝对贫困标准和相对贫困标准发展历史的背后逻辑是社会平均生活水平的变化，以及绝对贫困与相对贫困观念的力量消长。抛开历史文化等因素的影响，一般说来，社会平均生活水平越高，相对贫困观越盛行，因而较高水平的贫困标准能够得到应用。

绝对贫困标准较少参考社会平均生活水平或一般生活方式，而通常根据消费价格指数进行调整，其实际值在时间上具有一定程度的"不变性"。相对贫困标准则参照社会平均生活水平确定，其标准随着社会平均生活水平的提高而同等程度地提高。然而贫困标准的绝对与相对并不是质的区别，而是程度的差别。首先，我们必须明白绝对贫困并不是如它的名字那样完全地绝对，事实上，在选择最低营养需求标准和确定必需品清单时就包含了大量的假设和价值判断，因为营养需求标准随活动水平、年龄、性别、体重、环境等因素的不同而存在差异，而且即便确定了营养需求标准，满足这一标准的食物清单的组合也多种多样。所谓"最低需求"和"必需品"这种概念都只是在特定时间和空间里定义的，不存在一成不变的绝对贫困标准。故绝对标准确定后，其调整也应当适当参考社会消费习惯的变化和生活水平的提高。其次，从贫困标准的发展历史来看，贫困标准水平也确实在随着社会经济的发展和人们生活水平的提高而提高，即贫困的收入弹性。在发达国家进行的实证研究表明，社会对贫困的认知是具有收入弹性的，随着社会收入水平的提高，人们对贫困标准的判断也随之提高。① 在贫困线制度建立的早期，划分贫困线时多以绝对贫困理念为基础，通过热量支出或生活必需品计算得到标准，这种标准只是以维持基本生存为目的，解决的是"饱肚子"而非"保面子"。然而，纯粹的绝对贫困线是不存在的，随着时代的发展，必需品的内容在变。即使在绝对贫困线占绝对统治的时代，必需品的定义也已扩展到精神生活。事实上，英国著名社会学家朗特里在英国约克郡进行第二次（1936）和第三次（1950）调查时，"必需品"定义的范围就已扩大至文化和精神生活方面的消费品。② 福利国家建立之后，将穷人拒于正式制度之外，使之不能共同享受社会发展成果的理念被摒弃，取而代之的是从多维度（社会排斥指标）来衡量贫困。③ 贫困线的相对性要求贫困线应随着社会平均生活水平的提高而提高，使穷人共享社会发展成果。

由于依赖的指标不同，绝对贫困标准和相对贫困标准各有优缺

---

① Hagenaars A., "The Definition and Measurement of Poverty", *The Journal of Human Resources*, 1988.

② Briggs A., *Social Thought and Social Action: A Study of the Work of Seebohm Rowntree*, London: Longmans, 1961.

③ Peter S., "Can social Exclusion Provide a New Framework for Measuring Poverty?", *SPRC Discussion*, 2003 (127).

点。一方面，绝对贫困标准方法关注物质剥夺，有助于社会关注极端贫困、绝对贫困的问题，将资源集中于绝对贫困人口，使社会最需要帮助、受到剥夺最深的人先得到帮助。绝对贫困标准还具备贫困比较一致性的优势，使得观测以缓解或消除贫困为目的的政策、项目和计划的效果成为可能，也使得不同部门、不同地区之间的贫困比较成为可能。但绝对贫困标准不能反映社会平均生活水平，也不能反映贫困人口相对于社会其他人口所遭受的剥夺和排斥。另一方面，相对贫困标准瞄准的是不断变化中的社会平均生活水平，不利于进行跨时期或跨区域的贫困监测与比较。如果一个社会内部资源在整个人口之间的分配不断发生变化，则意味着即使所有人的生活都得到改善，用相对贫困标准衡量的贫困发生率也不会降低；如果两个地区之间发展水平相差过大，使用相对贫困标准进行贫困比较无法得到任何有意义的结论。然而相对贫困线能够反映贫困人口的生活与社会一般水平的差距，是对贫困更全面的反映。但是，完全与收入水平挂钩，则会导致贫困线制度的变异，使其成为一种福利制度，成为衡量不平等而非贫困的指标，而且极易给财政带来较重负担。

因此，贫困标准的理念选择无论是绝对贫困还是相对贫困，在实际应用中需要既保证贫困标准随物价和收入的变化而有所增长，也防止因贫困标准的过快增长而导致的财政无法为继的问题。

（二）收入贫困、能力贫困和权利贫困

将贫困划分为收入贫困、能力贫困和权利贫困是对贫困的又一种界定，此种分法下的三类贫困的区别主要体现在贫困涵盖内容的丰满程度上。下面，笔者介绍并总结出三者的联系。

1. 三种贫困概念的要义

最初的贫困是从经济层面来定义的。例如前文所列举的英国经济学家朗特里对贫困的定义，并且他通过家计调查的方式对约克郡工人家庭贫困状况进行研究，估算出了一个贫困线。他的研究是开创性的，也为以后的研究奠定了基础。像他这样按照家庭和个人的经济状况来定义贫困，就叫作收入贫困，有的也称为物质贫困，它通常是从生物学上人对消费品的最低生存需要来定义和度量的。加之，收入作为衡量生活水平的一个重要标准，具有表述直观、统计便利等优点，因此，收入贫困这一概念在各国扶贫战略中被频繁使用，并且，以此概念为核心的扶贫工作的重点亦是通过提高人均收入来实现。

能力贫困由 1998 年诺贝尔经济学奖得主阿玛蒂亚·森最先提出。能力贫困这一概念其实是对收入贫困概念的进一步深化和发展。收入贫困指的是收入水平低下所造成的贫困，而能力贫困是指人的能力被剥夺而产生的贫困。能力贫困比收入贫困更为合理的方面主要体现在四个方面。第一，一个人能力的大小对他能够获取收入的多少有直接影响。比如一个接受良好教育的人或是一个身体健康的人常理是会比一个文盲或一个身体虚弱的人挣更多的收入。故贫困者之所以贫困不是因为收入低，而是因为他们获取收入的能力低。第二，一些情况下仅仅由收入来衡量贫困不够准确。比如失业者领取的救济金有可能与一个在岗的工人工资相同，按收入贫困来衡量两个人均不存在贫困，但按能力贫困来衡量，失业者相比于在岗工人显然处于贫困中，因为他丧失了获取收入的能力，失业带来的负面影响远不止收入一个方面。第三，收入转化为能力会有很多方面的阻碍，而能力转化为收入则更为容易。比如一个文盲而体弱的人，即使获得了政府一定金额的救助，他也无法将这笔收入转化为能力，相反，一个家境贫困却接受了高等教育的人，可能会暂时处于贫困中，但却可以通过自身的能力和努力摆脱贫困。第四，能力贫困较之收入贫困，更好地避免了把手段当作目的。人们生活的意义在于改善生活质量，追求更高的自由，这从能力角度来看就很直接。但是如果以收入来衡量贫困就容易将收入作为追求的目标，而它仅仅是实现这些目标的手段而已。

自 20 世纪 90 年代之后，一些学者开始认为，贫困不仅仅是指收入水平低下，也不仅仅是指教育、健康等方面的状况不好，贫困应该还包括脆弱性等情况。将这些概念加入到贫困中去，则贫困的概念就扩展到了权利贫困。脆弱性是指市场风险、自然风险、经济波动以及社会混乱使穷人的生活状况更为容易受到冲击。它包括两个方面，易遭受外部冲击的外在方面和孤立无助的内在方面，这两个方面都意味着缺少应付破坏性损失的手段。[①] 有关权利贫困的测度主要是通过参与式的调查方法，也就是通过对社会中各种群体进行询问，了解他们是如何评价他们的贫困情况和现行的贫困政策，在此基础上，重新确定、阐述或证实常规方法所得出的结论。这种参与式的调查方法，可以将许多非货币方面的因素融合到贫困的概念之中。

2. 三种贫困概念的关系

收入贫困、能力贫困和权利贫困这三个概念的存在体现了学术界在对贫困进行研究的过程中对贫困内涵认识的不断深化和完善，而不是一个概念对另一个概念的否定。

首先，这三者不是替代关系，而是互补关系，它们只是从不同的

---

① 曾群、魏雁滨：《失业与社会排斥：一个分析框架》，《社会学研究》2004 年第 3 期。

角度来诠释贫困的内涵。收入贫困是从人类生存的最低物质需求的角度来定义的，是一种最直接的表现形式，在政策上表现为主张消除物质贫困就是要为穷人提供食品和其他必需品这种观点；能力贫困是从个人获取生活资料的能力这个角度来定义的，它强调个人的生存能力，也就是贫困的个人原因，穷人穷苦的根源在于他缺乏最起码的生存能力，在政策上表现为主张让穷人接受更多的教育以获取生产技能或为他们提供基本的医疗保健服务以提高他们的劳动能力；权利贫困进一步将政治、社会、文化等制度因素融入贫困的概念，其中的社会排斥概念最被研究者强调，这本质上指出了贫困的社会根源，一个社会要想摆脱贫困，就必须为穷人营造各种公平的社会环境，让他们有机会参与这个社会，而不是把他们排斥在主流社会之外，故在政策上表现为主张减少、消除各种形式的对社会底层群体的不公正的社会排斥制度和政策，让穷人能够同富人拥有一样的社会权利。

其次，收入、能力和权利它们三者之间是相互作用的关系。收入可以影响一个人的能力，能力也可以影响一个人的收入，权利亦如此，它可以影响一个人的收入和能力，同时，收入和能力也可以影响一个人的权利。比如，如果一个人缺乏足够的收入，他就无法接受良好的教育，无法在身体不健康状况下及时接受好的治疗而导致身体状况很差。反之亦然，一个人如果缺乏良好的教育和健康的身体，他也就缺少获得收入的能力。在很多情况下，缺少机会是贫困很重要的一方面原因，即便一个拥有良好教育或生产技能且身体健康者，由于社会排斥导致挣钱机会的缺失，也有可能使他陷于贫困中。同样，一个人如果缺乏收入和能力，他也更有可能遭到社会排斥。由此可见，这三种情况的贫困是相互作用但并非是完全因果循环的关系。

收入贫困、能力贫困和权利贫困是从不同角度对贫困进行的定义，三者并不是替代和对立的关系，而是互补和互动的关系，把三者联系起来测定贫困，可以从不同角度对贫困进行刻画，有利于全面解决贫困问题。正如图3-1表示的那样收入贫困是贫困的表现形式，能力贫困是贫困的直接原因，而权利贫困则是贫困的社会后果。收入贫困可以导致能力贫困和权利贫困。

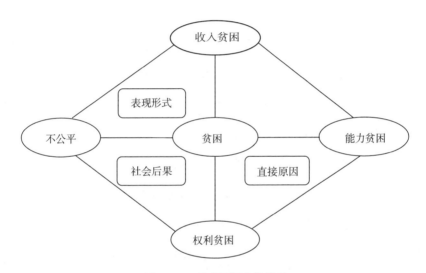

图3-1　三种贫困概念的关系

三、制定我国农村低保标准的理念依据

确定低保标准是一项复杂的工程。低保标准代表着一个社会可接受的最低生活水平，用于衡量生活水平的指标的选择在很大程度上取决于如何看待贫困。从现状来看，我国农村低保标准的理念仍然停留在解决"饱肚子"阶段，计算方法也不规范。随着经济和社会发展，我国农村生活水平得到了很大的提高，这使得农民对贫困的看法也有了更新，这种情况下，农村低保标准的制定的理念也需要更新，否则就难以适应当下的需要，低保制度的效果也会打上折扣。本小节内容

在上一小节的基础上结合我国农村实际情况及农村低保制度的功能来讨论更能适应当下需要的我国农村低保标准的制定理念。

（一）绝对贫困或是相对贫困

目前，中国农村扶贫线和最低生活保障标准的计算方法多属于绝对贫困线计算方法，强调维持人体的基本生存，忽视建立与社会同步增长的机制。而且，即使建立与价格联动的机制，也只能保持贫困线的购买力不变，并不能改变其绝对贫困线的性质。[1] 从救助的效果看，大多数受助者在得到救助后的收入水平仍然很低，他们的收入仍然只够糊口。要改变这种状况，就需要建立贫困线的收入关联机制，使穷人受助标准与平均收入同步增长，保证穷人共享社会发展成果。世界银行专家瑞沃林等人发现即使在发展中国家，相对贫困也越来越重要，更多发展中国家的贫困线随着平均消费的增加而提高，贫困线对平均消费的弹性是 0.7，接近于发达国家的调查结果。

在整体经济水平不断提高，绝对贫困人口比重逐步下降，贫富差距日益拉大的情况背景下，笔者认为我国在贫困标准的理念选择上可以由绝对贫困逐步过渡到相对贫困上来。

（二）收入贫困、能力贫困还是权利贫困

目前在我们国家，无论是扶贫线还是低保标准基本属于对收入贫困的考量，也有一些学者提出在现阶段的发展水平下，应融入对能力贫困的考量，至于权利贫困，现有国内文献中研究较少，应用层面的相关文献更是稀少。

农村最低生活保障制度作为保障底层农村居民的最后一道安全

---

① 杨立雄：《物价波动、收入增长和地区差距对中国贫困线的影响》，《经济理论与经济管理》2009 年第 11 期。

网，想要跨越到权利贫困的范畴于现阶段我国国情和实际可操作性方面而言，都显得过于超前。然而仅仅停留在收入贫困的范畴中，所能达到的制度目标看似足够满足最低生活需求，但在平均生活水平日益提高的大背景下，这样的生活水准是相对滞后的，且底层农村居民完全无法摆脱贫困漩涡，由此产生贫困代际传递问题，因此，即便是作为最低生活标准，现阶段，在标准的设计中也应适当提高这个"最低"，一定程度上融入对能力贫困的考量。

第二节　农村低保标准的测定方法

确定科学合理的农村居民最低生活保障标准，是建立健全农村反贫困社会救助制度的基础，保障标准是否合适，直接关系到最低生活保障制度的有效性。像中国这样一个地域辽阔且区域经济发展不均衡的国家，制定一个全国统一的农村贫困线是不可行的。很多学者在贫困标准这一问题的研究中探索出了多种多样的理论方法，其中一些也被有关部门应用在实际工作中。按照国务院规定，我国农村居民最低生活保障标准由地方政府自己确定，在制定中要遵循"既要保障贫困群体的最基本生活，又要克服依赖思想"的原则。

一、贫困标准常用测定方法

低保标准的测算方法多种多样，这里选取了 7 个在低保标准实证研究或是贫困标准研究中比较常用的方法进行详细的介绍。

（一）市场菜篮法

市场菜篮法又被称为"标准预算法"或是"基本需求法"。该方法是由朗特里于 1901 年在约克镇的调查中发明出来的，通过算出维持基本生理功能需要的营养量，并将其转化为食物的数量，进一步根据市场价格算出对应的金额，即为贫困标准，根据当时的研究，他认为一个 5 口之家为了维持正常身体功能所需的每周最低支出是 21 先令 8 便士。当然，随着整个社会的发展，该方法在今天已经不能仅限于食品的范围了，除了食品需求以外的衣着、居住、健康、教育、交通、通讯等更为宽泛的内容也应被囊括其中。虽然生活必需品的种类更为丰富了，但市场菜篮法的核心观点并没有改变。简要说来：首先，需要在科学调查的基础上确定一张生活必需品的清单，清单的内容应包括维持社会认定的最起码的生活水准的必需品的种类及数量，将每种必需品的单价与该物品所需数量相乘，计算该必需品的金额，最后将所有必需品的金额加总，即得最低生活保障标准。

在实际的操作中，市场菜篮法有如下几个优点：第一，通俗易懂，直观明了，公众容易接受。公众可以通过必需品清单直观地了解低保标准水平的消费物的种类、数量、金额，符合公众的思维逻辑，更易于被接受。第二，能够保证贫困者最基本的生存需求。因为依目前的社会情况来看，无论是专家学者、政策制定部门或是社会公众，对最基本的生活必需品这方面的问题相对比较容易达成一致的意见。第三，该方法还可以为我们提供关于家庭消费的一般数学模型，用于各种比较（比如可以用于比较不同家庭形态的生活水平）。[①]

市场菜篮法在应用的过程中也存在以下诸多争议：第一，市场菜篮法的关键问题也是难点问题在于篮子里装什么，谁来装？一般通过

---

① 林万亿：《福利国家——历史比较的分析》，台北巨流图书公司 1994 年版。

专家来确定的清单内容与人们的实际需要有较大差距。如果由社会公众来确定，或许会更为合理，但繁杂的项目难以用收入或支出等指标量化，最后还是要求助于专家的计算。因此，最为合理的方案应该是由社会公众和专家共同商议出清单的具体内容。第二，市场菜篮法虽然是一种绝对贫困标准的测算方法，但它无法保证完全客观，无法做到不受社会价值观念的影响。第三，最后入选清单的内容往往是达成一致的内容，而具有争议的项目会被搁置起来，这必然导致保障水平偏低于实际需要。而绝对的清单内容又限制了受助者的生活方式，从人权角度来考量，存在着不公平。

（二）恩格尔系数法

恩格尔系数法建立在恩格尔定律的基础上。19世纪末期德国的统计学家恩格尔（Ernst Engel）通过对比不同收入水平家庭的消费支出，发现随着人们收入水平的上升，食物支出占收入的比重趋于下降，这就是恩格尔定律。而恩格尔系数即为食物支出占收入的百分比。但是真正将这一方法用于贫困标准研究的是美国的奥珊斯基。她认为可以通过居民生活必需品的平均支出水平来确定一个地区的贫困水平。运用恩格尔系数法确定贫困标准通常有两种做法：第一种做法是把恩格尔系数的某个值直接定义为贫困标准，比如国际上比较公认的贫困标准的恩格尔系数为50%或60%。第二种做法是根据恩格尔系数间接地用收入金额来表示贫困线。首先依据营养学确定一个最低饮食标准及其相应的饮食费用，用它除以所设定的恩格尔系数贫困值（比如用它除以国际上比较通用的50%或60%），所得结果即为贫困标准，即贫困标准＝基本食品支出/恩格尔系数。

在实际操作中，恩格尔系数法有如下几个优点：第一，只需考虑食品清单的内容，相比于市场菜篮法中的总清单，食品清单相对简单，更容易达成一致。第二，假如贫困群体的恩格尔系数和最低饮食标准是已知的，则实际操作中该方法十分简单，只需确定一个可以保证家庭成员基本足够的饮食费用，将其除以恩格尔系数，便可得到贫困标准。第三，恩格尔系数可以代表一般公众的生活水平，以此求得的贫困者消费水平更客观地与社会的平均生活水平挂钩，并可逐步改善贫困阶层的生活品质。①

恩格尔系数法虽然具有操作简便的特点，但也存在争议：第一，居民的饮食习惯受到食品清单的限制，因为超越了食品清单的内容去消费就很可能得不到保障，这点进一步会影响贫困者的生活习惯。第二，此方法过于强调绝对贫困，忽略了相对贫困和基本贫困，而这一特点也必然导致此方法计算出来的贫困标准偏低。第三，国际比较公认的用于测算贫困标准的恩格尔系数（比如50%或60%），用于国际比较或是一般的研究相对可行，但以此来确定一个地区的贫困标准则过于粗糙，缺乏科学性。因为各个国家和地区的消费结构及物价水平均存在极大差异。如果直接套用国际比较通用的50%或60%去计算，必然与实际情况有所偏离。因此，纠正这方面的不合理性还需要根据实际调查得出适合于本国或是本地区的恩格尔系数，这样才能得到更为合理的贫困标准。

（三）国际贫困标准法

1976年，国际经济合作与发展组织（OECD）对其成员国的贫困标准进行了一次调查，在此调查结果的基础上，提出了一种贫困标准

---

① 莫泰基：《香港贫穷与社会保障》，香港中华书局1993年版。

的测算方法，即以一个国家或地区居民收入的中等收入或平均收入的50%作为贫困标准，此方法被称为"国际贫困标准法"。国际经济合作与发展组织认为，一个国家或地区的平均收入水平在某种程度上可以反映出该国家或地区的社会经济背景下满足贫困者基本需求的平均支出水平。同时，这个贫困线标准通常相当于社会平均收入的50%或60%。因此，运用国际贫困线法时，只需要确定本区域的居民平均收入或中等收入，乘以50%或60%的比例，便可得到需要的贫困标准。从本质上而言，国际贫困标准法是一种收入比例法。

国际贫困标准法的优点体现在：第一，简单方便。该方法不需要对居民进行入户调查，节约了大量社会调查费用，只需要将当地居民中等收入或平均收入乘以一个比例即可得到贫困标准。第二，此方法将社会平均收入与贫困标准联动起来。随着经济不断发展，人民收入的增加，该标准也会随之提高，体现出与经济发展同步。同时，由于直接从收入水平入手，未涉及其他因素，使得收益人基本生活得以保证且对生活方式无过多限制。第三，便于区域间比较。国际上常常用这种方法进行横向和纵向的比较。通过这种比较，可以使我们了解到与更为发达的国家在社会救助标准方面的差距。

国际贫困标准法在使用时仍然存在争议：第一，所确定的收入比例采用一个比较公认的固定值（如上述的50%或60%）。该值往往依据发达国家的贫困状况和统计数据而得，如果其他国家机械套用，就不能体现不同国家或地区间的具体差异，所计算出的贫困标准的真实性必然要打折扣。第二，该方法只考虑贫困者的收入而忽视了消费需求。虽然一个人或家庭的收入决定了其消费，但零收入群体依然也有消费需求，国际贫困标准法未能考虑到这一点。

（四）消费支出比例法

消费支出比例法是国际贫困标准法的进一步发展，前文已经论述过国际贫困标准法最大的弊端在于不能反映贫困者的消费需求。也正是因为这点，一些学者和机构开始了对消费支出比例法的探索。消费支出比例支法，简单说来就是先统计出社会平均消费支出，算出贫困标准占社会平均消费支出的比例，用社会平均支出乘以这个比例得出的结果就是贫困标准。1985 年，欧共体中央统计局采用消费支出比例法对欧共体各成员国的贫困状况进行比较。为了计算出欧共体中各国的贫困标准，他们将各成员国分别按照各国的平均家庭消费支出的50%作为该国的贫困标准。

消费支出比例法具备以下两个优点：第一，该方法是从消费的角度来考量贫困标准的。明确以保障贫困者基本消费能力为目的，这比较符合我们对于低保标准的理解，使公众更易接受。第二，同国际贫困标准法一样操作简单便易。运用统计调查得出的社会平均消费支出数据以及分析得出的贫困线占社会平均消费支出的比例，二者相乘即可得贫困标准。

同时，消费支出比例法也存在两点争议：第一，消费支出比例法所得结果是否可靠的关键在于统计而得的社会平均消费支出和贫困线占社会平均消费支出比例这两个数据是否准确，而这两个数据的获得需要以大量的统计调查为基础。第二，贫困线占社会平均消费支出比例是否具有稳定性有待进一步研究，而一旦该比例缺乏稳定性，消费支出比例法的持续运用将会产生误差。也就是说该方法的实用性存在质疑。

（五）生活形态法

20 世纪 60 年代英国学者汤森研究出了生活形态法，又称"剥夺指标法"。他认为生活形态是以社会规范的方式表达出来的一种消费和生活习惯，一种相对的需求剥夺可以表现为某一种消费被从日常生活中排除出去，这决不是一个主观的、随意的判断，而是可以从外部形态的观察来客观地界定和测量的。① 简单来说，该方法先从人们的生活方式和消费行为等各种生活形态入手，建立适合当地的剥夺指标体系，以问卷调查的形式获得居民的剥夺指数，最后是通过汤森研究出的剥夺指数—收入曲线来确定剥夺门槛，也就是贫困标准。

生活形态法具备以下三个优点：第一，与定量分析相结合，增强了可操作性。该方法将社会大众主观评价（通过构建的指标体系获得）与定量分析相结合，在研究出贫困者生活形态的基础上与收入联合起来分析，进而获得贫困标准。这样做绕开了什么是必需品这一问题的纠缠。第二，此方法对贫困的度量超越了生活必需品的限制，因为所建立的剥夺指标体系除了物质剥夺指标之外还包括了社会剥夺指标，即从物质领域扩展到了社会领域，认识贫困的视角也由此被拓宽。第三，生活形态法可以使社会更加了解大众对贫困的看法与评价，政府部门也可由此更有效地比较不同生活水平的人民生活状况。

生活形态法同样也存在一些缺点：第一，构建合理科学的指标体系存在难度，指标体系如果不能客观地反映出社会情况，则必然使此方法得到的结果存在质疑。然而生活方式这种抽象的概念，被调查者虽时时体验，却也难以准确具体地表达出来。第二，生活方式一定程

---

① 林万亿：《福利国家——历史比较分析》，台北巨流图书公司1994年版。

度上可以反映一个家庭收入或资源的多少，但二者之间的直接联系尚未得到明确的验证，因此一概而论的话，必然使结论站不住脚。第三，关于汤森提出的"剥夺门槛"仍然需要进一步研究，尚没有足够的证据表明这种门槛确实存在。

（六）扩展线性支出模型法（ELES）

扩展线性支出模型法是美国经济学家朗茨（Lluch C.）提出的，他是在英国经济学家斯通（Stone）研究的线性支出模型的基础上改进的。简略来说，该方法首先以居民的消费支出为出发点，把居民的消费支出看作是收入函数，同时，将每种消费品的需求划分为基本消费需求和超额消费需求两部分。前者对收入的变化是不明显的，而后者会随着收入的增加而快速上升。这样，即可通过扩展线性支出函数获得居民的消费品基本需求，也就是贫困标准。

很明显，扩展线性支出模型法的优点体现在：第一，此方法科学客观，大量调查而得的数据消除了主观因素的影响，同时，规避了对生活必需品清单到底包括什么这一问题的纠结，通过数学模型和回归分析获得最终结果，方法上更体现出科学性。第二，所涉及的消费品的范围更加宽泛，其中包括了食品、衣着、家庭设备用品及服务、医疗保健、交通和通信、教育文化娱乐服务、居住、杂项商品和服务共八类，涵盖面较全，使居民的生活质量更能得到保障。第三，避免了大类商品平均混合价格不易确定的问题。在运用扩展线性支出模型法的过程中，并不涉及价格，有效地避免了价格的确定的问题。

扩展线性支出模型法同样也存在缺点，总的说来，此方法对数据需求量大，获得成本高，若样本量不能满足要求，结果容易失真，这样对调查者而言，负担加重，成本上升。

（七）马丁法

马丁法是由世界银行专家马丁·瑞沃林（Martin Ravallion）提出的。① 这一方法要求在确定基本食品支出的基础上，通过有关统计资料建立总支出与食品支出之间关系的数学模型，进而计算出贫困线。马丁提出计算两条贫困线：一条是"低的"贫困线，首先测定出食品贫困线，再通过回归模型求得平均消费支出达到食品贫困线的居民的非食品支出，然后将两者加起来得到的金额即为低贫困线；一条是"高的"贫困线，是那些达到食物线的一般住户的支出食品贫困线与食品支出在食品贫困线上的居民的非食品支出二者之和。其中的食品线往往是以人体最低热量支出为基础，将热量转化为食品，并确定消费数量，再根据当时的价格计算得到贫困线。

马丁法的优点体现在：（1）从绝对贫困和相对贫困相结合的角度出发，通过数学模型来计算，体现了一定的科学性，两条不同的贫困线又兼顾了不同群体的实际需求。（2）在非食品支出的计算上，直接以货币金额来计算，绕开了对居民消费选择的限制，居民的消费习惯可以不受所谓生活必需品清单的限制。

同样，马丁法也有如下一些缺点：（1）两条贫困线均需要通过回归模型进行计算，数据运用上比较复杂，且对一般居民而言，两条贫困线易产生混淆，界限不明朗，难以达成一致。（2）计算过程中的那条低的贫困线中的非食品支出遭到质疑，因为，平均消费支出在食品贫困线上的居民，其非食品支出往往也是会受到限制的。这样就会导致贫困标准偏低。（3）刚好达到食物贫困线的这些居民是需要

---

① 马丁·瑞沃林：《贫困的比较》，赵俊超译，北京大学出版社 2005 年版。

通过大量调查才能找到的，其操作上存在一定的困难。

二、我国现行的农村低保标准测定方法

由于制定农村居民最低生活保障标准是地方政府的权利，因此就存在着很大的灵活性，难以避免人为因素对最低生活保障标准的影响。我国的最低生活保障标准实际上就是政府和社会认定农村贫困人口的"贫困线"。国际上测定贫困线的方法在前一小节中已经介绍，目前对于贫困线的设立还没有一种公认的方法，各种方法都存在争议。

我国政府的相关文件并没有明确规定各地最低生活保障标准制定的具体方法，只是在《关于进一步规范城乡居民最低生活保障标准制定和调整工作的指导意见》（民发〔2011〕80号文件）中指出了各地在制定和调整最低生活保障标准时可以采用的三种方法：基本生活费用支出法（即市场菜篮法）、恩格尔系数法或消费支出比例法。

由于城镇居民最低生活保障制度建立得更早，发展相对更完善，很多农村地区的低保标准依据当地的城镇低保标准来设定。例如，上海农村低保标准与城镇低保标准的比例设定为1∶1.5，海南省该比例为1∶1.7，浙江省农村低保标准设定为城镇低保标准的60%，天津市该比例为50%。下面详细介绍自最低生活保障制度建立以来各种标准测量方法的实际应用情况。

（一）市场菜篮法

北京市在建立最低生活保障制度的最开始就采用了市场菜篮法，1995年北京市依据该方法确定了包括生存线、温饱线、发展线在内

的三条低保标准。生存线中包括的项目有主食、蔬菜与豆制品、食油与调味品、水电费等，温饱线则进一步增加了医药费、交通费、水果、衣着等，发展线进一步补充了烟、酒、床上用品。上海市最初也采用市场菜篮法，依据营养标准确定能够恢复和维持体力的生活必需品清单，结合上海市统计局社会经济调查队提供的10%最低收入居民日常消费必需品数据，配套上海市物价局提供的1992年市场零售价进行计算，得到该年度上海市一个家庭全体成员维持日常生计的基本费用为118.3元/月，并将1993年的城镇居民最低生活保障标准定为120元/月。市场菜篮法形象直观，容易被政策制定方和公众理解并接受，故在最低生活保障制度建立之初，是一种被采用较多的方法，但随着低保制度不断发展，该方法难以运用现有数据进行计算，需要通过重新调查，因此之后应用相对较少，但至今仍有省份运用此种方法，如海南省2014年仍然根据居民基本生活费用支出确定，包括必需食品消费支出和非食品类生活必需品支出两部分，同时结合全国低保平均保障标准来综合确定。

（二）恩格尔系数法

北京市采用恩格尔系数法计算最低生活保障标准时，采用的公式是：

$$最低生活保障标准 = \frac{居民基本食物支出标准}{适当的恩格尔系数} \pm 调整数$$

其中，基本数据支出标准由市统计局根据国家营养学会公布的年度标准食物谱及摄入量，结合市场价格计算后得出；适当的恩格尔系数为最低生活保障家庭恩格尔系数与北京市统计局统计的"5%低收入家庭"恩格尔系数的平均值；调整数通过综合考虑居民基本生活消费品物价指数、社会保障相关标准、居民人均可支配收入、社会平均工资、财政承受能力等因素后得出。

上海市采用的恩格尔系数计算公式是：

$$最低生活保障标准 = \frac{基本营养所需食品消费量 \times 各种食品等混合平均单价}{恩格尔系数}$$

$$= \frac{低收入家庭居民月食品费用}{恩格尔系数}$$

与北京市的相比，上海市的计算公式较为简单，但由于没有调整系数，经过一段时间后，最低生活保障标准显得过低。

福州市 1995 年先用市场菜篮法计算出城镇居民最低生活费支出，然后又使用市城调队对城镇 200 个困难户的测算结果，得出 5% 最低生活消费家庭的消费标准，最后按当年国家测算的恩格尔系数计算，得出最低生活保障标准。

恩格尔系数法计算过程简单，计算得到的标准较低，对财政的压力较小，较多省市都采用过，但恩格尔系数在中国的适应性存在较大的争议。

（三）消费支出比例法

2013 年，民政部社会救助司就最低生活保障标准制定调整工作开展了专项调研，这项调研显示，地方上采用消费支出比例法的相对较多。例如湖北省规定城乡低保标准分别按照上年人均消费支出的 30% 和 35% 确定。山东省根据省内实际情况，城乡低保标准占城乡居民人均生活消费支出的比例一般在 25%—30% 和 30%—35% 之间，为便于操作，省政府《实施意见》按照消费支出比例法明确了具体比例，即"城乡低保标准可以参照当地上年度城乡居民人均生活消费支出的 25% 和 30% 分别测算确定"。广东省也于 2012 年开始采用消费支出比例法制定低保标准，并建立与物价上涨挂钩的联动机制。民政部社会救助司在调研结束后也总结道："消费支出比例法因其内容更加直观和接近低保制度目标，方法更加简便易行，在标准测算方法中最为基层工作人员和公众所接受。"

（四）其他方法

根据民政部最低生活保障司公开的信息可以知道，在农村最低生活保障制度全面建立之初，除少数东部发达地区外，一般地方都参照国家每年公布的贫困标准来制定。2006 年国家公布的贫困标准是年人均纯收入 683 元，2007 年是 693 元。农村低保起码应该保证低保对象的生活水平不低于绝对贫困线，否则就无法保证农村居民的最低生活需求。但低保标准也不宜比贫困线高得太多，否则会不利于鼓励有劳动能力的群众生产自救。故当时全国农村低保的中西部地区年低保标准一般在 600—800 元之间，东部地区一般在 1000—2000 元之间。[①]

三、我国农村低保标准现状

从现有官方公布的资料中，我国农村最低生活保障标准公布的最早数据的时间是 2008 年，本节分析的我国居民最低生活保障制度的保障标准以 2008—2017 年为时间期限，并以全国农村居民最低生活保障平均标准为分析对象。

国家民政部网站公布了自 2008 年 1 月以来我国农村低保的相关情况，对数据进行整理，可以对我国农村低保标准有初步的了解。下

---

① 民政部社会救助司网站，见 http://dbs.mca.gov.cn/article/jd/200709/20070900002114.shtml。

面分别从农村低保受助人数、农村低保平均标准和农村低保人均补助水平、农村最低生活保障支出三个方面来阐述。

（一）全国农村最低生活保障人数变化情况

我国农村最低生活保障的人数变化情况，如图3-2所示。2008—2017年间，全国农村最低生活保障人数呈现先升后降的态势。保障人数最少为2008年第一季度3596.5万人，最多为2013年第三季度5382.1万人。2008—2010年，增长较快；2011—2013年，小幅波动，总体微升；2014—2017年，逐步减少。

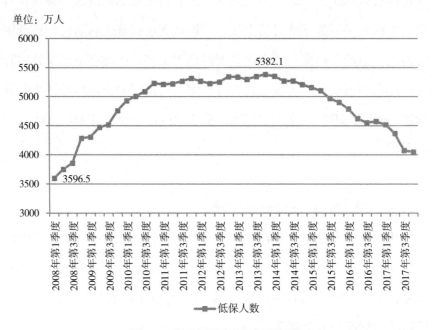

图3-2　全国农村最低生活保障人数

2008—2010年保障人数增长较快，因为随着农村低保制度的不断完善，越来越多符合救助标准的农村居民纳入了低保救助。为顺利实现2020年全面建成小康社会的目标，近几年国家加大了贫困治理的力度，目前低保制度在救助理念上与救助绝对贫困人口更为接近，近几年的扶贫工作使得贫困人口有所减少，这也是农村低保保障人数自2014年以来下降较快的重要原因。

由图3-3可以看到，2011年以前全国农村低保人数均为正增长，且2011年以前的11个季度中有7个季度的增长超过2%，其中2008年有一次非常突出的增长，该年份第四季度增长率高达11.06%。2011—2013年，全国农村低保人数开始存在负增长的情况，但总体而言，增减幅度不大，均在2%以内，全国农村低保人数进入平稳期。2014年以后，保障人数负增长情况明显。

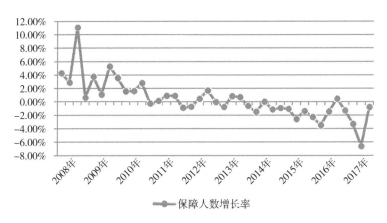

图3-3 全国农村低保人数每季度增长率

（二）全国农村低保平均标准和全国农村低保人均补助水平的实际情况

2007—2016年期间，我国农村低保平均标准和月人均补助水平呈现大幅增长的态势（见表3-1）。

表 3-1 农村低保平均标准和月人均补助水平及其环比增长率

单位：元/人

年份	全国农村低保月平均标准	环比增长率 1	全国农村低保月人均补助水平	环比增长率 2
2007	70.0	—	38.8	—
2008	82.3	17.6%	50.4	29.9%
2009	100.8	22.5%	68.0	34.9%
2010	117.0	16.1%	74.0	8.8%
2011	143.2	22.4%	90.0	21.6%
2012	172.3	20.3%	104.0	15.6%
2013	202.7	17.7%	116.0	11.7%
2014	231.4	14.1%	129.0	11.4%
2015	264.8	14.4%	147.0	13.9%
2016	312.0	17.8%	159.7	8.6%

资料来源：中国民政部网站公布的 2007—2016 年社会服务发展统计公报。[①]

　　无论是全国农村低保月平均标准还是全国农村低保月人均补助水平，在 2007 年全国农村最低生活保障制度建立之初，起点都是比较低的，分别为 70 元/人和 38.8 元/人。经过了 9 年的发展，这两个指标分别增加到了 312 元/人和 159.7 元/人，增幅分别达到了 345.71% 和 311.6%，其中 2009 年、2011 年、2012 年是几个涨幅比较高的年份。具体变化情况可以从图 3-4 更直观地感受。

————————

　　① 中国民政部网站公布的 2011 年社会服务发展统计公报中，全国农村低保月人均补助水平为 106.1 元/人，该值包含了一次性补贴，与其他年份统计口径不一致，2016 年公告未提及全国农村低保月人均补助水平，故 2011 年及 2016 年全国农村低保月人均补助水平值是通过 2011 年 1—4 季度全国社会服务统计数据中各季度全国农村低保月人均补助水平算术平均求得。

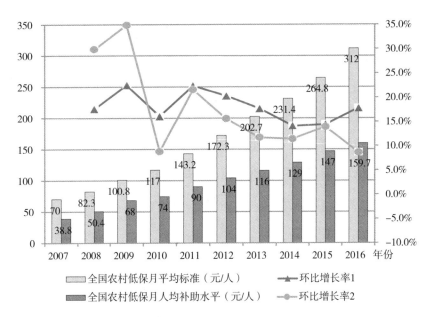

图 3-4　全国农村低保平均标准和月人均补助水平及各自环比增长率

（三）农村低保人均支出水平变化趋势

农村最低生活保障支出是我国各种社会服务经费中的一项，该项支出一定程度上反映了政府在我国农村低保政策上投注的力度。

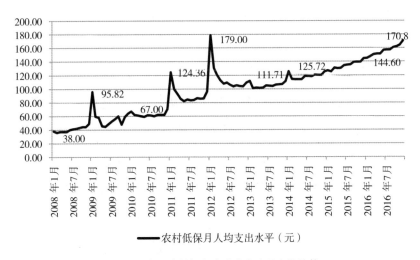

图 3-5　全国农村低保人均支出水平变化趋势

从国家民政部网站上可查阅到的月度全国农村低保支出水平为2008年1月至2016年12月间的数据，从图3-5中我们可以直观地发现两个特点：一是全国农村低保支出水平整体上呈现上升趋势，最开始2008年1月为38元，截至所统计到的2014年12月为125.29元；二是全国农村低保支出水平变化趋势中呈现阶段性波峰，即各年份的1月均出现明显提升，2009年、2011年、2012年这三个年份提升尤为明显。经查阅相关资料和对比数据，可知在各年份1月出现波峰与农历年末发放临时补助有关。

第三节　农村低保标准计算方法的合理确定与实证分析

一、制定农村低保标准需考虑的因素

贫困标准的计算方法并不存在优劣之分，而选择的关键在于该标准所要实现的目的，因此在方法的选择上需要考虑以下几个因素。

（一）保障目标

贫困标准所要实现的目标是决定运用何种方法的重要影响因素。我国最低生活保障制度的根本目的是运用国家财力帮助低于当地最低生活保障标准的居民摆脱生活困境，能够达到最基本的生活水平。《城市居民最低生活保障条例》第三条就提出"城市居民生活保障制度遵循保障城市居民最低基本生活的原则"这一基本要求。最低生活保障标准主要体现贫困的"绝对性"，但所谓的"维持基本生活"也是因时因地而异的，这种"绝对性"中也包含"相对性"。随着技术进步和生活水平的提高，一些新的消费品也理应被添加到必需品的

清单中，"基本生活水平"所包含的内容也应当随之发生变化。

先前所介绍的诸多方法中，消费支出比例法、生活形态法、ELES 模型法属于相对贫困标准计算方法，保障了受助者分享社会发展成果的权利，但与救助的根本目标存在一定程度的偏差，而 ELES 模型法存在一个灵活便利之处是可以扩大或缩小入选模型的商品或服务的范围，即"清单"所包含的内容，这样便可通过调节"清单"内容多少来修正与救助目标的偏差。而市场菜篮法和恩格尔系数法可以实现"维持基本生活"的目标，但不能随着社会进步而有所提高。

（二）计算复杂程度

经过不断地发展，贫困标准计算越发精细，更加倾向于数理模型化，但是无论方法在理论上多么完善，是否具有较好的可操作性仍然影响着方法的应用，尤其是在低保标准的测算上，相对完备的理论和较好的可操作性才是较优的选择。

消费支出比例法只需要确定一个恰当的比例，结合现有的统计数据就能得到结果，易于理解；ELES 模型法也可直接利用统计数据直接计算，只是计算过程相比消费支出比例法更复杂些；市场菜篮法和生活形态法最为复杂，需要进行大量的调查并且计算过程也琐碎复杂，马丁法和恩格尔系数法计算的复杂程度处于中等水平。

（三）数据可获得性

数据较易获得或数据使用得较少，那么可行性就越强。有些贫困标准的计算方法在调整时需要每次重新进行调查获得新数据，而这一过程需要考虑抽样方法、样本量等多方因素，耗时、耗财、耗力，故可行性较差。如果能够直接利用政府权威部门公布的统计数据进行计算，则可行性较好。

生活形态法的数据可获得性最差，需要大量的调查，且每次调整必须重新进行调查；市场菜篮法的数据可获得性也较差，需要持久地观察大量家庭的生活情况；马丁法相比于前两种方法，可获得性尚可，需要较多的家庭消费数据；恩格尔系数法、消费支出比例法、国际贫困标准法、ELES 模型法均可利用官方数据直接进行计算。

为方便直观比较，笔者将几种常见的贫困标准测算方法汇总到表 3-2。

表 3-2　主要贫困标准测算方法比较

方法	衡量指标	数据的可获得性	绝对/相对	调整机制
市场菜篮法	生活必需品	通过调查获得菜篮内容	绝对	需要设定调整机制，重新设定必需品清单，重新计算总成本
马丁法	生活必需品	食物线和非食物线	绝对	需要设定调整机制，重新调查以选择食物组合，计算食物贫困线和非食物贫困线
恩格尔系数法	食物必要支出	恩格尔系数在中国存在失效的问题	绝对	需设定调整机制，重新调查以调整最低食物成本和恩格尔系数
消费支出比例法	社会一般生活水平	合适的比例及官方统计数据	相对	自动调整，随着社会生活水平的增长而同比例增长
ELES 模型法	社会一般生活水平	官方统计数据及商品或服务范围的选择	相对	自动调整，随着社会生活水平的增长而一定程度增长
国家贫困标准法	社会一般生活水平	官方统计数据	相对	自动调整，随着社会生活水平的增长而同比例增长
生活形态法	生活形态	数据多、样本量大	相对	需要设定调整机制，重新调查以获取和筛选剥夺指标，并重新确定贫困标准

相对贫困标准的方法和主观贫困标准的方法在发达国家使用较多，一般认为这两类贫困标准方法会导致偏高的贫困测量结果，那么

这对于实际的反贫政策和反贫工作计划的指导没有多大实际意义。而绝对贫困标准的方法也随着社会平均生活水平的逐步提高，显得落后于社会对贫困的认知以及能够接受的最低生活水平的期望。

通过多方比较，在所介绍的诸多方法中，ELES 模型法具有比较充分的优势。ELES 模型法的优势在于：（1）它是从相对的角度来考察贫困的，更加贴合当下对贫困的认知观点，而中国经济经历了一段时期较快的发展，"基本生活"的内容显然应该被丰富，在贫富差距日益扩大的情况下，如果还停留在完全的"绝对"，那政策的救助目标则显得过低；（2）ELES 模型法的一个灵活性在于可以根据救助目标的层次来调节入选模型的商品或服务的范围，如果商品或服务的范围选择恰当，那么，虽然作为一种相对贫困标准的方法，仍然可以避免出现测量结果过高的情况；（3）ELES 模型法所利用的数据为官方统计数据，获取便利且计算过程不会过于复杂。

二、ELES 模型法

1973 年，经济学家朗茨（Liuch）在斯通（R.Store）所提出的线性支出系统模型（LES）基础上，进一步提出了扩展线性支出系统模型，其函数形式表示如下。

$$p_i q_i = r_i p_i + \beta_i \left(y - \sum_{i=1}^{n} r_i p_i \right) \tag{3.1}$$

其中，$0 < \beta_i < 1$，$q_i > r_i$；p_i 和 q_i 分别代表第 i 种商品或服务的价格和需求量，而需求量有基本需求量和非基本需求量两个部分；r_i 代表对第 i 种商品或服务的基本需求量；y 表示居民收入；β_i 表示第 i 种商品占预算约束的份额，其经济意义为消费者除满足基本需求外，还会用可支配收入中多大比例购买该商品或服务，即表示为一种超额需求。如不存在储蓄，则有 $\sum\limits_{i=1}^{n} \beta_i = 1$；如存在储蓄，则有 $\sum\limits_{i=1}^{n} \beta_i < 1$。

该模型所运用的数据为横截面数据，其中价格是不变的，贫困标准（P_M）的求解过程如下。

对公式（3.1）变形得到如下形式：

$$p_i q_i = p_i r_i - \beta_i \sum\limits_{i=1}^{n} p_i r_i + \beta_i y \tag{3.2}$$

将上述函数形式写为计量经济学模型：

$$p_i q_i = p_i r_i - \beta_i \sum\limits_{i=1}^{n} p_i r_i + \beta_i y + \mu_i \tag{3.3}$$

令 $r_i - \beta_i \sum\limits_{i=1}^{n} p_i r_i = \alpha_i$，则公式（3.3）可写成如下形式：

$$V_i = \alpha_i + \beta_i y + \mu_i \tag{3.4}$$

其中，V_i 为每一种商品或服务的消费额，V_i 与 y 均由统计数据得来，运用最小二乘法（OLS）估计参数 α_i 与 β_i，式（3.4）两边累加求和进一步整理可得：

$$P_M = \sum\limits_{i=1}^{n} p_i r_i = \sum\limits_{i=1}^{n} \widehat{\alpha_i} \Big/ \Big(1 - \sum\limits_{i=1}^{n} \widehat{\beta_i}\Big) \tag{3.5}$$

上述为 ELES 法求解的过程，ELES 法在应用时的一个灵活之处在于可以根据贫困理念扩大或缩小入选商品或服务的范围，以此满足不同要求下的贫困标准或低保标准的测量。《中国统计年鉴》将我国居民消费支出数据分为八大类：食品、衣着、居住、家庭设备用品及服务、交通和通讯、文教娱乐用品及服务、医疗保障、其他商品和服务，为了更好地分析比较不同理念下的低保标准，笔者将消费支出划分为三个层次，分别为生存型低保标准、基本型低保标准和发展型低保标准。各种层次标准所入选模型的指标见表 3-3。

表3-3 三种农村低保标准的指标选取

低保标准类型	消费型指标	收入型指标
生存型低保标准	食品消费支出、衣着消费、居住消费	人均收入①
基本型低保标准	食品消费支出、衣着消费、居住消费、医疗保健、文教娱乐用品及服务	人均收入
发展型低保标准	食品消费支出、衣着消费、居住消费、医疗保健、文教娱乐用品及服务、家庭设备用品及服务、交通和通讯、其他商品和服务消费	人均收入

三、ELES 模型法测定农村低保标准的实证分析

（一）数据说明

根据中国统计年鉴 2008—2017 各年度家庭收支情况的调查资料，农村居民家庭消费类别分为如下八大项：（1）食品消费，包括粮食、副食品、烟、酒、糖及其他食品；（2）衣着消费，包括服装、衣料及衣料加工费、鞋、袜、帽等；（3）居住消费，包括住房、水、电、燃料等；（4）家庭设备用品及服务，包括耐用消费品、家庭日用品及家庭服务；（5）医疗保健，包括医疗器具、医药费、保健用品等；（6）交通和通讯，包括家庭交通及维修、交通费、通讯工具、邮电费；（7）文教娱乐用品及服务，包括各类教育费、文化娱乐费、书报费等；（8）其他商品和服务消费，包括个人用品、理发、美容用品、旅游、服务费及其他用品。

按不同收入组，将农村居民的收入分为五类：低收入户、中低收入户、中等收入户、中高收入户、高收入户。2008—2013 年中国统

---

① 2008—2013 年的《中国统计年鉴》中关于农村居民收入指标为人均纯收入，2014—2017 年的《中国统计年鉴》调整为人均可支配收入。

计年鉴中，明确统计了按五等收入分组的八类消费支出，2014 年及之后的统计年鉴，只公布了农村居民五等收入，未列出按收入分等的各类消费支出。经分析 2008—2013 年中国统计年鉴数据，五等收入分组的农村居民八类消费支出的增长率与农村居民人均各类消费支出（不分收入等级）十分接近，多数偏差在 1% 以内，因此，2013 年至 2016 年按五等收入农村居民八类消费支出数据是根据农村居民人各类消费支出增长率估算得出。人均收入和各项消费性支出数据见附表 1。

（二）测算结果

这里只将 2016 年数据的参数估计结果归总呈现，2007—2015 年的数据均通过 Eviews6.0 软件经类似操作得到相应的估计结果，见附表 2—附表 10。

从模型估计结果来看，利用最小二乘法（OLS）进行估计，整体上能够得到比较好的估计值。首先，R^2 值除了医疗保健和交通和通讯这两个项目略低，分别为 0.984 和 0.96 外，其余均在 0.985 以上。其次，F 统计量也显示很好的检验结果。最后，最为关键的 T 统计量检验也显示很好的结果，我们通过 t 值很难直观地判断检验效果，这一检验可以转化为考察 P 值，一般，我们把显著水平设为 0.05，当 P 值小于 0.05 时表示通过了检验，从表 3-4 可以看到，除了交通和通讯在置信水平为 0.05 的情况下，未通过检验，其余各个估计值均通过了检验，且大部分 P 值小于 0.001，说明拟合效果非常好。

表 3-4　ELES 模型参数估计结果（2016 年）

项目	α_i	β_i	R^2	F
食品消费支出	1874.702*** (25.726)	0.113557*** (24.653)	0.995	607.79
衣着消费	231.205** (8.175)	0.028072*** (15.704)	0.988	246.61
居住消费	840.287** (7.709)	0.106689*** (15.486)	0.988	239.80
家庭设备、用品及服务	232.448** (12.819)	0.029640*** (25.860)	0.996	668.74
医疗保健	605.466*** (19.634)	0.026454*** (13.572)	0.984	184.19
交通和通讯	245.987 (1.537)	0.090697** (8.966)	0.96	80.39
文教娱乐用品及服务	241.935* (3.411)	0.067524*** (15.061)	0.987	226.85
其他商品和服务消费	54.753** (6.298)	0.010702*** (19.475)	0.992	379.29

注：①括号中的数据代表 t 值；②* 表示 P 值<0.05，** 表示 P 值<0.01，*** 表示 P 值<0.001。

　　结合 2007—2016 年 10 个年份的模型参数估计结果，分析发现交通和通讯这一变量的拟合效果普遍较差。该变量纳入了发展型低保标准的测算，未纳入生存型和基本型低保标准的测算。若剔除交通和通讯这一变量，对生存型和基本型低保标准测算不影响，但会使发展型低保标准偏低。对于拟合效果较差的变量，若纳入模型，可能会削弱模型计算结果的说服力，综合考虑，剔除该指标。

　　经过一系列的计算，我们可得到 2007—2016 年农村低保标准的理论值，依据不同层次的消费需求来测定的生存型、基本型和发展型低保标准在本书中均属于理论标准，测算具体结果见表 3-5。

表 3-5　　2007—2016 年农村低保理论标准

单位：元

年份	生存型		基本型		发展型	
	年标准	月标准	年标准	月标准	年标准	月标准
2007	1296.14	108.01	1702.36	141.86	1908.96	159.08
2008	1487.13	123.93	1934.44	161.20	2177.00	181.42
2009	1619.52	134.96	2127.82	177.32	2418.71	201.56
2010	1730.26	144.19	2247.61	187.30	2555.10	212.93
2011	2258.17	188.18	3008.76	250.73	3428.42	285.70
2012	2540.79	211.73	3403.91	283.66	4148.61	345.72
2013	2737.92	228.16	3718.69	309.89	4247.29	353.94
2014	3287.14	273.93	4755.14	396.26	5459.86	454.99
2015	3555.44	296.29	5209.90	434.16	5973.53	497.79
2016	3919.47	326.62	5767.93	480.66	6610.05	550.84

资料来源：根据表 4-4 及附表 2—附表 10 中 α_i 和 β_i 的估计值，通过公式（3.4）计算归总得。

（三）结果分析

1. 低保标准理论值与实际低保标准的比较

2007 年，农村最低生活保障制度在全国全面建立，标志着全国农村低保制度进入到了普惠发展的新阶段。为考察农村低保标准水平，笔者将 2007—2016 年这十个年度的实际低保标准与通过 ELES 模型法测得的三种理论标准进行比较。

图 3-6 很直观地反映了 2007—2016 年农村实际低保标准均低于生存型低保标准，与基本型低保标准有明显差距，更远低于发展型低保标准。以 2016 年为例，实际低保标准为 3744 元/年，而通过 ELES 模型法测得的生存型低保标准为 3919 元/年、基本型低保标准为 5768 元/年、发展型低保标准为 6610 元/年。生存型低保标准与实际低保标准差距整体上逐步减小，2016 年两者非常接近。

单位：元

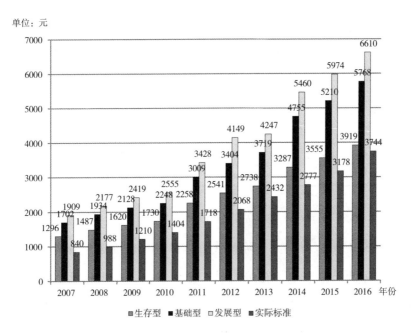

图3-6　农村理论低保标准与实际低保标准的比较

2. 低保标准与农民人均纯收入分析

在图 3-6 中已经呈现了历年农村实际低保标准的情况，农村实际低保标准每年都有一定比例地增长，2007—2016 年累计增加 345.71%，平均增长速度为 14.78%。笔者将三种理论低保标准与实际低保标准进行对比分析，见表 3-6。

表3-6　农村低保标准理论值和实际低保标准的比较（2007—2016 年）

单位：元,%

年份	农村居民人均收入	实际替代率	生存型标准替代率	基本型标准替代率	发展型标准替代率	实际标准/生存型标准	实际标准/基本型标准	实际标准/发展型标准
2007	4140.4	20.29	31.30	41.12	46.11	64.81	49.34	37.43
2008	4760.6	20.75	31.24	40.63	45.73	66.41	51.05	38.96
2009	5153.2	23.47	31.43	41.29	46.94	74.69	56.85	42.82
2010	5919.0	23.72	29.23	37.97	43.17	81.14	62.47	47.60

续表

年份	农村居民人均收入	实际替代率	生存型标准替代率	基本型标准替代率	发展型标准替代率	实际标准/生存型标准	实际标准/基本型标准	实际标准/发展型标准
2011	6977.3	24.63	32.36	43.12	49.14	76.10	57.11	43.87
2012	7916.6	26.12	32.09	43.00	52.40	81.38	60.74	42.68
2013	9429.6	25.80	29.04	39.44	45.04	88.84	65.41	57.27
2014	10488.9	26.47	31.34	45.33	52.05	84.47	58.40	50.86
2015	11421.7	27.82	31.13	45.61	52.30	89.37	60.99	53.19
2016	12363.4	30.28	31.70	46.65	53.46	95.52	64.91	56.64

资料来源：据2008—2017年《中国统计年鉴》及表3-5中的数据计算而得。

表3-6可以看到，实际替代率整体上呈现逐年上升的态势，这说明实际低保标准不仅在绝对量上是上升的，在相对量上也是上升的，但这也恰恰说明实际低保标准的起点过低，需要后期较快地增长以达到更合理的范围，并且笔者看到实际替代率达到的最高值也仅为2016年的30.28%。生存型标准替代率表现得最为稳定，在29.23%—32.36%之间变化，基本型标准替代率大约比生存型标准替代率高10%—15%，而发展型标准替代率比较高，比基本型标准替代率高5%—8%。而从实际标准和三种理论标准的比值中可以看到，实际标准与三种理论标准的比重大体上是不断上升的，这说明实际标准虽然与理论标准存在差距，但差距是不断缩小的。

参照郑功成提出的替代率30%—35%的适度参照区间，可以看到生存型标准比较符合，基本型标准虽然高于这个参照区间，但并未过多高出，此外，农村收入水平偏低、恩格尔系数较大已是学界共识，而替代率高于参照区间正是这种共识的一种反映，因为替代率会随着收入水平的提高回归到合理的区间，因此，笔者并不认为基本型标准是一种过高的低保标准。

3. 低保标准与农民人均食品支出、人均消费支出分析

生活水平的提高意味着生存成本的提高，随之带来的变化是贫困标准下的货币的绝对和相对购买力均下降，则贫困居民自身所感受到的剥夺感增强，即贫困程度加深。因此，低保标准需要适应生活水平的动态变化。将 2007—2016 年的相关统计数据计算处理可以知道，农村居民人均食品支出年均增长率为 9.97%，低于实际低保标准18.06%的年均增长速度。[1] 虽然实际低保标准的增长速度很快，从表 3-7 可以看到，实际低保标准占人均食品支出的比重从 2007 年的60%一路上涨到 2016 年的 115%，但不难发现这是一种低起点的快速增长。而生存型低保标准占人均食品支出的比重在 93%—120%，可以说是一种保障程度不高但可以起到一定保障效果的低保标准。从2016 年的数据来看，实际低保标准已与生存型低保标准十分接近。

农村低保家庭多为存在老弱病残幼成员的低收入甚至无收入家庭，而这样的群体，平均消费倾向一般会很高。从低保标准占人均消费性支出的比重来看，实际低保标准比值最高为 2016 年的 37%，参照郑功成提出的低保标准占人均可支配收入比重为 30%—35%的区间，那低保标准占人均消费支出的比重至少应大于 35%。可以看到，三种理论标准均符合这个基本要求，生存型低保标准占人均消费支出的比重稳定在 40%左右，基本型低保标准占人均消费支出的比重在51%—58%之间。笔者认为，低保标准不应低于生存型低保标准，同时应力求接近基本型低保标准。

---

[1]　根据 2008—2017 年《中国统计年鉴》中相关数据计算而得。

表 3-7 实际低保标准和理论低保标准与相关数据的比重

单位：元,%

项目	2007	2008	2009	2010	2011	2012	2013	2014	2015	2016
人均食品支出（A）	1389.0	1598.8	1636.0	1800.7	2107.3	2323.9	2495.5	2814.0	3048.0	3266.1
人均消费支出（B）	3223.9	3660.7	3993.5	4381.8	5221.1	5908.0	6625.5	8382.6	9222.6	10129.8
实际标准/A	0.60	0.62	0.74	0.78	0.82	0.89	0.97	0.99	1.04	1.15
生存型/A	0.93	0.93	0.99	0.96	1.07	1.09	1.10	1.17	1.17	1.20
基本型/A	1.23	1.21	1.30	1.25	1.43	1.46	1.49	1.69	1.71	1.77
发展型/A	1.37	1.36	1.48	1.42	1.63	1.79	1.70	1.69	1.71	1.77
实际标准/B	0.26	0.27	0.30	0.32	0.33	0.35	0.37	0.33	0.34	0.37
生存型/B	0.40	0.41	0.41	0.39	0.43	0.43	0.41	0.39	0.39	0.39
基本型/B	0.53	0.53	0.53	0.51	0.58	0.58	0.56	0.57	0.56	0.57
发展型/B	0.59	0.59	0.61	0.58	0.66	0.70	0.64	0.65	0.65	0.65

资料来源：根据 2008—2017 年《中国统计年鉴》及表 3-6 的数据计算而得。

第四章　基于多维贫困分析的
农村低保对象识别

　　在我国扶贫工作不断深入、扶贫要求不断提高的新形势下，"精准扶贫"作为扶贫新机制，是针对性地解决贫困人口生存问题的有效手段。农村最低生活保障制度作为缓解农村贫困人口生存压力的"兜底性"政策，其保障对象的精准识别就成为"精准扶贫"实现的前提和基础。目前，我国低保对象的识别基本依赖于农村最低生活保障标准的划定和家庭收入的核准。但导致贫困的原因随着时代的发展日趋多元化，仅以收入维度为标准对低保对象进行识别显然过于单一与片面，也与农村最低生活保障制度的目标定位相脱节。为保证农村低保对象的准确识别，本书依据2016年中国家庭追踪调查数据，从多维视角分析挖掘贫困本质，为精准识别困难群体提供科学依据。

第一节　多维贫困分析方法的确定

一、多维贫困理论研究回顾

　　20世纪80年代以来，贫困对象的瞄准随着农村社会的变迁日益变得微观化，区域和群体瞄准相结合的方式受到各地区的追捧（刘娟，2009）。但是在实际操作中低保对象的识别受限于诸多方面因素：一是农民的收入具有很强的不稳定性，来源也多样性，所以很可能导致收入的统计存在不准确性（邓大松等，2008；李忠林，2009），现有的农村家庭收入计算方法不科学且可操作性差（凌文豪、梁金刚，2009）、民政部和扶贫部门的调查权受到法律限制（王世联，2007）、流动人口收入难以准确界定（张国华，2007）、政府与贫困对象之间较多的信息不对称（刘纯阳，2011）等问题，造成贫困对象家庭收入核算过程出现偏差。二是贫困对象识别程序不规范。一方面，在缺少行政、公众等完整的监督体系下，基层政府在执行制度时的偏差给低保受助人群的界定带来不公平、不公正的现象，使得制度效果与目标有所偏离（段应碧，2009）。另一方面，程序的不规范使得农村低保制度执行中的申请、审核、调查、公开和核查等环节出现遗漏和缺失（凌文豪、梁金刚，2009）。李忠林等（2009）、李合伟等（2012）、王三秀（2010）通过调研发现许多地区都不同程度地存在违规现象，导致"应保尽保"的目标无法实现。三是过分强调区域瞄准而忽视人口瞄准。区域性的群体瞄准会导致贫困个体的差异化被忽视，从而出现低保资金分配平均化的现象，不利于解决极端贫困人口诉求（廖富洲，2004）。例如老人、病人、残疾人、突发事件致贫等人群的救助标准与普通贫困对象相比，其实际困难无法得到解决，制度的预期效果无法实现（刘童星、王增文，2010）。四是地方政府的救助和扶贫理念存在偏差。为防止福利依赖、"养懒汉"等现象的出现，政府对低保对象的准入设置了一些较为苛刻的条件。如不能拥有电脑、手机、摩托车等，剥夺了穷人融入现代文明社会的权利，是政府对贫困群体人权的不重视和对低保制度执行者职责的误解（汪柱旺，2010）。

从以往的研究来看，农村低保对象的瞄准方向主要关注于农村居民收入维度。反观贫困人口识别方面的研究，越来越多的学者意识到贫困不只局限于收入和消费贫困，应从多维度定义和识别贫困，才能为反贫困提供有力依据。在贫困内涵不断加深的基础上，其研究方法日益多元化，且更加注重多维度衡量和识别。国外学者对于多维贫困识别度量的方法运用较早，沃茨（Watts，1968）提出了 Watts 多维贫困指数，阿玛蒂亚·森（1976）在此基础上发展了 Sen 指数贫困测量方法。随后，联合国开发计划署（1990）建立人类发展指数，并在后来的研究中开发出人类贫困指数。基于贫困指数研究，凯利等（Cheli，1995）、布吉尼翁等（Bourguignon，2003）、拉莫斯等（Ramos，2005）、卢戈等（Lugo，2009）分别提出模糊集法、公理化法、投入产出效率法和基于信息理论等方法来构建多维贫困指数。艾基尔（Aikire，2007）和福斯特（Foster，2011）提出多维贫困识别、加总和分解的"双界限"法，用于计算多维贫困指数，提供了更加准确的贫困信息。里卡德·吉内·加里加等（Ricard Gine Garriga，2013）构建 WASH 贫困指数，通过安全饮用水、卫生设施以及卫生室条件的排名优先顺序确定贫困区域。国内的研究则以国外贫困指数研究为基础，对我国农村贫困进行多维度的测算和识别（李小云，2004）。姚毅（2012）、邹薇和方迎风（2012）分别运用贫困转移矩阵、测度平均能力剥夺的模糊集等方法对多维贫困问题进行深入研究。陈辉和张全红（2016）以粤北山区农村家庭为例，运用 A-F 法对贫困地区、贫困村和贫困家庭进行多维度识别。张昭（2017）结合收入及五个非收入指标构建"收入导向型"多维贫困指数，基于

CFPS 农村子样本考察多维贫困的识别、追踪和流动性问题。高明和唐丽霞（2018）使用修正的 FGT 多维贫困测量方法测算了贫困村庄建档立卡户与非贫困户的多维贫困指数。

综上所述，目前学术界针对贫困对象识别的研究思路较为开阔，研究方法较多，但对于农村最低生活保障对象的选取还停留于收入核对，并未有效结合多维度的分析方法加以精确识别。就目前社会发展情况来看，农村低保对象的认定早已不能停留在只保障收入低于农村低保标准的家庭，应综合考虑"因病致贫、因教致贫"等社会因素，全方位对低保对象进行资格审查。而农村低保对象的识别与贫困人口的识别在较大程度上具有一致性。因此，本书拟针对多维贫困分析方法加以调整，将其应用于农村低保对象的识别中，增加农村低保制度实施的科学性和有效性。

二、多维贫困识别方法比较

通过前文对相关研究的梳理可知，目前主要的贫困识别方法有传统贫困测度方法和多维贫困识别度量方法。传统基础性的贫困识别度量指标包含贫困发生率（H）、贫困缺口（G）、贫困缺口率（I）、FGT 指数等，是单纯用收入标准（贫困线标准）识别贫困的测度方法，识别方法具有单一性和片面性，致使对象识别精准度有所欠缺，但传统方法的发展为多维贫困指数提供了参考。随着对贫困内涵理解的加深，对其所展开的研究也从单向转为多维，许多研究者对贫困测度指数和方法提出了不同的评价指标，其中包含人类发展指数（HDI）、人类贫困指数（HPI）、Watts 多维贫困指数、Sen 指数、F-M 指数和 MPI 指数等。相较于传统的贫困识别方法，上述方法摒弃了单一的收入指标而采用多指标综合识别贫困，但仍具有其各自的局限性。如人类发展指数（HDI）就是以人类发展中健康寿命、知识获得和生活水平三个维度指数加总而成，由于其具有简单、透明、易比较的优势被越来越多的国家引入到本国的贫困研究中，对于衡量和比较国家间的人口发展水平有较好的参考作用，但贫困的原因远不止收入、寿命和教育，因此 HDI 对于个体研究实用度不足。人类贫困指数（HPI）涉及的三个指标是寿命、读写能力和生活水平，可使宏观分析基于多角度制定组合式反贫困措施。但构成 HPI 指数的三个维度指标实际取值有待商榷，且没有指明指标数值加总方式和权重系数的选择。Watts 多维贫困指数可以较为自由地选择维度，对微观个体的指标缺失进行了加总，能够较好地反映贫困人口在各个维度上福利状况的缺失，也能反映出贫困的深度和强度，但在具有子群和维度的分解上不敏感。

三、多维贫困识别方法的选取——A-F 法

艾基尔（2007）和福斯特（2011）使用的"双界线（Dual Cut-off）"方法（简称 A-F 方法），是使用剥夺临界值和贫困临界值来测度贫困，具体包括识别、加总和分解三个步骤。首先选择每个维度的贫困线，以确定个体在各个维度下的贫困状况，然后选择维度贫困的临界值，将一定数目及以上的维度处于贫困状态的个体确定为贫困者。[1] A-F 法作为联合国开发计划署计算多维贫困指数所采用的方法，相比于其他各种多维贫困测量方法，它的研究最为成熟，使用也

---

[1]　Alkire S.and Foster J., *Counting and Multidimensional Poverty Measurement*, OPHI Working Paper Series, 2008.

最为广泛。虽然不同的多维贫困分析在各个维度测量指标、临界值和权重设定方面存在差异，但其计算方法大体相同。本书以研究最为成熟、使用也最为广泛的 A-F 法作为讨论的起点，将其应用于农村低保对象识别中作进一步的探讨与尝试。[①]

（一）多维贫困指数构建

假设有 n 个样本个体，令样本观测矩阵 $X = (X_{ij})_{nm}$，其中 X_{ij} 表示个体 i 在 $j(j = 1, 2, \cdots, m)$ 维度上的取值，m 表示维度个数。$X_{ij} = (X_{i1}, X_{i2}, \cdots, X_{im})$ 表示个体 i 在 m 个维度上数值的集合。$Z_j = (z_1, z_2, \cdots, z_m)^T$ 为相应维度上被剥夺临界值组成的向量，如果 $X_{ij} \leqslant z_j$，即个体 i 在 j 维度上为贫困，赋值为 "1"，表示为：

$$g_{ij} = \begin{cases} 1 & X_{ij} \leqslant z_j \\ 0 & \text{其他} \end{cases} \qquad (4.1)$$

如果个体在 k 个或以上的维度上被剥夺，则属于多维贫困者。多维贫困发生率 $H_{(k)}$ 是指贫困多维贫困者数量占样本总数的比重，表示为：

$$H_{(k)} = \frac{\sum_{i=1}^{n} q_{ij}(k)}{n} \qquad (4.2)$$

其中，$q_{ij}(k)$ 表示家户或个体属于多维贫困，即当某个个体在给定的维度个数及以上处于贫困时，则该个体被判定为多维贫困人口，可表示为：

$$q_{ij}(k) = \begin{cases} 1 & c_{ij}(k) \neq 0 \\ 0 & \text{其他} \end{cases} \qquad (4.3)$$

[①] 张全红、周强：《中国多维贫困的测度及分解：1989—2009 年》，《数量经济技术经济研究》2014 年第 6 期。

多维平均被剥夺程度指数 $A_{(k)}$ ，也被称为多维贫困强度指数，是指所有贫困个体平均被剥夺维度数与总维度数 m 的比值：

$$A_{(k)} = \frac{\sum_{i=1}^{n} c_i(k)}{\sum_{i=1}^{n} q_{ij}(k) \cdot m} \tag{4.4}$$

其中，$c_i(k)$ 表示贫困个体 i 加权的贫困维度数，即 $c_i(k) = \sum_{j=1}^{m} \omega_j g_{ij}$ ，ω_j 为 j 维度上的权重系数，当个体 i 至少在 k 个维度上贫困时，有 $c_{ij}(k) = \sum_{j=1}^{m} \omega_j g_{ij}$ ；否则 $c_i(k) = 0$。由式（4.4）推出，$\sum_{i=1}^{n} c_i(k)/q = A \times m$ 表示在该调查样本中，全部个体平均有 $A \times m$ 个维度是处于贫困的。结合式（4.2）—（4.4），最终推导出 MPI 多维贫困指数，记为 $M_{(k)}$ ，表示为：

$$M_{(k)} = \frac{\sum_{i=1}^{n} c_i(k)}{nm} = \frac{\sum_{i=1}^{n} q_{ij}(k)}{n} \times \frac{\sum_{i=1}^{n} c_i(k)}{\sum_{i=1}^{n} q_{ij}(k) \cdot m} = H_{(k)} \times A_{(k)} \tag{4.5}$$

由式（4.5）可知，多维贫困指数 $M_{(k)}$ 是 $H_{(k)}$ 与 $A_{(k)}$ 的乘积，$M_{(k)}$ 数值越小，说明个体或家庭贫困程度就越低，反之则越高。该数值的大小不仅取决于在给定临界值下的贫困发生率和平均被剥夺程度，还受到不同维度指标权重系数 ω_j 的影响。福斯特（Foster，2009）指出，科学合理的指标权重的选取对多维贫困测度最终的结果有着重要的影响。因此，本书采用 AHP 层次分析法确定维度权重，得出更加科学客观合理的多维贫困测算结果。

（二）多维贫困指数分解

贫困指数的分析除了指标的建构外，还可按指标维度和地区进行分解分析。

（1）将多维贫困指数按地区分解。现将样本个数 n 分解为 p 个子群，令 $n(X_p)$ 表示第 p 个子群 X_p 中的个体数，有 $n = \sum_{p=1}^{\lambda} n(X_p)$，$p = (1, 2, \cdots, \lambda)$，其中 λ 表示按照不同标准分解的维度数，则 $M_{(k)}$ 按地区分解列示如下：

$$M_{(k)} = \sum_{p=1}^{\gamma} \frac{n(X_p)}{n} \cdot M_{(k)}(X_p, z) \tag{4.6}$$

其中，$M_{(k)}(X_p, z)$ 表示地区第 p 组个体中的多维贫困指数，$\dfrac{n(X_p)}{n}$ 表示第 p 组个体数占总体数的比重。

（2）将多维贫困指数按指标维度分解。定义 β_j 为维度的多维贫困贡献率，$c_j(k)$ 表示贫困个体在 j 维度加权的贫困维度数。比如当考察三维贫困时，我们识别出发生三维贫困的劳动者后，再考察这些贫困者在各维度的贫困状况，即需要计算其在维度 j 处的贫困者的贫困维度数和。因此，我们需要的按指标分解的多维贫困指数 $M_{(k)}$ 可表示为：

$$M_{(k)} = H_{(k)} \times A_{(k)} = \frac{\sum_{i=1}^{n} c_i(k)}{nm} = \frac{\sum_{i=1}^{n} \sum_{j=1}^{m} \omega_j g_{ij}}{nm} = \sum_{j=1}^{m} \frac{\sum_{i=1}^{n} \omega_j g_{ij}}{nm} = \sum_{j=1}^{m} \frac{c_j(k)}{nm} \tag{4.7}$$

其中，$\dfrac{c_j(k)}{nm} = \dfrac{\sum_{i=1}^{n} \omega_i g_{ij}}{nm}$ 为维度 j 的贫困指数。进而得到第 j 维度在多维贫困中的贡献率 β_j：

$$\beta_j = \frac{\dfrac{\sum_{i=1}^{n} \omega_i g_{ij}}{nm}}{M_{(k)}} = \frac{\dfrac{\sum_{i=1}^{n} \omega_i g_{ij}}{nm}}{\dfrac{\sum_{i=1}^{n} c_i(k)}{nm}} = \frac{\sum_{i=1}^{n} \omega_i g_{ij}}{\sum_{i=1}^{n} c_i(k)} \tag{4.8}$$

通过多维贫困各维度在总贫困指数中的贡献率，不仅可得出不同指标对于贫困的影响程度，还能为区域贫困识别的指标维度差异化设定提供重要参考。

第二节　多维贫困分析方法应用于农村低保对象识别的可行性

一、可行性分析

机制的设计是针对现实状况的问题。在我国农村最低生活保障制度的实施过程中，识别农村低保的保障对象是一个关键环节，科学合理的对象识别机制是农村低保制度建立和完善的基础。

通常，也有根据一定方法计算出农村最低生活保障线（农村低保线），根据划线标准来选择可以享受低保政策的对象，这样的方法虽然简便易行，但也存在严重的弊端。本书在前期的实地走访中就观察到一部分收入在农村低保线之上，但却因家庭主要成员患重大疾病，遭受重大自然灾害等原因使整个家庭陷入贫困的状态。有些地方，除了以农村低保线为选择标准外，还考虑了其他一些重大因素，附加了若干情况的说明，以弥补单纯地以农村低保线为标准进行选择的不足。

本书前期的走访调研使笔者了解到，农村贫困问题突出在农户的微观层面，贫困的多样性使得当前用收入这个单一标准来衡量贫困已不能很好地反映出农户的生活状况。而作为农民最后一道防线的农村最低生活保障制度，如果不能及时适应我国农村贫困问题的新变化，则制度实施的效果就会大打折扣。

新时期农村最低生活保障制度理应朝着这样的方向转变，而这一核心理念正好与当下基于能力贫困理论发展起来的多维贫困研究的理念相契合。在精准扶贫的目标下，相对于收入贫困测度，多维贫困测度更能破除信息不对称所导致的识别偏差。本书正是从现有的多维贫困研究成果中得到启示，尝试以其现有的分析方法为基础，进行适当的调整与修改，使其能更针对性地运用到农村低保对象识别这一现实问题上来。

随着能力贫困理论的发展，以及我国农村贫困状况的变化，对于农村贫困问题的关注也更加转向农户生计水平的微观层面，为了更加准确地识别能够享受农村最低生活保障的目标对象，进一步提高识别的准确率，本部分拟从多维贫困分析的角度，在已有的多维贫困分析的基础上，通过构建更适合用于农村低保对象识别的指标体系，对农户的贫困程度进行量化分析，以试图达到对识别对象的准确关注。

二、应用多维贫困分析方法识别农村低保对象需做的调整

现有文献中尚无将多维贫困测量方法应用到中国农村低保对象识别上的研究，而多维贫困研究中更为主要的目的在于以微观上的贫困识别为基础进行宏观上的贫困分析。因此，在现有的关于多维贫困研究的文献中，构造多维贫困指数以及对多维贫困指数进行分解无论在理论研究还是实证研究中都是无法绕开的。笔者以已有的多维贫困分析成果为讨论的出发点，结合实际问题的需要，在以下几个方面上进行了调整与改进，使其更好地应用到农村低保对象识别问题上来。

（一）维度和指标的选取

阿玛蒂亚·森的能力贫困的思想引起了理论界对贫困问题的新的

探讨，使得贫困由一维向多维转变，许多不同的机构组织提出了不同的评价指标。《中国农村扶贫开发纲要（2011—2020）》提出，到2020 年我国扶贫开发针对扶贫对象总体目标是："稳定实现扶贫对象不愁吃、不愁穿，保障其义务教育、基本医疗和住房"。人类发展报告（2010）发布的人类发展指数（HDI）包含 3 个维度，健康长寿、知识、体面的生活水平。人类发展报告（2010）发布的多维贫困指数（MPI）包含 3 个维度，健康、教育、生活标准（生活燃料、厕所、饮用水、电、屋内地面、财产）。科恩（Alasdair Cohen，2010）介绍了 IFAD 组织资助设计的多维贫困评估工具（MPAT）：它包含了10 个维度，分别是食物与营养安全、室内饮用水供应状况、健康与健康保险状况、清洁卫生状况、住房等生活质量、教育、农业资产、非农业资产、暴露与抵御风险的能力以及性别和社会不平等。其中，MPAT 基本涵盖了当前贫困研究的所有的维度。

此外，各专家学者在多维贫困研究中基于自己的调研与思考，在维度和指标的选取上存在一定的差异，下面将国内外各专家学者选取的不同维度和指标归总如下，见表 4-1。

表 4-1　文献阅读中不同的维度和指标

作者	维度	指标
陈立中（2008）	收入、知识、健康	人均 GDP、成人识字率、初级中级高级教育的综合毛入学率、出生时预期寿命
王小林、Alkire（2009）	生活质量、土地、健康	饮用水、厕所类型、照明、耐用品拥有状况、住房、电、土地、健康保险
邹薇、方迎风（2011）	收入、教育、生活质量	收入、教育、饮用水、厕所类型、照明、做饭燃料、耐用品拥有状况、住房
蒋翠侠、许启发、李亚琴（2011）	收入、教育、生活水平、健康	人均收入、受教育年限、饮用水、耐用资产状况、健康保险

续表

作者	维度	指标
孙秀玲、田国英（2012）	收入、消费、生活水平、教育、健康、基础设施	农民的人均收入、人均消费、住房、饮用水、受教育年限、健康状况、道路状况
郭建宇（2012）	教育、健康、生活水平	受教育年限、儿童入学率、健康状况、儿童死亡率、家庭固定资产、房屋类型、电、饮用水、厕所状况、生活燃料
张全红（2014）	教育、健康、生活水平、收入	受教育年限、健康状况、医疗保险、生活燃料、厕所、饮用水、电、房屋、财产、人均收入
汪三贵、杨龙（2015）	收入、教育、健康、饮用水、资产、生活水平	人均纯收入、劳动力平均受教育年限、病人数量、饮用水安全、饮用水便利、年末生产性固定资产原值、卫生设施、燃料、通讯

总的说来，在维度的设定上，收入、生活水平（或生活质量、生活标准）是普遍入选的维度，教育、健康也被大多数学者考虑在内，另外，一些研究中也包括了住房、土地、消费、资产、基础设施、人力资本等维度。而在指标的选取上的差异要比维度上的差异更大，这种差异大多是学者考虑的角度不同、研究的特定区域不同、数据的可获得性不同等原因造成的。

本书所要解决的具体问题是农村低保对象识别，这在很大程度上可以等同于贫困对象识别的问题，因此，借鉴现有研究成果中的维度和指标是合理的。但农村低保制度是一项具体的政策措施，其在运行过程中，必须坚持一定的宏观原则和具体原则。因此，所选取的维度和指标必须与所应用区域的农村生活现状密切相关，同时将农民关于贫困的主观认知融入其中，这样才有利于识别出最合适的农村低保对象。

（二）维度和指标的权重设定——基于层次分析法（AHP）

研究最为深入，应用最为广泛的 A-F 法中的权重是按照等权重来设置的，权重问题在目前的多维贫困研究中也是争议很多、讨论很多的一个方面。而我们将多维贫困分析应用在农村低保对象识别这一问题时，必须结合我们问题的实际。农村最低生活保障制度是一项与农民，尤其是贫困农民紧密相关的制度，至于怎样才算贫困，怎样才有资格享受这一制度带来的福利，必然需要给农民自身一定的话语权。

由于以往的多维贫困研究突出宏观上的贫困分析，如何赋权将影响到指数构造与分解的可行性与合理性。而在农村低保对象识别的问题上，本质上是对微观个体的判断分析，因此，如果我们只是随意地按等权重设置，必然会导致识别上的偏差。

农民本人、一直参加农村工作的基层民政工作人员、研究农村贫困问题的学者等，这些人对农村贫困有更切实的体验或是更深入的了解，因此，本书尝试用定性分析与定量分析相结合的群组层次分析法来进行权重的设置。

层次分析法（Analytic Hierarchy Process，AHP）是美国运筹学家萨蒂（T.L.Saaty）于 20 世纪 70 年代初期提出的一种定性与定量相结合的系统化决策方法，它将决策者的主观判断与实践经验导入模型，并进行量化处理，体现了决策中分析、判断、综合的基本特征。该方法首先将复杂问题按支配关系分层，然后两两比较每层各因素的相对重要性，最后确定各个因素的权重。

为了使决策科学化、民主化，一个复杂系统通常总是由多个决策者或决策部门参与决策的。这样在用 AHP 模型进行决策者或决策部门咨询时，对同一个准则，将获得多个判断矩阵，通过数学中的一些方法处理多人决策，以求获得一个合理的综合结果，这就是 AHP 中的决策方法。AHP 的基本方法与步骤如下。

1. 建立系统的递阶层次结构模型

首先要把问题条理化、复杂化，构造出一个层次分析的结构模型。在这个结构模型下，复杂问题被分解为人们称之为元素的组成部分。这些元素又按其属性分成若干组，形成不同层次。同一层次的元素作为准则对下一层次的某些元素起支配作用，同时它又受上一层次元素的支配。上述各层次之间的支配关系不一定是完全的，即可以存在这样的元素，它并不支配下一层的所有元素而仅支配其中部分元素。一个典型的层次结构表见图 4-1。

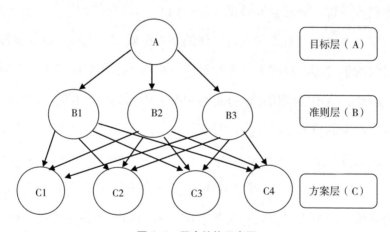

图 4-1　层次结构示意图

2. 构造两两比较判断矩阵

在建立递阶层次结构模型以后，上下层次之间元素的隶属关系就被确定了。假定以上一层元素 C 为因素，所支配的下一层元素为 u_1，$u_2, \cdots, u_n$，针对因素 C，判断两个元素 u_i 和 u_j 哪一个更重要，重要多少，并按1—9比例标度对重要性程度赋值。表4-2列出了1—9标度的含义。

表 4-2　1—9 标度的含义

标　度	含　义
1	表示两个元素相比，具有同样重要性
3	表示两个元素相比，前者比后者稍重要
5	表示两个元素相比，前者比后者明显重要
7	表示两个元素相比，前者比后者强烈重要
9	表示两个元素相比，前者比后者极端重要
2，4，6，8	表示上述相邻判断的中间值
倒数	若元素 i 与元素 j 的重要性之比为 a_{ij}，那么元素 j 与元素 i 重要性之比为 $a_{ji} = 1/a_{ij}$

这样，n 个被比较元素构成了一个两两比较判断矩阵：

$$A = (a_{ij})_{n \times n} \tag{4.9}$$

其中，a_{ij} 就是元素 u_i 与 u_j 相对于 C 的重要性的比例标度。

显然判断矩阵具有下述性质：

$$a_{ij} > 0 \quad a_{ji} = 1/a_{ij} \quad a_{ii} = 1 \tag{4.10}$$

3. 计算被比较元素对于该因素的相对权重

对于判断矩阵 A 来说，首先要计算满足 $AW = \lambda_{max}W$ 的特征根与特征向量，式中 λ_{max} 为 A 的最大特征根，W 为对应于 λ_{max} 的单位特征向量，W 的分向量就是被比较元素对于该因素的相对权重。然后将 W 归一化，就可以得出同一层次某个因素对于上一层某个因素相对重要性的权重。

4. 进行一致性检验

由于客观事物复杂多变，人们对事物的认识往往具有片面性，要达到完全一致是非常困难的。因此在对一个判断矩阵进行单层排序后需要对判断矩阵进行一致性检验，其步骤如下。

（1）计算一致性指标 CI

$$CI = \frac{\lambda_{max} - n}{n - 1} \tag{4.11}$$

当 $\lambda_{max} = n$，$CI = 0$ 时，CI 为完全一致，CI 值越大，判断矩阵的一致性越差。一般只要 $CI \leqslant 0.1$，判断矩阵的一致性就可以接受，否则需要重新进行两两比较判断。

（2）判断矩阵的维数 n 越大，判断的一致性将越差，故应放宽对高危判断矩阵的一致性要求，引入特征值 RI，查找相应的平均随机一致性指标 RI，对应 $n = 1$，2，…，9，萨蒂给出了 RI 的值，如表 4-3 所示。

表 4-3 平均随机一致性指标 RI

矩阵阶数 n	1	2	3	4	5	6	7	8	9
RI	0	0	0.52	0.89	1.12	1.26	1.36	1.41	1.46

（3）使用更为合理的 CR 作为衡量判断矩阵的一致性指标，并计算一致性比值 CR：

$$CR = \frac{CI}{RI} \tag{4.12}$$

通常认为，当 $CR < 0.1$ 时比较矩阵 A 具有一致性，或者说其不一致程度是可以接受的；否则就需要调整矩阵 A，直到达到满意的一致性为止，然后把最大特征值对应的特征向量标准化，使各分量都大于 0 且和等于 1，这个标准化后的向量就是权向量，代表每一要素对上层指标影响的程度大小。

5. 计算各层元素的合成权重

为了得到递阶层次结构中每个层次中所有元素相对于总目标的相

对权重，需把前一步计算的结果进行适当的组合，以计算出总排序的相对权重。

设当前层次上的因素为 A_1，$\cdots$，A_n，相关的上一层因素为 C_1，$\cdots$，C_n，则对每个 C_i 根据第三步的讨论可以求出一个权向量 $w^i = (w^i_1, \cdots, w^i_n)$。如果已知上一层 m 个因素的权重分别为 a_1，$\cdots$，a_n，则当前层每个因素的组合权系数为 $\sum\limits_{i=1}^{m} a_i w^i_1$，$\sum\limits_{i=1}^{m} a_i w^i_2$，$\cdots$，$\sum\limits_{i=1}^{m} a_i w^i_n$，如此一层层自上而下地求下去，一直到最底层所有因素的权系数都求出来为止。

6. 计算识别对象总得分

笔者在应用多维贫困分析方法识别农村低保对象时，最终的目的不是构造贫困指数来分析宏观贫困现状，而是来识别作为目标对象的微观个体，因此，我们必须找到一种可以使众多目标对象直观地进行贫困程度比较的方法。

笔者按照现有多维贫困测量方法——AF 方法，对微观个体进行指标和维度的识别后，按照群组层次分析法得到的权重，将每一指标的贫困得分进行累加，即可得到微观个体的多维贫困总值。这样，便可根据待识别对象的总值排序来进行农村低保对象的筛选。

例如，第 j 个维度上有 s 个具体的评价指标，a_1 到 a_s 是已确定的 s 个指标在 j 维度上的权重，g_{js} 是待识别个体在 j 维度第 s 个指标上的得分。那么，第 i 个待识别个体在第 j 维度的得分 b_{ij} 可表示如下：

$$b_{ij} = (a_1\ a_2 \cdots a_s) \begin{pmatrix} g_{j1} \\ \vdots \\ g_{js} \end{pmatrix} \tag{4.13}$$

若总共有 d 个维度，每个维度的权重依次为 w_1，w_2，$\cdots$，w_d，则第 i 个待识别个体的最后得分可表示如下：

$$Score_i = (w_1, w_2, \cdots, w_d)\begin{pmatrix} b_{i1} \\ \vdots \\ b_{id} \end{pmatrix} \tag{4.14}$$

第三节　关于提高农村低保对象识别
效率的一种方法尝试

一、基于多维贫困分析的农村低保对象识别方法设计

（一）维度和指标的选取以及阈值的设定

1. 维度和指标的选取

现有的关于我国多维贫困的研究中，维度和指标的选取是研究的一个重点，但国内的学者并没有达成统一的意见。虽然各学者在构建指标体系的思路与方向上大致相同，但考虑到具体数据的可获得性、具体调研区域的实际情况等因素，不同学者构建的指标体系仍存在一定差异。而我们将多维贫困分析应用到农村低保对象识别上来，更需要结合农村最低生活保障制度的宗旨，各地区的贫困差异等多方面的因素构建更适合于解决农村低保对象识别问题的指标体系。

对于维度和指标设定这一问题，本书在调研期间，广泛收集农民、基层民政工作者的意见，同时参考国内外研究学者常用的识别指标并结合实际问题的需要，选取收入与支出、教育、健康和生活水平4 个维度，包含人均收入、人均收入支出比、家庭成员受教育水平、家庭教育年支出占比、医疗保险、家庭成员健康状况、燃料清洁度、

饮用水清洁度与方便度、房屋年限及所有权和家用电器及陈设 10 个
指标（如表 4-4 所示）。

表 4-4　维度与指标

维度代码	维度	指标代码	指　标
C1	收入与支出	P1	人均收入
		P2	人均收入支出比
C2	教　育	P3	家庭成员受教育水平
		P4	家庭教育年支出占比
C3	健　康	P5	医疗保险
		P6	家庭成员健康状况
C4	生活水平	P7	燃料清洁度
		P8	饮用水清洁度与方便度
		P9	房屋年限及所有权
		P10	家用电器及陈设

2. 阈值的设定

收入与支出维度的指标包含家庭人均年收入和人均收入支出比，
皆为衡量调查农户是否陷入经济贫困的定量指标。根据 2016 年我国
农村最低生活保障标准 3744 元·人/年，本书将家庭人均年收入小于
3744 元的情况赋值为 1，将人均收支比小于 1 即入不敷出的家庭赋值
为 1，意为其可作为低保帮扶对象。

教育维度包含家庭成员受教育水平和家庭教育年支出占比。该维
度强调的是家庭成员受教育程度和儿童享受九年义务教育的权利。因
此，将每个家庭中劳动力最高受教育水平为小学或低于小学水平，或
家庭有 6—15 岁儿童未能接受九年制义务教育皆定义为教育贫困。因
教致贫已成为我国社会存在的普遍问题，曾有调查显示，中国家庭教

育花费接近家庭总收入的 1/3，农村家庭每年用在子女身上的教育花费连续两年增长率超过 20%，在城乡贫困人群中，有 40%—50% 的人提到"家里穷是因为有孩子要读书"，也就是说近半数贫困家庭的致贫原因是教育投入。[①] 本书将家庭教育年支出占家庭年总支出大于 1/3 的情况赋值为 1，即为教育贫困。

健康维度包含医疗保险和家庭成员健康状况，衡量的是调查农户是否会因病致贫。家庭主要劳动力的健康状况与家庭生存能力息息相关，同时其余家庭成员如患有重大疾病或长期慢性疾病同样会给家庭带来巨大经济压力。拥有医疗保险是为农村居民及时就医，减轻经济负担避免因病致贫和因病返贫的重要保障。因此，本书将家庭成员患有重大疾病或慢性疾病者，且未有参加任何医疗保险者定义为农村最低生活保障对象，其中任何一种情况发生都赋值为 1。

生活水平维度包含燃料清洁度、饮用水清洁度与方便度、房屋年限及所有权和家用电器及陈设。燃料清洁度主要是指做饭燃料所用的能源，主要有柴草、电、灌装煤气/液化气、煤炭、太阳能/沼气、天然气/管道煤气及其他燃料。燃料使用的清洁度不仅能有效保护环境，还能侧面反映家庭生活水平。因此，本书将生活燃料仅能使用柴草的家庭定义为贫困，赋值为 1。饮用水清洁度与方便度是衡量家庭饮用水安全和自来水普及率的重要指标，与农村居民生活质量和生命安全密切相关。主要的饮用水水源有桶装水/纯净水/过滤水、自来水、井水、池塘水/山泉水、江河湖水、窖水及其他水资源，为考虑农村居民饮用水水源是否安全，获取是否便利，本书将不能使用自来水、井

① 文宏、谭学兰：《农村家庭"因教致贫"现象解读与政策建议——基于脆弱性理论视角》，《西北农林科技大学学报（社会科学版）》2015 年第 2 期。

水、桶装水、纯净水、过滤水等水资源的家庭定义为农村最低生活保障对象，赋值为1。房屋年限及所有权即为住房指标，是"两不愁、三保障"中的重要内容。如何有效解决贫困人口住房难问题一直是我国农村社会保障政策关注的焦点。综合考虑，本书将家中无房产或对房产拥有产权但是房产年限已超过50年定义为贫困，赋值为1。家用电器及陈设在一定程度上反映的是家庭生活条件和家庭运用现代网络信息技术的能力，结合调查数据显示，家庭电器及陈设从"极差"至"极好"分为7个档次，本书将程度为"2"及以下的家庭赋值为1，纳入农村最低生活保障对象识别范围。

表4-5　指标的阈值

指标	0	1
P1	家庭人均年收入大于或等于3744元	家庭人均年收入小于3744元
P2	人均收入支出比大于或等于1	人均收入支出比小于1
P3	家庭劳动力最高受教育水平初中或以上且有未能接受九年义务教育的儿童	家中有未能接受九年义务教育的儿童，或家庭劳动力最高受教育水平小学及以下
P4	家庭教育年支出占总支出小于或等于1/3	家庭教育年支出占总支出大于1/3
P5	家庭成员都有医疗保险	家庭成员中有未参加任何医疗保险
P6	基本健康	有重病患者或慢性病患者
P7	比较清洁的能源	不够清洁的能源
P8	使用自来水、井水、桶装水、纯净水、过滤水等	不能使用自来水、井水、桶装水、纯净水、过滤水等
P9	家中有房产且房产年限50年以内	家中无房产或房产年限50年以上
P10	程度为"3"及以上	程度为"2"及以下

（二）基于层次分析法设定的维度和指标的权重

为了使多维贫困分析更具体地应用到笔者所研究的问题上来，本书尝试运用定性与定量结合的一种分析方法——层次分析法（AHP）中群组决策方法来对各维度和指标进行赋权。

1. 系统的递阶层次结构模型的建立

根据已选定的维度和指标，画出如下递阶层次结构模型，以此建立多维贫困分析的递阶层次结构模型，如图 4-2 所示。

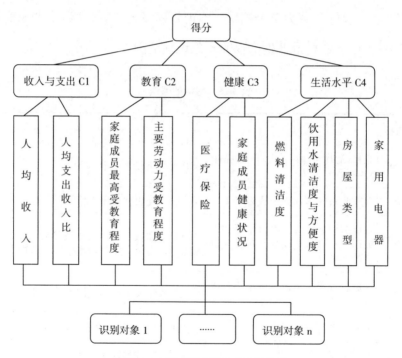

图 4-2　多维贫困分析层次结构模型

2. 构造判断矩阵并检验其一致性

由村民代表、村干部、基层民政工作者等组成的小组，对各个维度和指标进行重要程度打分，得到判断矩阵。判断矩阵及计算结果如表 4-6 至表 4-10 所示。

表4-6　维度权重测量

A	C1	C2	C3	C4	W	一致性检验 CR = 0.03
C1	1	2	1/2	1/2	0.24	
C2	1/2	1	1/3	1/3	0.1	
C3	2	3	1	1	0.33	
C4	2	3	1	1	0.33	

表4-7　C1维度各指标权重

C1	P1	P2	W	一致性检验 CR = 0
P1	1	1/2	0.33	
P2	2	1	0.67	

表4-8　C2维度各指标权重

C2	P3	P4	W	一致性检验 CR = 0
P3	1	1	0.5	
P4	1	1	0.5	

表4-9　C3维度各指标权重

C3	P5	P6	W	一致性检验 CR = 0
P5	1	0.2	0.83	
P6	5	1	0.17	

表4-10　C4维度各指标权重

C4	P7	P8	P9	P10	W	一致性检验 CR = 0
P7	1	1/3	1/3	1/3	0.1	
P8	3	1	1	1	0.3	
P9	3	1	1	1	0.3	
P10	3	1	1	1	0.3	

利用表 4-6 至表 4-10 的计算结果，结合前文所述层次分析法权重的计算方法，可以进一步计算出合成权重，并绘制出合成权重图，如图 4-3 所示。

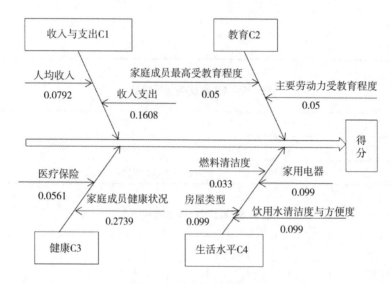

图 4-3　维度和指标合成权重图

二、基于多维贫困分析的农村低保对象识别方法的运用

根据前文所述，本书选取多维贫困测量中的 A-F 法，并根据农村低保对象识别所需对该方法在指标和维度选择、阈值的设定、权重的赋值上进行了一定的调整。选取的数据来自中国家庭追踪调查（Chinese Family Panel Studies，CFPS），该调查由北京大学中国社会科学调查中心实施，旨在通过跟踪搜集个体、家庭、社区三个层次的数据，反映中国社会、经济、人口、教育和健康的变迁。该调查于 2008 年和 2009 年针对北京、上海、广东三地的测试调查起，分别于 2010 年、2012 年、2014 年和 2016 年展开了四期全国调查。CFPS 样本覆盖 25 个省、市、自治区，目标样本规模达 1600 户。因本书研究

内容是农村最低生活保障对象识别，本书以农村家庭户为单位，选取最新的 2016 年调查数据，以家庭样本代码为依据对农村家庭信息进行匹配汇总，删除框架内的指标出现"空白""不知道"等答案的问卷，在基本满足农村对象识别分析框架需求和数据质量的要求下，整理出东部、中部、西部共 21 个省（市）5633 个样本数据。[①] 但鉴于北京市、青海省、天津市分别只有 1 个、3 个、24 个样本数据，数据量较少且影响结果的客观性，予以删除。最终得到 5605 个有效样本作为实证分析的微观对象，并对其进行计量统计分析。实证结果分析如下：

（一）贫困地区精准识别

1. 我国多维贫困识别总体情况分析

本书用多维贫困发生率、多维贫困剥夺份额和多维贫困指数表示样本农户多维贫困发生广度、多维贫困深度和多维贫困程度。表4-11 通过对 k 的不同取值，得出不同剥夺临界值下我国多维贫困总体情况。由表中数据可知，A-F 法中多维贫困发生率、多维贫困剥夺份额和多维贫困指数的高低，即农户贫困与否的判断与剥夺临界值 k 的取值有必然联系。多维贫困剥夺份额与 k 取值成正比例关系，表明 k 值越大，贫困强度越大。而多维贫困发生率和多维贫困指数则与 k 取值成反比例关系，随着 k 值的增大有明显的下降趋势，并且在 $k = 8$ 时，多维贫困发生率和多维贫困指数已趋近于 0，贫困剥夺份额达到最大值，说明极少数的农村家庭同时存在 8 个维度的贫困现象，该情况下贫困范围最小、强度最大。而当 $k \geqslant 9$ 时，多维贫困

---

① 东部包含北京、福建、广东、河北、江苏、山东、上海、天津、浙江；中部包含安徽、河南、湖北、湖南、江西、山西；西部包含广西、贵州、青海、四川、云南和重庆。

发生率和多维贫困指数皆为0，说明我国农村基本不存在同时被剥夺9个指标以上的贫困户。但当 $k=1$ 时，具有一个或一个以上指标贫困的家庭占总样本数的88%，该维度下的我国农村贫困发生率较高。

农村最低生活保障制度目标主要是保障居民基本生活需求，家庭人均纯收入低于农村最低保障线的家庭即可纳为低保户，而农村低保标准是只采用收入维度的标准。但在制度执行过程中，各地政府会根据当地的基本情况拟定其他维度如家庭财产情况、医疗费用支出、家庭教育支出等。多维贫困发生率与农村低保覆盖率都是衡量贫困广度的变量。2016年我国农村人口总数为58973万人，农村最低生活保障人数4586.5万人，农村低保覆盖率为7.77%。[1] 从根据剥夺份额 k 的取值情况所得的多维贫困发生率中可看出，当 k 的取值为3、4、5、6时，多维贫困发生率分别为39.93%、20.29%、8.29%、2.47%，变化幅度较大。2016年农村低保覆盖率与 k 取值为5时多维贫困发生率较为接近；对于 k 取值为3或4个维度的贫困家庭来说，贫困发生率大大高于目前我国农村低保覆盖率；而对于 k 取值为6个维度的特别贫困家庭的贫困发生率来说，农村低保制度已实现"应保尽保"。因此，各地政府可根据当地基本情况对农村低保申请的最低条件进行设置，从而精准识别符合条件的家庭数量，考核本地农村低保制度覆盖情况。

---

[1]　资料来源：来自中华人民共和国国家统计局官方网站：http://data.stats.gov.cn/。

表 4-11　我国多维贫困指数

k	多维贫困发生率 $H_{(k)}$	多维贫困剥夺份额 $A_{(k)}$	多维贫困指数 $M_{(k)}$
1	0.87999290	0.02228132	0.01960740
2	0.65276052	0.02724475	0.01778430
3	0.39925439	0.03426470	0.01368033
4	0.20291141	0.04219761	0.00856238
5	0.08290431	0.05131259	0.00425404
6	0.02467602	0.06046108	0.00149194
7	0.00497071	0.06686714	0.00033238
8	0.00035505	0.08479500	0.00003011
9	0	—	0
10	0	—	0

2. 分地区多维贫困识别情况分析

对样本数据进行 MPI 多维贫困指数的区域分解结果如表 4-12 所示。从多维贫困发生率 $H_{(k)}$ 来看，东部地区较低，中西部地区较高。《中国农村扶贫开发纲要（2011—2020 年）》公布的 14 个连片特困地区，[①] 包含 21 个省 680 个县，跨越整个中部和西部地区所有省份，中西部地区需农村低保保障的贫困人口众多，且散布范围极广。与现实相比，2016 年西部地区农村低保覆盖率为 11.58%，是东部地区的 2.6 倍；当 $k=5$ 时，西部地区多维贫困发生率亦是东部地区的 2.6 倍。这从侧面反映出，实证结果与现实相符，本书在以后的讨论中

---

① 14 个连片特困地区包含六盘山区、秦巴山区、武陵山区、乌蒙山区、滇桂黔石漠化区、滇西边境山区、大兴安岭南麓山区、燕山—太行山区、吕梁山区、大别山区、罗霄山区等区域的连片特困地区和已明确实施特殊政策的西藏、四川藏区、新疆南疆三地州。

将以 $k=5$ 为标准进行阐述。从多维贫困贡献率 β 水平看，结合图 4-4 可看出，西部地区多维贫困贡献率在 k 的任何取值中占了绝大比重，并随着 k 取值的增加而增长，说明西部地区多维贫困现象较为严重，存在多因素致贫的可能。从多维贫困剥夺份额 $A_{(k)}$ 来看，虽然西部地区多维贫困指数和多维贫困发生率高居全国首位，且与中西部地区相差甚远，但其贫困深度并不严重，甚至在 $k=5$ 时，西部地区多维贫困深度小于中部和东部地区，说明西部地区抓住西部大开发战略机遇，积极结合国家出台的其他区域发展政策，将农村低保制度作为重点项目推进，结合相关扶贫计划改善贫困地区生活水平。

表 4-12　按区域分解多维贫困指数

地区	多维贫困指数	k				
		2	3	4	5	6
东部	$H_{(k)}$	0.48587980	0.26502534	0.12671977	0.05286025	0.01520637
	$A_{(k)}$	0.02821627	0.03577770	0.04453406	0.05503452	0.06270714
	$M_{(k)}$	0.01370972	0.00948200	0.00564335	0.00290914	0.00095355
	贡献率 β	0.20871209	0.18563628	0.17465641	0.17805755	0.16698815
中部	$H_{(k)}$	0.58006873	0.33883162	0.14776632	0.05498282	0.01580756
	$A_{(k)}$	0.02855690	0.03599651	0.04455949	0.05497288	0.06463435
	$M_{(k)}$	0.01656496	0.01219676	0.00658439	0.00302256	0.00102171
	贡献率 β	0.26500379	0.25096060	0.21554814	0.19450618	0.18839682
西部	$H_{(k)}$	0.85137702	0.57027540	0.31433998	0.13627730	0.04131054
	$A_{(k)}$	0.02662407	0.03317910	0.04101062	0.04934774	0.05852448
	$M_{(k)}$	0.02266712	0.01892123	0.01289128	0.00672498	0.00241768
	贡献率 β	0.52628412	0.56340312	0.60979545	0.62743627	0.64461504

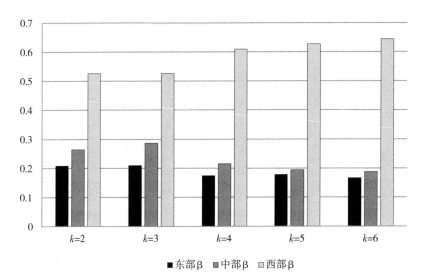

图 4-4　分区域多维贫困贡献率对比

3. 分省多维贫困识别情况分析

各省区市在不同的剥夺临界值 k 的取值下多维贫困指数 $M_{(k)}$ 和多维贫困贡献率 β 的变化情况如表 4-13 所示。

表 4-13　按省区分解多维贫困指数

省份	$M_{(k)}$ 和贡献率 β	k				
		2	3	4	5	6
安徽	$M_{(k)}$	0.02177494	0.01715627	0.00859687	0.00347301	0.00347301
	β	0.01998001	0.02000316	0.01629551	0.01343798	0.03627407
福建	$M_{(k)}$	0.01633254	0.01375045	0.00913761	0.00468030	0.00378030
	β	0.01286235	0.01347991	0.01419483	0.01449461	0.03211182
甘肃	$M_{(k)}$	0.08208576	0.08551385	0.08767114	0.09256920	0.00247972
	β	0.22672272	0.24692102	0.26544758	0.27035010	0.29644502
广东	$M_{(k)}$	0.05640482	0.06292963	0.07037511	0.08816658	0.00103768
	β	0.08208576	0.08551385	0.08767114	0.09256920	0.04728895

续表

省份	$M_{(k)}$和贡献率β	k				
		2	3	4	5	6
广西	$M_{(k)}$	0.02176270	0.01899170	0.01301730	0.00777369	0.00245248
	β	0.03256968	0.03627410	0.03955607	0.04714956	0.04312074
贵州	$M_{(k)}$	0.02934425	0.02964743	0.03067501	0.02111023	0.00378583
	β	0.05640482	0.06292963	0.07037511	0.08816658	0.10558318
河北	$M_{(k)}$	0.02641150	0.02210331	0.02183542	0.02677438	0.00101191
	β	0.04449424	0.03833713	0.03456911	0.03721883	0.04411668
河南	$M_{(k)}$	0.03424199	0.02613841	0.02291976	0.02216394	0.00087832
	β	0.11697004	0.11310824	0.08947638	0.08871117	0.07743142
湖北	$M_{(k)}$	0.02086222	0.01492032	0.00993714	0.00233190	0.00000000
	β	0.01505882	0.01372258	0.01448136	0.00753930	0.00000000
湖南	$M_{(k)}$	0.04161469	0.03807254	0.03639135	0.03341755	0.00117555
	β	0.02934425	0.02964743	0.03067501	0.02111023	0.01861958
江苏	$M_{(k)}$	0.01790872	0.01915514	0.02113381	0.02553455	0.00000000
	β	0.00724220	0.00535106	0.00478590	0.00384610	0.00000000
江西	$M_{(k)}$	0.01571551	0.01016545	0.00628679	0.00389641	0.00074865
	β	0.02641150	0.02210331	0.02183542	0.02677438	0.01587091
辽宁	$M_{(k)}$	0.01308684	0.00870066	0.00455952	0.00149500	0.00043988
	β	0.06934656	0.05978408	0.05028072	0.03360075	0.02898239
山东	$M_{(k)}$	0.01020842	0.00598347	0.00325880	0.00156896	0.00103650
	β	0.03424199	0.02613841	0.02291976	0.02216394	0.04107055
山西	$M_{(k)}$	0.01365276	0.00971340	0.00515926	0.00253423	0.00098558
	β	0.04445960	0.04085162	0.03487555	0.03440449	0.03856344
陕西	$M_{(k)}$	0.02303557	0.01962762	0.01326664	0.00495320	0.00038689
	β	0.02999229	0.03259833	0.03505883	0.02662624	0.00759042
四川	$M_{(k)}$	0.02360202	0.01975436	0.01428162	0.00738929	0.00287068
	β	0.08463420	0.09150220	0.10543388	0.10964388	0.12186930
云南	$M_{(k)}$	0.01987330	0.01408210	0.00841400	0.00383515	0.00119810
	β	0.04161469	0.03807254	0.03639135	0.03341755	0.03048642

续表

省份	$M_{(k)}$ 和贡献率 β	k				
		2	3	4	5	6
浙江	$M_{(k)}$	0.00689964	0.00276819	0.00176723	0.00052892	0.00000000
	β	0.00765556	0.00450628	0.00454270	0.00324058	0.00000000
重庆	$M_{(k)}$	0.02539397	0.02156540	0.01503016	0.00917667	0.00168095
	β	0.01790872	0.01915514	0.02113381	0.02553455	0.01457512

通过分析得出以下结论：一是甘肃为样本省份中贫困现象最为严重的省份，对农村低保福利制度需求程度最高，而江苏和浙江两省则贫困程度最低。甘肃省多维贫困指数和多维贫困贡献率在 k 取任何值时皆为 20 个省份中最大，而在 $k=2$ 时，江苏省贫困贡献率最低，浙江省多维贫困指数最低，江苏省其次；当 $k \geqslant 3$ 时，浙江省的多维贫困指数和多维贫困贡献率皆为最低，江苏省其次。多维贫困贡献率最大和最小的前三个省份分别是浙江、江苏、湖北，以及甘肃、四川、广东，说明多维贫困的省份排序与经济发展程度并不呈正相关关系。二是当 $k=6$ 时，浙江、江苏和湖北三省多维贫困指数和多维贫困贡献率为 0，说明上述三省在随机抽样中的样本并无 6 个及以上指标被剥夺的极端贫困现象发生。可能出现的原因一方面是湖北省符合条件的样本量较其他省份较少，样本量中不含 6 个剥夺指标的家庭；另一方面，湖北农村贫困以暂时贫困为主，[①] 以恩施为代表的七项"到户到人"[②] 等创新精准扶贫机制在全省推广后获到显著改善。

---

① 汪为、吴海涛、彭继权：《农村家庭多维贫困动态性及其影响因素研究——基于湖北数据的分析》，《中南财经政法大学学报》2018 年第 1 期。
② 七项"到户到人"制度包括"精准识别到户到人""分类动态管理到户到人""结对帮扶到户到人""产业扶持到户到人""搬迁改造到户到人""教育与就业培训到户到人"和"供养救助到户到人"。

　　综上所述，结合本书所讨论的农村低保对象的识别问题，国家对于省区间农村低保制度所需覆盖面可根据多维贫困指数和多维贫困贡献率等指标进行衡量；省级政府亦可拟定不同农村低保认定指标对本省下设的各市县级单位进行贫困排序，并据此对农村低保名额进行科学合理地分配，以求实现"应保尽保"。

（二）多维贫困维度精准识别

1. 我国多维贫困维度分解识别情况

　　在不同的剥夺临界值下，各指标对于我国多维贫困的贡献率水平，如表4-14所示。结合图4-5和图4-6可直观看出，不同k值下，各维度贡献率变化不大。收入和支出维度仍是贫困贡献率最大的指标，综合占比超1/3。其中人均收支比在$k=4$和$k=6$时，为多维贫困贡献率最大的指标，说明目前我国农村低保对象的识别很大程度上要继续关注农村居民收入与支出情况。此外健康和生活水平在k的不同取值上有所波动，当$k=6$时，生活水平的多维贫困贡献率超过了健康，说明生活条件限制了6个及以上多维指标贫困人群的发展。而健康指标中的医疗保险为各项中贡献率最低的指标，侧面反映我国医疗保险制度受益面较广、实施效果较好。但相对的是健康状况指标，对多维贫困贡献率较高，占比超1/5，可理解为部分家庭因家庭成员健康状况不佳以及各种慢性疾病带来的昂贵医疗费用而承受巨大的经济压力，结合人均收支比指标的贡献率也在20%以上，说明医疗支出已成为家庭支出的主要负担，同时导致"因病致贫"的社会现象。此外，教育成为多维贫困贡献率最低指标，反映出我国义务教育普及良好，多数家庭成员都能达到基本的教育水平。其中，当$k=5$时，家庭成员受教育水平的多维贫困贡献率为9.12%，位列第五，说明农村家庭成员学历水平有待提高。相比之下，教育支出占比的多维贫困贡献率仅为3.4%，目前大部分农村家庭对于教育支出处于力所能及的状态，少数家庭对于教育的投入较大。

因此，在精准扶贫的大背景下，需要根据所关注的目标制定相应的减贫政策。农村最低生活保障制度作为精准扶贫重要手段，也并非只对绝对贫困进行帮扶。如果我们更看重个体的生活质量，在保障对象的识别过程中，在对于收入和支出可量化的指标衡量之余，也应考虑其他致贫因素的影响。

表4-14　我国多维贫困各指标贡献率

k	$M_{(k)}$ 和 β	人均收入	支出比	教育水平	教育支出	医疗保险	健康状况	做饭燃料	做饭用水	住房建造	家用电器
3	$M_{(k)}$	0.00169	0.00305	0.00167	0.00051	0.00020	0.00328	0.00093	0.00068	0.00051	0.00116
	β	0.12333	0.22285	0.12237	0.03711	0.01478	0.23992	0.06787	0.04972	0.03738	0.08466
4	$M_{(k)}$	0.00116	0.00203	0.00091	0.00030	0.00013	0.00198	0.00053	0.00044	0.00031	0.00077
	β	0.13531	0.23671	0.10678	0.03473	0.01477	0.23170	0.06206	0.05173	0.03613	0.09011
5	$M_{(k)}$	0.00056	0.00101	0.00039	0.00014	0.00008	0.00102	0.00023	0.00025	0.00016	0.00041
	β	0.13220	0.23822	0.09118	0.03401	0.01803	0.23889	0.05453	0.05825	0.03718	0.09750
6	$M_{(k)}$	0.00019	0.00035	0.00012	0.00005	0.00003	0.00035	0.00008	0.00011	0.00006	0.00016
	β	0.12534	0.23534	0.07972	0.03213	0.02069	0.23466	0.05065	0.07421	0.03887	0.10838

2. 分地区多维贫困维度分解识别情况

从我国不同地区来考察多维贫困维度的分解识别情况，表4-15、表4-16和表4-17分别表示不同剥夺临界值下多维贫困指标的贡献率，结合图4-7可看出各指标对于东部、中部和西部地区多维贫困的贡献率水平。以 $k=5$ 为例，农村家庭成员的健康状况是导致中、东部地区农村家庭贫困的最大影响因素，医疗保险对于多维贫困贡献

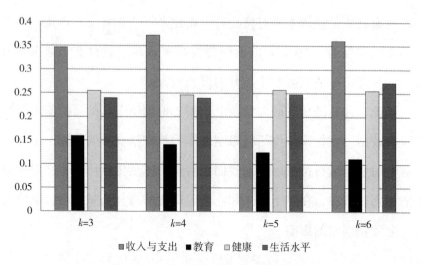

图 4-5　不同 k 值下多维贫困各指标贡献率

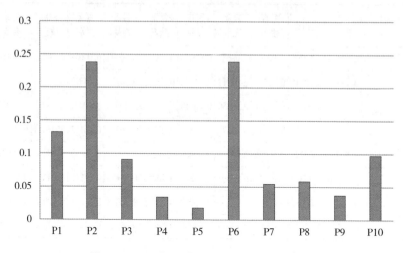

图 4-6　$k=5$ 时不同指标对我国多维贫困贡献率

率最低，与全国基本情况相同。更加强调了各地区在进行农村低保对象识别过程中应更加关注患有重大疾病和慢性疾病的家庭。值得一提的是东部地区的房屋年限和所有权指标的贡献率远高于其他两个地区和全国的平均水平，结合目前发达省份房屋老旧和房价不断上涨等现象，较多东部农村居民难以实现拥有安全住房的基本生活条件。

西部地区的家庭成员健康状况和医疗保险指标贫困贡献率与中西部大致相同，不同的是人均收支比是西部地区多维贫困贡献率最大的指标，说明在资源匮乏、人均收入水平不高的西部地区，各类开支给人民生活带来较大压力，入不敷出的现象时有发生。此外，与其他两个地区相比，西部地区的做饭用水指标贫困贡献率较大，在 $k=5$ 时高达 8.32%，是东部地区的 4 倍有余。西部地区的地理位置和气候特点导致了居民陷入"用水贵如油"的窘境，水资源缺乏或饮用水清洁度不高导致了农民生活艰难、生产落后、健康隐患等一系列问题，加大了贫困率。

综上所述，各地区致贫特点因社会发展、地理位置等有所差异，不同地区在农村低保实施过程中，需考虑因收入以外因素致贫的隐形贫困人群。

表 4-15　东部地区多维贫困指标贡献率

k	$M_{(k)}$ 和 β	人均收入	支出比	教育水平	教育支出	医疗保险	健康状况	做饭燃料	做饭用水	住房建造	家用电器
2	$M_{(k)}$	0.00149	0.00282	0.00151	0.00050	0.00036	0.00383	0.00070	0.00039	0.00094	0.00117
	β	0.10876	0.20553	0.10986	0.03671	0.02637	0.27921	0.05107	0.02876	0.06850	0.08523
3	$M_{(k)}$	0.00118	0.00211	0.00100	0.00029	0.00022	0.00232	0.00046	0.00029	0.00067	0.00095
	β	0.12399	0.22226	0.10539	0.03093	0.02271	0.24473	0.04813	0.03024	0.07107	0.10055
4	$M_{(k)}$	0.00076	0.00133	0.00053	0.00015	0.00011	0.00135	0.00025	0.00014	0.00040	0.00062
	β	0.13414	0.23521	0.09431	0.02695	0.02016	0.23898	0.04446	0.02541	0.07114	0.10925
5	$M_{(k)}$	0.00035	0.00065	0.00024	0.00007	0.00005	0.00081	0.00012	0.00006	0.00022	0.00034
	β	0.12025	0.22414	0.08090	0.02240	0.01815	0.27952	0.04025	0.01971	0.07639	0.11828
6	$M_{(k)}$	0.00011	0.00022	0.00007	0.00002	0.00002	0.00024	0.00004	0.00002	0.00009	0.00012
	β	0.12029	0.23201	0.07214	0.01898	0.02130	0.24960	0.04511	0.02255	0.09022	0.12780

表 4-16　中部地区多维贫困指标贡献率

k	$M_{(k)}$ 和 β	人均收入	支出比	教育水平	教育支出	医疗保险	健康状况	做饭燃料	做饭用水	住房建造	家用电器
2	$M_{(k)}$	0.00181	0.00358	0.00168	0.00068	0.00017	0.00488	0.00103	0.00048	0.00073	0.00153
	β	0.10942	0.21616	0.10124	0.04087	0.01001	0.29433	0.06243	0.02875	0.04436	0.09242
3	$M_{(k)}$	0.00142	0.00270	0.00113	0.00046	0.00012	0.00365	0.00071	0.00034	0.00050	0.00117
	β	0.11604	0.22109	0.09241	0.03804	0.00948	0.29942	0.05839	0.02789	0.04128	0.09595
4	$M_{(k)}$	0.00081	0.00149	0.00059	0.00020	0.00005	0.00190	0.00038	0.00020	0.00031	0.00065
	β	0.12235	0.22659	0.08977	0.03079	0.00820	0.28876	0.05787	0.03100	0.04650	0.09817
5	$M_{(k)}$	0.00038	0.00067	0.00022	0.00011	0.00002	0.00094	0.00016	0.00010	0.00012	0.00031
	β	0.12606	0.22304	0.07276	0.03524	0.00638	0.31140	0.05178	0.03152	0.03827	0.10355
6	$M_{(k)}$	0.00013	0.00023	0.00007	0.00003	0.00001	0.00032	0.00005	0.00003	0.00005	0.00010
	β	0.12254	0.22715	0.06727	0.03363	0.00755	0.31322	0.04884	0.03330	0.04662	0.09989

表 4-17　西部地区多维贫困指标贡献率

k	$M_{(k)}$ 和 β	人均收入	支出比	教育水平	教育支出	医疗保险	健康状况	做饭燃料	做饭用水	住房建造	家用电器
2	$M_{(k)}$	0.00253	0.00439	0.00421	0.00084	0.00025	0.00489	0.00192	0.00151	0.00049	0.00162
	β	0.11182	0.19369	0.18581	0.03697	0.01105	0.21574	0.08482	0.06678	0.02178	0.07155
3	$M_{(k)}$	0.00238	0.00396	0.00282	0.00073	0.00022	0.00408	0.00144	0.00139	0.00040	0.00149
	β	0.12601	0.20943	0.14894	0.03852	0.01183	0.21583	0.07602	0.07354	0.02137	0.07851
4	$M_{(k)}$	0.00180	0.00296	0.00156	0.00048	0.00017	0.00273	0.00086	0.00095	0.00028	0.00110
	β	0.13944	0.22981	0.12118	0.03757	0.01302	0.21186	0.06661	0.07366	0.02151	0.08533
5	$M_{(k)}$	0.00093	0.00163	0.00068	0.00024	0.00013	0.00135	0.00039	0.00056	0.00017	0.00063
	β	0.13813	0.24297	0.10097	0.03636	0.01901	0.20113	0.05872	0.08318	0.02586	0.09367
6	$M_{(k)}$	0.00032	0.00057	0.00021	0.00009	0.00006	0.00048	0.00013	0.00026	0.00005	0.00026
	β	0.13066	0.23686	0.08543	0.03535	0.02424	0.19904	0.05315	0.10694	0.02139	0.10694

3. 分省份多维贫困维度分解识别情况

为考察各省份多维贫困发生的详细情况，表4-18直观体现了在剥夺临界值为5时，各维度指标对各省的多维贫困贡献率。结合图4-7可看出，健康状况和人均收支比对于绝大部分省市来说是其主要的致贫因素。其中，江苏省和上海市的健康状况值得关注，这两个省市的多维贫困贡献率分别为46.89%和44.41%，说明健康问题是制约该地区的农村居民生活水平提高的主要问题。此外，人均收支占比及住房状况也是江苏省和上海市农村低保对象识别的关键所在，因其经济发达、物价水平高涨，房价亦是让人望尘莫及，欲满足贫困人口的住房问题仍需政府加大保障投入。不同的是，同作为发达省份的浙江省多维贫困特点不同，其健康维度和生活水平维度各指标表现良好，并未对农村居民生活造成困扰，但教育支出多维贫困贡献率达11.39%。另一方面，部分地区如山东省、浙江省、湖北省、上海市等地水资源丰富、用水清洁度较高，得益于优越的地理条件和完善的基础设施建设，而河南省则因建设南北调配、东西互补、优势互补的

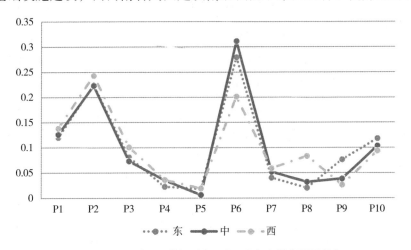

图4-7　k=5时不同指标对东、中、西部多维贫困贡献率

中原水网也不断提升全省的水资源保障能力。

综上所述，经济发展水平接近的地区致贫因素不尽相同，各地政府应真正了解本地居民需求，设定合理的农村低保申请条件。

表 4-18　各省在 $k=5$ 时多维贫困指标贡献率

省份	$M_{(k)}$ 和 β	人均收入	支出比	教育水平	教育支出	医疗保险	健康状况	做饭燃料	做饭用水	住房建造	家用电器
安徽	$M_{(k)}$	0.00038	0.00077	0.00018	0.00006	0.00000	0.00132	0.00016	0.00024	0.00000	0.00036
	β	0.10990	0.22313	0.05204	0.01735	0.00000	0.38007	0.04579	0.06869	0.00000	0.10303
福建	$M_{(k)}$	0.00059	0.00120	0.00022	0.00007	0.00008	0.00123	0.00025	0.00015	0.00044	0.00044
	β	0.12628	0.25639	0.04783	0.01594	0.01789	0.26204	0.05262	0.03157	0.09471	0.09471
甘肃	$M_{(k)}$	0.00093	0.00156	0.00064	0.00025	0.00015	0.00145	0.00037	0.00054	0.00010	0.00048
	β	0.14378	0.24202	0.09853	0.03802	0.02350	0.22525	0.05684	0.08295	0.01536	0.07374
广东	$M_{(k)}$	0.00076	0.00136	0.00060	0.00022	0.00012	0.00134	0.00026	0.00016	0.00040	0.00073
	β	0.12690	0.22819	0.10071	0.03662	0.02054	0.22569	0.04381	0.02719	0.06798	0.12236
广西	$M_{(k)}$	0.00107	0.00160	0.00085	0.00039	0.00016	0.00097	0.00049	0.00077	0.00028	0.00119
	β	0.13729	0.20538	0.10948	0.05018	0.02047	0.12494	0.06322	0.09935	0.03613	0.15355
贵州	$M_{(k)}$	0.00127	0.00231	0.00091	0.00037	0.00012	0.00179	0.00050	0.00060	0.00039	0.00077
	β	0.14095	0.25524	0.10101	0.04089	0.01349	0.19762	0.05556	0.06667	0.04286	0.08572
河北	$M_{(k)}$	0.00027	0.00051	0.00013	0.00000	0.00003	0.00094	0.00007	0.00000	0.00020	0.00031
	β	0.11075	0.20613	0.05244	0.00000	0.01308	0.38302	0.02692	0.00000	0.08076	0.12691
河南	$M_{(k)}$	0.00038	0.00058	0.00024	0.00011	0.00000	0.00095	0.00016	0.00000	0.00010	0.00038
	β	0.13250	0.19984	0.08126	0.03824	0.00000	0.32731	0.05521	0.00000	0.03313	0.13250
湖北	$M_{(k)}$	0.00025	0.00026	0.00024	0.00000	0.00009	0.00087	0.00016	0.00000	0.00016	0.00031
	β	0.10782	0.10945	0.10210	0.00000	0.03819	0.37288	0.06739	0.00000	0.06739	0.13478
湖南	$M_{(k)}$	0.00040	0.00108	0.00034	0.00017	0.00005	0.00138	0.00014	0.00008	0.00025	0.00008
	β	0.10065	0.27248	0.08473	0.04236	0.01188	0.34810	0.03495	0.02097	0.06291	0.02097

省份	$M_{(k)}$ 和 β	人均收入	支出比	教育水平	教育支出	医疗保险	健康状况	做饭燃料	做饭用水	住房建造	家用电器
江苏	$M_{(k)}$	0.00012	0.00000	0.00000	0.00000	0.00000	0.00043	0.00005	0.00015	0.00015	0.00000
	β	0.13559	0.00000	0.00000	0.00000	0.00000	0.46893	0.05650	0.16949	0.16949	0.00000
江西	$M_{(k)}$	0.00046	0.00103	0.00022	0.00013	0.00004	0.00088	0.00025	0.00025	0.00013	0.00051
	β	0.11727	0.26454	0.05758	0.03290	0.00923	0.22531	0.06515	0.06515	0.03257	0.13030
山东	$M_{(k)}$	0.00017	0.00036	0.00011	0.00000	0.00004	0.00052	0.00006	0.00000	0.00012	0.00019
	β	0.11147	0.22631	0.07037	0.00000	0.02256	0.33042	0.03981	0.00000	0.07962	0.11943
山西	$M_{(k)}$	0.00036	0.00062	0.00014	0.00010	0.00004	0.00070	0.00011	0.00022	0.00013	0.00013
	β	0.14023	0.24404	0.05691	0.03794	0.01419	0.27713	0.04174	0.08765	0.05008	0.05008
陕西	$M_{(k)}$	0.00052	0.00145	0.00053	0.00033	0.00000	0.00112	0.00035	0.00041	0.00008	0.00016
	β	0.10485	0.29271	0.10756	0.06619	0.00000	0.22663	0.07099	0.08191	0.01638	0.03277
上海	$M_{(k)}$	0.00000	0.00015	0.00005	0.00000	0.00000	0.00003	0.00003	0.00000	0.00009	0.00000
	β	0.00000	0.26074	0.08108	0.00000	0.00000	0.44414	0.05351	0.00000	0.16053	0.00000
四川	$M_{(k)}$	0.00102	0.00188	0.00075	0.00016	0.00016	0.00109	0.00044	0.00062	0.00025	0.00102
	β	0.13741	0.25419	0.10217	0.02121	0.02163	0.14785	0.05980	0.08397	0.03435	0.13741
云南	$M_{(k)}$	0.00059	0.00088	0.00040	0.00015	0.00003	0.00082	0.00026	0.00025	0.00005	0.00040
	β	0.15488	0.23060	0.10430	0.03911	0.00731	0.21425	0.06884	0.06453	0.01291	0.10326
浙江	$M_{(k)}$	0.00010	0.00019	0.00006	0.00006	0.00000	0.00000	0.00000	0.00000	0.00000	0.00012
	β	0.18041	0.36629	0.11390	0.11390	0.00000	0.00000	0.00000	0.00000	0.00000	0.22551
重庆	$M_{(k)}$	0.00075	0.00179	0.00087	0.00008	0.00009	0.00261	0.00047	0.00126	0.00047	0.00079
	β	0.08220	0.19470	0.09513	0.00865	0.00970	0.28426	0.05137	0.13699	0.05137	0.08562

（三）农村低保对象精准识别

精准识别是精准扶贫的基础和前提。为较好地发挥农村低保制度作用，首要任务即是识别出真正的贫困人群，并掌握其贫困的真实原因。而解决这一问题的核心和关键就是建立合理有效的农村低保对象

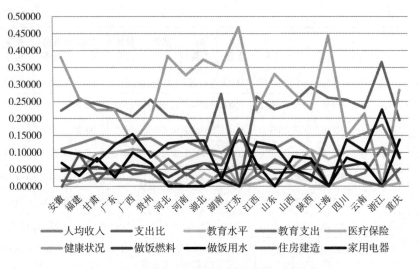

图4-8　k=5时不同维度指标对省份多维贫困贡献率

瞄准机制。由于涉及资金和资源等利益分配的问题，因此必须开展深入实地的摸底探访工作，既要科学精准识别出农村低保制度应保对象，还要体现民主原则，充分考虑群众意见，使认定结果得到普遍认可。

通过以上的分析，可以进一步将农村低保对象多维识别指标细化到家庭和个人。首先根据实证分析结果显示的各区域贫困特征的不同，在农村低保对象识别中应在指标设定时有所侧重；其次是维度指标可以结合现行的贫困识别中的打分制度，对各维度指标的差异程度进行细化并分层次进行打分，根据农户的调查信息计算各个家庭的贫困得分，对贫困得分进行排序比较，从而有效地识别出贫困农户并将其设为农村低保帮扶对象，为其提供农村最低生活保障。

首先依据前文的农户数据对贫困总体状况作出一个评估，再次由村委会或其他评估机构针对贫困家庭在每个维度指标下所属的贫困标准和层次，按相对于设置的贫困标准的偏离程度进行一个打分，维度值越偏离贫困标准则得分越高，反之则越低，同时与指标权重相乘，得出最后总分并排序，按排序分配农村低保名额，并给予贫困程度不同的家庭以不同档次的农村低保补助。

为探寻地方农村低保对象识别精确度，以赴江西省德兴市海口镇SW村的问卷调查数据为例，如收入维度下，农村低保的申请条件是共同生活的家庭成员人均收入低于区农村最低生活保障标准。各地经济发展水平和人民生活水平不同，因此农村低保标准高低不一，在阈值的确定时可根据区域特征有所差异。SW村则以2016年国家贫困线3000元（人均年收入）和江西省德兴市农村低保标准3660元·人/年为界限，在3000元以下得4分，3000—3660元得3分，3660—4500元得2分，4500元以上得1分，得出表4-19。将表4-19中各指标得分与指标权重相乘得出指标得分，指标分数相加得出最后总分，按总分从大到小的顺序对贫困家庭进行排序，得出表4-20。总分高的确定为贫困程度更深的家庭，从而完成对贫困家庭的精准识别，最终确定农村低保对象贫困等级及应补助金额。将表4-20的总得分排序与SW村调研的实际情况对照表明：计算值与实际值基本吻合，但也有个别低保户的总得分比较少的（不排除是"人情保"或"关系保"的对象吧）。由此可以判定：该多维贫困识别机制有较好的科学性和合理性，达到了精准识别农村低保对象的要求。

表 4-19　农户贫困指标得分

家庭编号	人均收入	支出比	教育水平	教育支出	医疗保险	健康状况	做饭燃料	做饭用水	住房建造	家用电器	总得分
001	1	1	3	1	0	2	1	0	0	3	12
002	2	0	1	0	0	3	2	0	0	0	8

续表

家庭编号	人均收入	支出比	教育水平	教育支出	医疗保险	健康状况	做饭燃料	做饭用水	住房建造	家用电器	总得分
004	1	1	2	3	0	1	2	0	0	3	11
005	1	1	3	0	0	2	1	0	1	2	11
006	1	2	0	3	0	0	2	0	1	3	12
010	4	4	3	0	0	4	0	1	1	1	18
013	4	4	2	0	0	3	0	0	4	3	20
015	1	1	3	0	0	3	0	0	0	1	9
021	4	4	2	3	0	4	2	0	0	2	21
029	4	1	3	3	0	3	0	0	1	2	17
037	4	1	3	2	0	4	2	0	1	3	20
040	4	2	2	0	0	0	1	1	3	3	16
043	3	3	2	1	0	0	0	0	2	2	13
049	4	3	4	0	0	4	4	1	4	3	27
057	2	3	1	1	0	4	1	0	0	2	14
062	1	2	2	0	0	2	0	1	1	1	10
077	1	3	2	4	0	0	0	0	0	1	11
091	1	1	2	1	0	0	0	0	4	2	11
097	0	0	1	3	0	1	0	0	0	0	5
102	1	3	2	3	0	4	0	0	0	1	14
…	…	…	…	…	…	…	…	…	…	…	…

表 4-20　农户贫困得分及排序

家庭编号	人均收入	支出比	教育水平	教育支出	医疗保险	健康状况	做饭燃料	做饭用水	住房建造	家用电器	总得分
049	0.3168	0.4824	0.2000	0.0000	0.0000	1.0956	0.1320	0.0990	0.3960	0.2970	3.0188
013	0.3168	0.6432	0.1000	0.0000	0.0000	0.8217	0.0000	0.0000	0.3960	0.2970	2.5747
021	0.3168	0.6432	0.1000	0.1500	0.0000	1.0956	0.0660	0.0000	0.0000	0.1980	2.5696
010	0.3168	0.6432	0.1500	0.0000	0.0000	1.0956	0.0000	0.0990	0.0990	0.0990	2.5026
037	0.3168	0.1608	0.1500	0.1000	0.0000	1.0956	0.0660	0.0000	0.0990	0.2970	2.2852
057	0.1584	0.4824	0.0500	0.0500	0.0000	1.0956	0.0330	0.0000	0.0000	0.1980	2.0674

续表

家庭编号	人均收入	支出比	教育水平	教育支出	医疗保险	健康状况	做饭燃料	做饭用水	住房建造	家用电器	总得分
102	0.0792	0.4824	0.1000	0.1500	0.0000	1.0956	0.0000	0.0000	0.0000	0.0990	2.0062
029	0.3168	0.1608	0.1500	0.1500	0.0000	0.8217	0.0000	0.0000	0.0990	0.1980	1.8963
040	0.3168	0.3216	0.1000	0.0000	0.0000	0.0000	0.0330	0.0990	0.2970	0.2970	1.4644
062	0.0792	0.3216	0.1000	0.0000	0.0000	0.5478	0.0000	0.0990	0.0990	0.0990	1.3456
001	0.0792	0.1608	0.1500	0.0500	0.0000	0.5478	0.0330	0.0000	0.0000	0.2970	1.3178
015	0.0792	0.1608	0.1500	0.0000	0.0000	0.8217	0.0000	0.0000	0.0000	0.0990	1.3107
005	0.0792	0.1608	0.1500	0.0000	0.0000	0.5478	0.0330	0.0000	0.0990	0.1980	1.2678
043	0.2376	0.4824	0.1000	0.0500	0.0000	0.0000	0.0000	0.0000	0.1980	0.1980	1.2660
004	0.0792	0.1608	0.1000	0.1500	0.0000	0.2739	0.0660	0.0000	0.0000	0.2970	1.1269
002	0.1584	0.0000	0.0500	0.0000	0.0000	0.8217	0.0660	0.0000	0.0000	0.0000	1.0961
006	0.0792	0.3216	0.0000	0.1500	0.0000	0.0000	0.0660	0.0000	0.0990	0.2970	1.0128
091	0.0792	0.1608	0.1000	0.0500	0.0000	0.0000	0.0000	0.0000	0.3960	0.1980	0.9840
077	0.0792	0.4824	0.1000	0.2000	0.0000	0.0000	0.0000	0.0000	0.0000	0.0990	0.9606
097	0.0000	0.0000	0.0500	0.1500	0.0000	0.2739	0.0000	0.0000	0.0000	0.0000	0.4739
…	…	…	…	…	…	…	…	…	…	…	…

第五章　农村低保对象识别
典型案例分析

　　实地调研法是质的研究中最为重要的研究方法，也是社会科学研究中一种典型的研究方法，实质上是一种参与式的观察法。调研者事先不形成待检验的假设，而是按照调研计划通过各种方式到调研现场获取原始资料和搜集由他人整理过的次级资料的过程。根据本书研究的需要，依据特色性、代表性、可得性的原则，选取了甘肃省永登县一个自然村、江西省德兴市两个自然村作为调研样本。江西省是我国中部地区的典型省份，其农村最低生活保障制度的实施及其成效在全国处于前列，而德兴市 JT 村和 SW 村的农村低保工作在江西省都具有较好的典型性和代表性。同时，甘肃省作为西部地区经济发展较为落后的省份，其永登县 HC 村的贫困状况和农村低保工作也具有一定的特色和典型性。本书采用访谈法、观察法、问卷填写法的调研手段进行了为期一个月的深入田野调查，对农村低保政策实施过程、政策效应、低保对象识别机制等问题展开了深度调研，获取了详尽的第一手资料，分析其低保政策运行情况，探寻低保对象识别低效的深层原因，以呼应补充前述的现状考量，并为我国农村低保对象识别机制的优化策略提供可操作性、可考核性的参考依据。

第一节 甘肃省永登县 HC 村的调研分析

一、HC 村概况

HC 村隶属兰州市永登县，是永登县上川镇的一个自然村。该村现居农户有 146 户（近年有几户村民迁至外地，排除在外），每户居民都有土地，土地资源基本上每户每人有 1 亩地以上，部分家庭的村民人均 2 亩地，全村平均每家约 4—6 亩地，土地适宜种植的农作物包括大豆、小麦、玉米、胡麻等农作物；该村有很多国家大力扶贫项目，包括建沼气池、养殖场等；每户的经济来源主要包括打工、务农、养殖、国家补贴性收入等。家庭主要支出包括医疗、子女教育、投资养殖业、投资农业等大笔支出和日常生活用品的必要支出。有53 户人家有小轿车及重型机动车，有小洋楼村民有 8 户，无父母双亡的家庭，有孩子先天性智力残疾家庭 1 户。

表 5-1 永登县 HC 村的家庭情况统计表

家庭经济情况	数 量
普通住房	138（户）
土 地	2（人均/亩）
小轿车和重型机车	53（辆）
小洋楼	8（户）
先天性疾病	1（户）

资料来源：根据实地调研统计得出。

根据访谈的结果，村里的文化程度平均为初中水平。首先，村长1 名，文化程度是初中毕业，九年义务教育水平；村里最近 3 年有 8

个在读大学生，7个通过国家助学贷款的形式缴纳学费；有22个高中生或在读高中生，并且家里有两个高中生的有2户，属于低保户；60岁以上的老人大都不识字，中年人文化水平基本上是初中和小学。该村村民男人一般都是外出打工，从业去向大部分流向建筑工地，村里妇女一般留在家里照顾老人、孩子和务农。该村与其他几个自然村共有一个村委会，隶属HC村委会，村里主要事项的决议一般由村长带头召开村民全体会议，根据村民的意愿共同决议。

二、HC村调研基本情况

（一）入户访问的样本选取

HC村低保对象识别入户调研的样本选取，一是遵循随机性原则，二是样本均衡分布原则。首先，从村长那里获得村里的低保户名单，选取8个低保户散落在村里的各个地方，符合随机性原则；然后，再选出12个非低保户家庭，这12户非低保家庭的选择中，8户是低保户邻居，其他4户在已经选择的16户所不能了解到的范围选取；1户村长，村长周边不安排低保户和非低保户的访问，因为从村长那里可以清楚地了解到周边邻居的经济状况，并且了解的范围广，数据详实。这样，选择的样本共有21户，包括村长家1户，低保家庭8户，非低保家庭12户。具体的调查对象选取的模型设计如图5-1所示：

图中的每一个图形代表一个家庭，三角形图形（▲）代表受访的非低保户，人头像（👤）代表的是受访的8个低保对象，太阳图案（☀）代表的是村长家，浅色阴影矩形或正方形表示受访的这一户人家中可以了解到的周围邻居的情况分布。比如说，村长对村里的

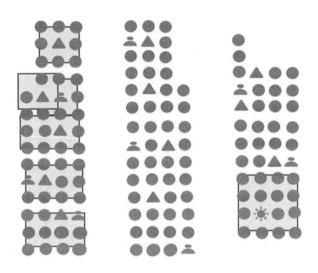

图 5-1 接受调查的村户分布图

情况比较了解，通过对村长的访问，可以了解到图中右下角的阴影部分的 15 户村长邻居的情况，从别人的口中得到的经济情况评价显然比本人介绍的经济收入情况更加真实。按照这样的思路展开调查，基本可以通过受访的 21 户家庭了解邻居情况，进而可以收集、掌握 HC 村所有住户的家庭经济情况。

邻居是最了解彼此经济状况的，对低保人群和非低保户的评价也更加客观化。虽然 HC 村调研中受访的样本家庭较少，只占该村总户的 1/7，但通过一户一户地深入访谈，调研 1 户可以了解到周边 4—5 户的家庭生活状况。这次访问样本的数量虽少但是能表达出全村的经济情况和村民之间的互相评价，获得的数据客观有效。通过图 5-1 可以看出本次调研选取的 21 户农户作为主要访问对象，21 户受访家庭的选择遵循分布原则，基本覆盖了 HC 村的各个角落。在入户调研中，受访对象提供的信息、资料可以相互印证、相互补充，进而对 HC 村的经济、社会发展和所有农村居民的生计状况有了全面、深入的把握，获得了较为详实的数据、资料。

（二）入户访问的主要问题

对于选取的 21 户进行详细的访问，对询问他们的问题作出整理见表 5-2：

表 5-2　受访户询问的问题汇总

访问对象	访问中涉及的问题	对受访者回答情况的感观
村长 （1 户）	低保的标准、选取方式、选取条件、低保制度的运作模式、入户调查的形式、低保户人员的更新时间、简单评价邻居的经济状况等	村长对低保的运作模式比较清晰，对以往的入户调查形式把握的不够详实、具体，对低保户资格初审常会力不从心，凭自己的了解作出初审判断，有一定的主观性
低保户 （8 户）	家庭收入来源、家庭年收入、有无高中及以上的学生、近两年有无重大疾病、对低保政策的了解程度、评价周边邻居经济状况	低保户对自己的收入存在一定程度的隐瞒，对低保的了解程度低，评价周边邻居的时候存在明显的"别人家经济就是比我家好"的情况等
非低保户 （12 户）	主要涉及对邻居低保户的生活状况的评价、对低保的了解程度、其他非低保农户的经济状况评价、邻居中有没有生活比较困难等问题	非低保户对低保户的评价比较客观，但是非低保户对低保的了解更少，参与度比较低

资料来源：根据实地调研资料整理。

（1）村长：主要涉及低保的标准、选取条件、选取方式，低保对象选定后上报的政府部门、完成低保上报的时间，低保审批的时间、低保入户调查的形式、低保的公示情况、低保补助金的到账时间、近几年低保对象变动情况、变动的具体原因、评价周围邻居的经济状况等。

（2）低保户：主要涉及自己的家庭收入来源、家庭年收入、有无高中及高中以上学历的在读学生、近两年有无重大疾病、家庭成员的身体状况、对低保政策的了解程度、在申请低保的时候是否认真了解过低保、评价周边邻居的经济状况等。

（3）非低保户：主要涉及对低保政策的了解程度、对自己的经济收入和支出做评价，对邻居低保户生活状况的评价、其他非低保农户邻居的经济状况评价、是否存在你觉得更需要接受低保资助的贫困家庭、对村里选出的低保户的看法，是否愿意参与低保的民主评选等问题。

通过对以上三类家庭的入户访谈，基本能把握村民对低保政策的了解程度、低保对象的选取是否合理、是否存在漏保错保的情况、群众参与度、群众对低保对象选取的评价等情况，也能发现该村农村低保政策运行中存在的问题。

（三）入户访谈的总体感观

通过访谈永登县 HC 村的 21 户村民家庭，总体上有如下感观：首先，不管是不是受助对象，村民对低保政策的认知还比较浅显，大家知道低保是国家政策资助生活贫困的人，具体达到什么程度才算贫困？自己是否属于低保应扶持的对象？低保补助的金额是多少等等。这些基本的、关乎自己切身利益的问题大都不是太清楚，普遍的回答都是：听村书记的安排，我们自己也不懂。这与文化程度限制有一定关系，还有一个原因可能就是基层工作人员宣传不到位。首先我国西部的农村地区，基层政府对农村的相关政策宣传不到位，农村低保对象识别、选取大都是基层干部"一手包办"，跳过"个人申请，村级评议"环节，监督反馈链条断裂，反馈不到位。其次，关于村民的收入问题，主要来源是打工收入，不少家庭表示还不够家里的开支。他们对该问题回答得比较含糊又对自己的收入有所保留。通过邻里评价的方式，本书大致可以了解到村里的生活水平和低保户选取的合理程度，以及邻里对一些不合理低保户的意见。最后，村委会等基层组织对农村低保的实施缺乏精细化管理。问到村书记、村长对村民家庭生活水平的评估标准时，他们也是根据平时对村民的生活状况、大件家庭财产、家庭上学人数、家庭成员的健康状况等来粗略估计。总体而言，HC 村基层组织对农村低保对象的识别和选取是粗线条的，对相关政策的把握与执行也不是很细致，后续管理还有待健全。

三、农村低保对象的识别存在的问题

（一）农村低保政策的宣传不到位

在本次的入户访谈中，多次出现村民自己对低保的条件不是很了解的情况。不了解政策造成的结果是村民对低保政策的运行不关心、参与度低，真正的低保户不能充分地享受低保政策，低保工作也缺乏有效的大众监督，从而导致"应保尽保"做不到，还会出现"假低保"。由于文化程度的局限，村民无法做到自行解读政策，即使像村长这样对低保对象的选取有直接影响的人对低保政策也存在一些误解。HC 村低保制度的机制运行中缺少一个从上至下的政策学习和宣传过程，这跟农村低保基层工作人员数量缺乏和工作效率不高有直接联系。

由于政策的宣传不到位，很多村民尤其是不热心关注国家政策动向的群众，对低保的申请条件和程序不清楚，甚至产生一些误读，认为低保的申请主要在于村长，自己和村长的关系远近决定了是否能获得低保领取资格，而家庭经济是次要情况。政策宣传不到位，村民对低保制度的不甚了解，往往导致基层村干部的话语权放大，农村居民的弱势地位更加凸显，村民在一定程度上也就失去了参与和监督农村低保工作的可能。

（二）农村基层组织的自由裁量权大

基层干部有向群众解释和宣传低保政策的权利和义务。低保政策制度由中央下达地方，地方下达到基层干部手中，村委会通过对低保政策的学习和自行理解，应结合各个区域的现实条件多手段、多途径地对农村低保政策进行宣传。然而，由于受基层干部的价值观、自身素质、对低保的认知水平等因素的影响，叠加基层干部的自身利益取向，农村低保政策的实施往往有一定的偏差，基层组织的自由裁量权较大。

农村低保政策运行过程中面临的一个较大问题就是收入核实难，这给农村基层组织很大的自由裁量权。农村低保申请初审基本上都是村书记承担，这种情况下，村书记有较大的裁量权，他有权利决定低保对象。这种权利滋生腐败，会出现寻租行为，亲属、朋友更容易成为低保对象，非亲非友也要托关系，走后门成为低保对象。而且，由于本身政策的制定者因考虑到各个地方的差异性，对政策进行设计时，就留有一定的自由裁量空间。由于基层干部的工作能力和素质等诸多因素的影响，自由裁量权也就成了自由发挥争取利益的权利。大量的低保资金被占用，低保资源被掠夺，导致"关系保""权利保""人情保"等不合理的情况出现，低保对象的选取有失公平公正性。

（三）低保申报审批机制运行不流畅

就 HC 村的低保政策运行过程而言，低保对象的选择要经过村、乡、县三级申请审批。申请流程一般是通过村民申请或村书记推荐，乡政府派人摸排调查，对收入评估、村级评议进行审核，最终初选出符合条件的低保对象。乡政府审核完毕后，上报县级政府审批，审批结果反馈给村委会张榜公示，对结果无异议最终确认为低保救助对象。但是，通过访谈发现，该村在实际实施过程中，因为村里没有几个家庭户主在家，而家庭妇女一般不参加这种村长带头的全体会议，所以村民大会一般难以顺利召开。农村低保对象识别与选取一般由村书记、村长直接推荐确定，缺乏民主评议环节，这样的推荐方式存在主观臆断性。一般而言，评议低保对象的生活水平，低保对象的邻居比村长更有发言权。但由于受"事不关己""多一事不如少一事""做老好人"等观念的影响，加之对农村低保政策理解不深透，村民参与农村低保事项的主动性和积极性往往较低。因此，农村低保对象的选取与初审，往往是村委会主要干部的一言堂，其公正性和合理性常常难以保障。

乡政府派人摸排调查收入的方式不科学。受访农户表示，乡镇派人来做调查就是几分钟的事儿，工作粗放不细致，形式大于内容。往往在一张表中直接填入"年收入、有无学生、有无重大疾病"就可以了。这样的调查形式不严谨、不细致、不科学，对低保对象的真正排查起不到多大作用。

县级审批后反馈村委会张榜公示环节缺乏。这一环节往往是真正起到监督反馈的作用。在低保资格的评审过程中，很多低保家庭只知道自己是候选人，是不是最终的低保对象要等到低保证发放才明白，审批中间环节不透明。

（四）家庭收入难以确认

农村居民的收入来源不是固定的，往往实物收入居多。因为物价变动较大，自然因素不稳定，实物收入很难换算成货币，很多家庭上报年收入的时候，存在瞒报、谎报收入的情况，增加了收入核算的难度。一般而言，农村居民收入的构成包括四个方面：工资收入、经营性收入、转移性收入以及财产收入，但是在访谈中发现，农民的收入不仅包括以上四种，还有来自亲戚朋友的资助，其他收入来源等，农村的收入来源广泛，比较难把握各个渠道的收入。

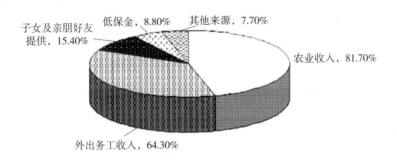

子女及亲朋好友提供，15.40%
低保金，8.80%
其他来源，7.70%
农业收入，81.70%
外出务工收入，64.30%

图 5-2 收入的不同来源统计

资料来源：甘肃省统计局：《甘肃统计年鉴》，中国统计出版社 2016 年版。

很多地方尝试了不同的低保收入核算办法，一些省份采用"直接认定法"对无劳动能力、无经济来源以及无赡养人的老人、孩子、残疾人等困难户直接列入低保户；还有一些省份是根据收入和支出的差异，收入指上一年的所有经济来源，支出指购买生活必需品的支出。当然这些方法普遍存在的问题还是对收入的确认困难，需要一个合理的方式来界定收入。

（五）低保对象长时间不更新

农村低保对象的更新工作是一项复杂的工作，其工作量大、工作面宽、工作难度大。长时间不更新低保对象使得一些不具备领取低保政策的人因为没有被及时甄别和办理退保手续而继续享受低保补助，挤占真正需要低保补助的人员名额。低保不是一个普惠政策，对于就业状况发生变化的、家庭收入超过低保标准的，应及时退出低保补助政策。

随着城镇化进度加快，农民的生活水平变化随之加快，农村低保对象变动较大，低保动态管理需要实时跟进。甘肃省农村低保政策规定：对一类低保对象实行一年调查一次，二类低保对象一季度调查一次，其他的尽量按照一月一次的标准来调查，考虑到农村的交通条件、基层低保工作人员，这项工作的开展需要大量的财力、人力、物力做保障。但是，甘肃省 HC 村的低保工作经费严重不足，使得管理人员对低保管理工作的执行力不够，常常只能做一年一次的低保调查，一季度调查一次或一月调查一次几乎难以实施，有进有出的动态管理机制很难实现。同时，农村低保的管理工作由民政部、财政部及扶贫办三方共同管理，由于农村的网络化建设比较落后，低保管理部门之间的配合效率低，使得农村低保的"应保尽保""应退尽退"较难落实。

第二节　江西省德兴市海口镇两村的低保调研分析

一、海口镇两村简介

海口镇位于江西省德兴市东北部，距市区 35 公里，东邻李宅乡和新岗镇，南毗花桥镇与龙头山乡，西接泗洲镇，北与婺源太白镇隔河相望。镇域总面积 152 平方公里，主要以山地、丘陵为主，森林覆盖率达 75%，耕地面积 11074 亩。海口镇下辖 5 个行政村和 1 个居委会，总人口 14300 余人。

SW 村位于海口镇东南部，下辖 14 个自然村、19 个村民小组，现有 526 户、2068 人，村域总面积 29.5 平方公里，是海口镇最偏远的山区，2011 年被列入江西省"十二五"省级贫困村。全村山多田少，有山林面积 32156 亩，耕地面积 2269 亩，有村级公路 20 公里，村民主要以外出务工为主体经济收入来源，产业以绿化、造林、苗木种植为主。

JT 村地处海口镇东部，距市区 39 公里。全村地域面积 21 平方公里。德九公路、江暖公路及德昌高速公路与在建的京福高铁穿境而过。距婺常高速公路德兴出入口 6 公里。交通便捷，区位优势明显。全村下辖 16 个自然村、19 个村民小组，580 户、2720 人，耕地面积 2100 亩，山林面积 28000 亩。

二、SW 村低保政策实施基本情况

自 2006 年 SW 村建立农村最低生活保障制度以来，SW 村村委会在对于低保政策资源的分配上不断摸索实践，逐渐摸索出适合当地实际情况的实施办法。SW 村低保工作发展历程可分为两个阶段：第一阶段时间为 2007 年至 2013 年，在这一阶段，低保名单的评定主要由村干部和小组组长通过民主评议的方式协商解决。2014 年至今为第二阶段，SW 村推行全体村民民主选举低保户的做法，严格遵守了民主评议的流程，基本做到了"应保尽保"。

（一）2006—2013 年——难以保障"应保尽保"

自 2006 年以来，根据德兴市和海口镇关于农村低保工作的相关规定与指导意见，SW 村村委会结合当地的实际情况，逐步制定了农村低保对象识别选取的实施方案。

1. 农村低保对象识别选取基本程序

（1）召开评议会议

在这期间，根据政策要求，村委会干部对本村村委会的低保对象范围有一个大概的了解和总体把握，然后在最终的低保户评定之前，具体哪些农户和人员应当享受低保补助，主要通过各组组长、村民代表及村委会主要成员共同召开评议会议确定，会议召开时间一般为每年的 6 月份之前，即每年的低保工作年审之前。会议主要内容为：各组组长根据往年的低保户名单，汇报各户基本情况以及确定增补当期的低保候选人。然后，村委会根据德兴市民政局印发的《关于开展城乡低保年审符合工作的通知》文件开展年审复核工作，稍微调整部分低保对象。决议人员数量根据村规模大小一般在 20—40 人，构成包括村干部、群众代表、人大代表、政协代表、党员等，一般候选者需要获得 90%以上决议者的通过才能被确定为当期的低保增补对象候选人。

（2）村委会填写表格

在经过召开评议会议后，不需要拟享受低保的农户提出申请，只需要提供身份证、户口簿、医疗费用清单、收据、医疗证明等附件。然后，村委会干部代拟享受低保的农户填写《农村最低生活保障申请表》，申请表主要内容为申请人个人及家庭的基本情况、家庭成员的基本情况、家庭经济状况和财产状况、阐明享受低报待遇的缘由。同时，还要填写《农村最低生活保障审批表》，内容主要包括三部分：申请人及家庭基本情况、调查人意见和村委会意见。

（3）乡镇政府审核

根据 SW 村所属海口镇民政所干部的介绍，办理低保的手续及材料比较简单，在经过农户提出申请，SW 村村委会初步审理决定后，就直接把整个村的申请书交到海口镇民政所，海口镇民政所经过简单的审核登记后，就直接报送德兴市民政局。

（4）审批及资金发放

在接收乡镇的低保材料并对其进行汇总后，德兴市民政局就对各个乡镇上报的低保申请人的材料进行审核，并根据村委的评议意见和乡镇的审核意见进行审批，对申请人所应该享受的低保待遇进行确定和批准。低保申请审核批准后，县民政局按照要求把低保金打到低保户所持有的一卡通中，由低保户自行去海口分理处领取。低保金的发放一般是按照季度为周期进行发放的。

2. 取得的成效——"应保未保"

在该阶段，由于低保指标相对偏少、低保认定程序不规范、村民对低保政策认知度低等原因，导致在该阶段的低保分配结果为"乱得乱保"。

在低保户评选指标安排上，SW 村低保指标相对固定，是按海口镇政府分配的指标分配的，自 2006 年以来，除前几年指标数量有所上升，后四五年均无变化。该村 2013 年享受低保政策有 97 人，共59 户。

在低保户评选资格上，低保户退出低保身份后必须间隔五年才重新具备低保户申请资格。该规定在低保工作中凸显出了一些弊端，比如，因病致贫者在病情好转后退出低保，但五年之内又因病情复发重新返贫，此种情况下则不得享受低保政策。

低保候选人的产生一般有两个途径：一是村民自己申报；二是村委会工作人员对村民的了解。由于村民对于低保实施政策的低认知度和对于村干部的惧怕性、消极性，以及各小组组长对于本组部分村民的偏袒，使得低保候选人的产生存在一定的不合理性。

低保农户最重要的额外福利是享有较大比例报销新型农村合作医

疗不能报销的部分。该额外福利导致现实低保工作中存在此种情况：农村中非贫困者遭遇疾病时，会与未遭遇疾病的低保户协议，挤占其低保名额，享受此项额外福利，而低保补助金则转与未遭遇疾病的原低保户。此外，低保户还免费享受医保（70 元/年）。

另外，低保申请必须以户为单位，这在实际工作中导致如下情况发生：如一对夫妻组成的两口家庭，其中一人患疾病或丧失劳动力，要想能够享受低保，则夫妻二人必须一起成为低保补助领取者。

（二）2014 年至今——基本做到"应保尽保"

2014 年是 SW 村实施全体村民民主选举低保户的元年，从这一年起，低保评选的基本操作流程为：（1）村干部进户进行宣传，发放《SW 村低保对象认定条件和相应分值标准公告征求稿》等相关文件。（2）各村小组组长组织本组村民学习、理解低保对象认定条件和相应的分值标准，收集、接受村民书面申请，统一汇总至村委会。（3）村委会干部进行低保户复核审查，填写复核审查表。（4）召开村民民主评议大会，通过举手表决产生唱票、计票、监票等工作人员。随后，由低保对象本人向民主评议大会报告其家庭实际困难和境况，民主评议人员对申请低保的对象进行评议并现场无记名投票，汇总后当场公布评议结果。

2014 年以来，由于 SW 村村委会对低保政策的大力宣传普及以及民主评议方法的透明实施，不仅是辖区村民对农村低保相关政策有了较充分的理解和把握，也充分调动民众参与的积极性，发挥民主评议的优越性，使得低保资格的申请、评议工作基本上做到了民众参与度高、民主性强、透明度良好、民众基本无异议，从而使得低保评选工作基本上做到了"应保尽保"。

三、JT 村低保政策实施基本情况

JT 村自 2006 年建立低保制度以来，经过了三个发展阶段。其发展历程是伴随着村委会干部与村民之间、村民与村民之间的利益博弈而演变的，村委会在低保实践的过程中根据实际情况不断调整、反馈与改进。

（一）2006—2010 年——"应保未保"

农村低保政策刚刚实行时，JT 村在具体工作中将指标名额按各小组的大致情况（人口、贫富程度）进行分配。村干部分片区进行摸底工作，在各个村小组长带领下了解情况，向村民告知低保相关政策，并建议进行申报。

在该阶段，低保户候选人的确定权主要掌握在少数村干部及村小组组长手上，由于村民对于低保政策准确认知的缺乏、村干部与少数村民间的利益联结以及村干部对村民进行安抚的需要，该阶段的低保分配处于"应保未保"。

（二）2010—2012 年——"乱得乱保"

在低保制度建立四到五年后，随着低保政策被农民更为熟知，部分村民认为村干部过分掌握选择权，有失公允。基于这种情况，该村开始尝试完全由村民选取的方法。然而，该方法进行一两年后，暴露出很多问题，村干部发现入选村民无关家境，几乎完全取决于宗族势力，宗族势力强大的家族在低保民主评议上占据人数优势、社会声望大，故对村民舆论的控制具有一定的影响力。这使得当期的农村低保识别与选取工作呈现"乱得乱保"的态势。

（三）2013 年至今——"应保有保"

这一时期，农村低保户的筛选工作重新恢复为村干部主导推行，

但根据实际工作中的问题，村干部在将指标分给各小组之前会预留约10个指标（JT村共有19个村小组，平均每个村小组约3—5个指标）备用于遭受突发疾病的家庭或是计划生育优抚对象。同时，扩大民主评选的影响力。自2013年开始，各小组提交的候选贫困户需要经过评审委员会通过（评审委员会由村小组长、党员、村干部、人大代表、政协委员构成）。该种方法实行几年来，村民反映普遍良好，"应保尽保"的目标得到较好的落实，如若存在低保政策边缘的困难村民，村委会则通过其他救济项目来进行缓解与补偿。不过，"应退未退"现象依然存在，各种"关系保""人情保"还时有发生。

四、SW村与JT村低保识别情况之评价

（一）低保制度本身有待完善

按照国务院关于实施农村低保的文件规定，我国农村最低生活保障制度规范运行程序如下：首先是户主申请，然后是村委会评议，并将评议结果公示不少于三天，符合规定条件且经公示后群众无异议的再提交乡镇政府审核，通过乡镇政府审核的再提交县级民政部门审核，最后县级民政部门将审批结果交由村委会公示不少于三天。客观来看，这个农村低保制度的运行程序较为科学、合理，也具备较强的操作性。但由于农村社会贫困问题的持久性、贫困成因的复杂性，以及低保资源的稀缺性，低保制度在实际运行当中，仍然存在一些问题亟待解决。农村低保制度实施程序在农村社会里产生了一定的变异，这些变异无所谓对与错，它只是农村社会对于农村贫困救济资源分配的自然办法。SW村与JT村在低保政策实施的过程中，形成了符合当地实际情况的低保资源分配办法，这在一定程度上反映出低保政策本

身的弊端以及在农村社会的水土不服。

1. 家庭财产核实难度大、准确度低，现行的农村低保制度在农村贫困户资产核查中的适用性较差

一些看上去生活困难的村民实际是出于习惯上的生活极度节俭，这点主要体现在少部分年老村民中。另外，低保户的家庭收入、固定财产存在虚报、瞒报、难以统计等问题。

2. 一个低保名额两户分享

农村中的贫困问题绝大多数来自于因病致贫、因病返贫，对于家中有成员患有重大疾病的家庭来说，低保更大的意义在于能有较大比例报销新型农村合作医疗中无法报销的部分。因此会出现类似这样的情况：两个家庭，一个为收入较高，但有家庭成员遭受疾病，另一个为收入较低，生活相对贫困，低保名额挂在收入较高的家庭中，从而可以使其享受低保户的额外福利，即医疗报销更大比例，而所领取的低保金则私下转移给收入较低家庭。

3. 产生了较为严重的分户问题

低保申请时以家庭为单位的，一个家庭若申请低保成功，则所占去的低保指标为该家庭的人口数。而由于低保指标有限，又为了能够相对全面地照顾到村中困难户。于是产生拆户的现象，即为了少占用低保指标，将人口数较多的家庭拆分为人口较少的家庭。

4. 村干部收益与其工作量不成正比

在访谈中，村干部反映，目前村干部的待遇虽然有所提高，但村干部工作量很大，几乎为全职型，乡镇一级政府只负责分配工作任务，所有的工作任务均由村委会组织实施、完成，村委会一级存在人手严重不足的现象、专业化分工不高、工作效率低。

（二）基层组织落实低保制度存在一定偏差

就农村低保政策规定来看，村组织在农村低保运行中扮演着非常重要的角色，村组织能否按照程序和标准进行操作、确定对象决定着低保政策能否达成目标，但实际上，村组织常常受各种因素的制约而采取了灵活操作的办法，可能偏离政策目标，甚至可能扭曲低保政策。

1. 村干部执行低保制度存在一定的变通性，常常简化低保标准的认定程序

按照相关规定，农村低保户的确定要按照"村民自身提出申请→村委会民主评议→镇政府审核→县级市相关部门批示→村政务公开栏公示→组织定期检查监督"的程序进行。然而，由于村级组织的人力、物力不足，村组织往往会简化低保对象的选取程序，以减轻村委会的工作量。而且，不张榜公布，可以避免不必要的纠纷，不知道就不会反对，知道了也没有渠道让村民公开反对。从认知层面考量，一些村干部对低保政策存在着一定的误读，即把现行的农村低保制度等同于过去传统的农村社会救济，认为所谓的农村低保制度和过去对困难户的救助没有什么区别。这种理解上的误读也会导致政策实施的偏差。

2. 村干部存在一定徇私庇护行为

长期以来，在 SW 村和 JT 村之所以存在着诸多不符合条件的低保户，这也与该村组织把低保看作一种能够维系私人关系的工具或能够给村里带来社会稳定的想法有关。费孝通先生指出，中国传统社会是一个"熟人社会"，人们按亲疏、内外、生熟，区别对待与之交往的不同对象。人与人之间有着一种私人关系，人与人通过这种关系联系起来，构成一张张关系网。民间"熟人好办事"的说法，正是对

"熟人社会"的一种朴素表达。相对于城市居民来说，农村居民之间的关系更为复杂。随着现代市场经济的发展，农民的交往也日趋理性化和利益化，建立在血缘、亲缘、地缘、利缘、趣缘基础上的很多小圈子越来越普遍。圈子，本质上是一种互利性的活动关系，人们通过圈子可获得经济、心理等方面的需求。在 SW 村和 JT 村两个村庄的个案调研中，本书认为村组织的徇私庇护主要表现在两个方面：一是向县乡级政府多多伸手，为本村和村民争取更多的财力与资源，以赢得村民的好感和支持，提升自己在村民中的威望；二是把低保的资格、名额作为自己的私有资源，照顾自己圈内或者是关系密切者，形成"关系保""亲戚保"。

3. 村民代表履行职责常常有走过场的行为

村民代表在农村低保民主评议中处于中间人的位置，既要贯彻实施村委会的任务，又要维持自己在本村中良好的人际关系。在"熟人社会"里，村民代表往往与村干部之间十分熟悉乃至存在着一定的利益关联。他们也是村组织开展工作的重要支持者，他们通常不会对村组织的决定提出异议，故在农村社会场域中，理想化的程序难免会流于形式，村民代表在民主评议的过程和程序上常常走过场。同时，作为参与低保民主评议的村民代表，按理应该比较熟悉和把握低保制度和低保申请者的家庭状况，但实际情况是他们表面上似乎熟悉这一政策，其实未必真正理解，也就无所谓严格贯彻实施。

第三节　调研总结

综观甘肃与江西两省三个村的农村低保对象识别与选取的调研情

况，自 2007 年全面推行农村低保制度以来，它在我国农村的扶贫救困中发挥了不可替代的作用。农村低保制度本身的演进也是不断调整、渐趋完善的历程，农村低保的运行程序也呈现出不断规范、日趋合理的走势。农村低保制度设计的政策目标逐步接近，基本上达到了"应保尽保"的目标。然而，由于各地的经济、社会发展的差距较大，以及基层干部的素质与能力的差异性，低保政策落实不同地方也呈现出不同的特性，其效果也存在一定的差距，"应退尽退"的政策目标也还没有实现，甚至还存在"假低保"的现象。比较甘肃与江西三个村委会的农村低保政策落实情况，笔者看到，甘肃省HC 村低保政策的成效以及其公平公正性明显与江西省的 SW 村、JT 村存在较大差距，即便是同处一个镇的 JT 村与 SW 村，其低保政策运行程序、低保对象识别与选取机制也存在一定的差异性。这不仅与当地村委会干部的素质与能力紧密相关，也跟当地村民的素质与觉悟相关联。同时，低保制度本身也还存在一些与实际情况相脱节的地方。这些都是我们的制度设计者与政策实施者今后的努力方向。

一、农村低保制度本身还需完善优化

客观来看，农村低保制度的运行程序较为科学、合理，也具备较强的操作性。但从甘肃兰州 HC 村和江西德兴海口的 JT 村和 SW 村的调研结果来看，由于农村社会贫困问题的持久性、贫困成因的复杂性，以及低保资源的稀缺性，低保制度仍然存在一些与实际相脱节的地方，这在一定程度上反映出低保政策本身的弊端以及在农村社会的水土不服。

（一）现行农村低保制度在农村贫困户资产核查中的适用性较差

农村居民的收入来源不固定，往往实物收入居多。因为物价变动较大，自然因素不稳定，实物收入很难换算成货币。而且，很多家庭出于自利的考虑，上报家庭收入时，往往瞒报、谎报实际收入，也增加了收入核算的难度。故此，很多地方尝试了不同的低保收入核算办法，一些省份采用"直接认定法"对无劳动能力、无经济来源以及无赡养人的老人、孩子、残疾人等困难户直接列入低保户；还有一些省份是根据收入和支出的差异，收入指上一年的所有经济来源，支出指购买生活必需品的支出。以期能降低家庭收入核算的难度，较为准确地识别、选取农村低保对象。

（二）低保资格承载过多的福利待遇

不少地区的低保政策在满足基本生活需求后，还附加了一些其他的功能，如医疗、教育、就业等，这不仅扭曲了低保的功能与目标，也使过多的救助附加助长懒人福利，偏离了低保公平公正的诉求。如低保资格中附加的医疗帮扶功能就导致一个低保名额两户分享的情形。农村中的贫困问题绝大多数来自于因病致贫、因病返贫，对于家中有成员患有重大疾病的家庭来说，低保更大的意义在于能有较大比例报销新型农村合作医疗中无法报销的部分。因此出现类似这样的情形：两个家庭，一个为收入较高，但有家庭成员遭受重大疾病，另一个为收入较低，但生活支出较为平稳。为享受低保户医疗费的额外报销比例，低保名额挂在收入较高的家庭中，从而可以使其享受低保户的额外福利，即医疗报销更大比例，而所领取的低保金则私下转移给收入较低家庭。而且，这些附加的救助使得低保户与低保边缘户之间差距倒挂，并加大了"应退尽退"的难度。同时，一旦农村低保及其低保附带的一系列优待政策的福利程度高于农民自主获得的所有收入，就会产生福利依赖。低保政策的目标是为了帮助基本生活需求不能保障的贫困农民，应做到农村低保优待政策的适度性，积极鼓励农民自己造血，完善低保退出机制。

（三）以家庭为单位申报低保补助容易产生分户现象

低保申请时以家庭为单位的，一个家庭若申请低保成功，则所占去的低保指标为该家庭的人口数。而由于低保指标有限，又为了能够相对全面地照顾到村中困难户，则产生拆户的现象，即是为了少占用低保指标，将人口数较多的家庭拆分为人口较少的家庭。

二、农村低保对象识别程序运行有待进一步规范

一项好的惠民政策，不仅要有科学、合理的文本设计，也需要扎实、有效的实施运行。当前，我国农村低保制度在基层的具体落实中，还存在着一定的问题，这既与主观上的作为不到位、不想到位有关，也是客观上人力、物力等条件所致。

（一）农村低保政策要宣传到位

在本次的入户访谈中，多次出现村民自己对低保的条件不是很了解的情况。不了解政策造成的结果是村民对低保政策的运行不关心、参与度低，真正的低保户不能充分地享受低保政策，低保工作也缺乏有效的大众监督，从而导致"应保尽保"难以做到，还会出现"假低保"。由于文化程度的局限，村民无法做到自行解读政策，即使像村长这样对低保对象的选取有直接影响的人对低保政策也存在一些误解。因此，还需要加大农村低保政策的宣传力度，让农村居民明确理解低保政策，把握低保的申请条件。这在中西部经济、文化较为落后

的地区尤为必要。

（二）约束农村基层组织的自由裁量权

由于本身政策的制定者因考虑到各个地方的差异性，对政策进行设计时，就留有一定的自由裁量空间。由于基层干部的工作能力和素质等诸多因素的影响，自由裁量权也就成了自由发挥争取利益的权力。通过访谈发现，甘肃的 HC 村在实际实施过程中，因为村里没有几个家庭户主在家，而家庭妇女一般不参加这种村长带头的全体会议，所以村民民主评议大会一般难以顺利召开。农村低保对象识别与选取一般由村书记、村长直接推荐确定，缺乏民主评议环节，这样的推荐方式存在主观臆断性，其公正性和合理性常常难以保障。这不仅要压缩政策实施的自由裁量权、提升基层干部的政治素质和工作能力，也要大力增强村民的公共意识、民主意识和权力意识。

（三）低保对象长时间不更新

农村低保对象的更新工作是一项复杂的工作，工作量大、工作面宽、工作难度大。甘肃省 HC 村的低保工作经费严重不足，使得管理人员对低保管理工作的执行力不够，常常只能做一年一次的低保调查，一季度调查一次或一月调查一次几乎难以实施，有进有出的动态管理机制很难实现。同时，农村低保的管理工作由民政部、财政部及扶贫办三方共同管理，由于农村的网络化建设比较落后，低保管理部门之间的配合效率低，使得农村低保的"应保尽保""应退尽退"较难落实。低保不是一个普惠政策，对于就业状况好转、家庭收入超过低保标准的，应及时退出低保补助政策。

三、基层组织干部的政治素质和行政能力有待提升

低保政策的实施是个大工程，前期要对低保对象筛选、调查、登记、分类，还要进行低保资金调配，及时发放低保补助资金和物资，事后还要进行回访，调查，评估扶贫成效。农村低保工作繁杂，责任重大，对基层官员的素质要求比较高。从调研的情况来看，我国农村基层组织干部的政治素质和行政能力参差不齐，整体素质不高。

（一）村干部存在一定徇私行为，低保制度实施存在一定的变通性

自从农村最低生活保障制度实施以来，我国农村基层组织常常把低保指标配置看作是一种能够维系私人关系的工具，或者是维系基层稳定、推动村民工作的基本手段。随着现代市场经济的发展，农民的交往也日趋理性化和利益化，建立在血缘、亲缘、地缘、利缘、趣缘基础上的很多小圈子越来越普遍。同时，由于基层干部素质与能力的差异，以及村级组织的人力、物力不足，村组织往往会简化低保对象的选取程序，以减轻村委会的工作量。而且，一些村干部对低保政策也存在着一定的误读，也会导致政策实施的偏差。

（二）村委会等基层组织对农村低保的实施缺乏精细化管理

在甘肃 HC 村调研中，问到村书记、村长对村民家庭生活水平的评估标准时，他们也是根据平时对村民的生活状况、大件家庭财产、家庭上学人数、家庭成员的健康状况等来粗略估计。乡政府派人摸排调查收入的方式也不科学。受访农户表示，乡镇派人来做调查就是几分钟的事儿，工作粗放不细致，形式大于内容。往往在一张表中直接填入"年收入、有无学生、有无重大疾病"就可以了。这样的调查形式不严谨、不细致、不科学，对低保对象的真正排查起不到多大作

用。因此，积极培育基层低保工作人员的工作能力，提升他们的政治素质，是农村低保工作的重要内容。村民代表履行职责常常有走过场的行为。在熟人社会里，村民代表往往与村干部之间较为熟悉乃至存在着一定的利益关联，他们也是村组织开展工作的重要支持者，通常不会对村组织的决定提出异议，理想化的程序难免会流于形式。

第六章　结论与对策

第一节　研究结论

本书从文献研究入手设计研究框架，对相关学科的理论解析进行规范分析，奠定本书的研究基础，并从现状考量和典型案例剖析探究问题实质与成因，通过实证研究测算农村低保标准的合意值，设计出低保对象识别的计量模式并进行实践检验。在此基础上，提出我国农村低保对象识别机制的优化措施。其研究的主要内容与结论简述如下。

一、重构农村低保制度的政策目标

农村最低生活保障制度作为一项基本的公益性事业和极其重要的"社会民生工程"，是我国当前全面建设小康社会的重要组成部分。作为社会救助制度的重要内容，农村低保制度的目标可以概括为基本目标和扩展目标两个方面。基本目标主要是消除绝对贫困、维持基本生存需要，扩展目标是促进农村社会和谐稳定。然而由于低保这种"被动"式救助模式存在的固有缺陷以及农村贫困问题的新变化与反社会排斥的诉求，都要求农村最低生活保障制度的理念转型变革，而且，随着我国福利体系的不断完善为低保理念转型提供了制度基础，农村社会治理的变化为低保制度重构提供了技术支撑。

重新定位农村低保制度的目标，不仅要为农村贫困人口提供基本的生存保障，更要提高贫困群体的自我发展能力，使他们能够在政府的帮助下通过自己的劳动脱贫致富。首先，应提升和拓展"基本需要"的外延与内涵。如为贫困人口提供必要的生活保障，有机会享有健全的医疗保障、接受基本的教育、拥有一定面积的住房、参与正常的社会交往活动等，这些都应该被纳入公民"基本需要"的范畴。其次，低保制度设计应突出发展理念。低保制度安排应注重通过各种形式提升贫困者的自我发展能力。从维持基本生活到促进自我发展，从"事后被动补救"到"事前主动回应"，这对激发贫困者依靠自身主观能动性摆脱贫困状态具有良好的激励作用，也有利于减轻国家财政和社会的压力。因此，我国农村最低生活保障制度的目标重构应着重突出贫困者的发展能力建设和社会生活融合，保障公民权利，促进社会公平正义，努力建立一个多层次的综合贫困治理体系。

具体而言，农村最低生活保障制度的目标重构应包括以下五个方面：第一，满足基本生活需要，这是农村低保制度设计最根本的定位。除了保障基本的生存，能够享有基本的教育和医疗保障、拥有一定面积的住房、参与正常的社会交往活动等，这些都应该看作是农民"最低生活需要"的组成要素。除此之外，享受当地社区提供的基本公共服务也应当被纳入基本需要的范畴。因此，满足基本生活需要不仅是要解决生理性的最低需求，还应该使农民过上有尊严的生活，使其不仅能够"活"下来，还要参与正常的社会生活。第二，保持社会稳定。一方面，要积极贯彻"以人为本"的理念，低保制度建设应将维护贫困群体合法权益、实现贫困群体基本愿望作为自身发展完善的出发点和落脚点；另一方面，在低保制度建立和完善的过程中将实现社会稳定纳入谋划和考虑，构建实现贫困群体发展与社会稳定和谐二者相互促进的制度体系，充分发挥其保障贫困群体基本生活权益、促进社会稳定与和谐的重要作用。第三，实现社会公平。维护社会公平是现代社会救助制度诞生的重要原因，也是其不断追求的目标。建设和实施农村最低生活保障制度一个很重要的目标就是维护社会公平正义。每个国家在其任何一个发展阶段都不可避免地存在着弱势群体，社会保障制度的建立就是要为这部分人群提供必要的生活来源，满足他们的基本生活需要，为经济发展和社会进步创造一个稳定的环境。第四，提高社会效率。对于社会保障体系而言，效率不仅是其产生、存在和发展的最根本理由，也是其不断追求的目标。现代社会保障制度通过对贫困人口的生活救助使其能够获得维持基本生存的必要条件，有利于缓和社会矛盾，稳定社会秩序，为市场经济的长效发展创造一个稳定的外部环境，从而促进经济效率的提高。第五，促进社会融合。新时期下农村低保的制度设计追求不能局限于反贫困，应上升到反社会排斥层面。消除对贫困人口的社会排斥，使其能融入社会生活的各个方面，实现社会融合是农村低保制度追求的最终目标。

这五个目标中，满足基本生活需要是农村低保制度的基本目标，维护稳定、促进公平和提高效率是三个扩展目标，而实现社会融合是最终目标。基本目标是整个目标体系的基础，关系着扩展目标和最终目标的实现程度。在不同的社会发展阶段，扩展目标会有不同的组合，其实现程度也会有所侧重，但社会公平作为核心目标，在扩展目标中应始终发挥重要支撑作用。社会融合是一种更高层次的追求，其实现层次依赖于基本目标与扩展目标的实现程度。

二、考量农村低保对象识别现状

自1994年山西省民政厅在阳泉市率先开展农村最低生活保障工作试点以来，全国大部分省（市）陆续出台相关政策，开展了农村低保试点工作，并在试点工作的基础上初步建立了符合各地自身实际的农村低保制度。2007年中央政府开始主导农村低保制度建设，出台了《国务院关于在全国建立农村最低生活保障制度的通知》，明确了农村最低生活保障制度的总体目标和要求。在此要求下，全国31个省（区、市）全面铺开了农村最低生活保障工作。随着农村低保工作的推进和政策措施的不断优化，我国农村低保覆盖面不断扩大，保障标准逐年提高，保障效果与政策目标渐次叠近。然而，不可否认的是，我国农村低保制度设计还有待完善，低保的政策措施还有待改进。在农村低保工作实践中，还存在一些亟待解决的问题，尤其是低保对象的精准识别问题，"应保尽保""应退尽退"还难以实现，农村低保对象的识别机制还需精准构建与完善。

考察我国农村低保对象识别、选取的现状，其存在的问题主要体现在以下两个方面：（1）弃真错误——"应保未保"，即指符合低保救助条件者并未全部被纳入保障范围。其原因主要与部分地方政府财力较弱、难以承担农村低保相关支出，尤其是我国中西部欠发达的省份，往往符合低保标准的人口更多，保障压力更大，但地方政府的财政能力却较弱，难以承担繁重的低保救助工作；其次是申请者与低保政策之间未形成良性的互动循环关系，这主要是宣传工作不到位、贫困户对低保政策了解不充分、低保申请程序繁琐等因素导致的；再次是低保政策中的某些附加条件压缩了救助空间，如符合低保条件的农户中若有违反计划生育、吸毒、赌博等不良行为的不能纳入低保救助范围。（2）取伪错误——"保不应保"和"应退未退"，即指将不符合低保救助条件的申请者纳入救助范围。它包括以下四种情况：一是申请者出于个人私利采取瞒骗等手段违规获取低保救助资格，侵占低保救助资源；二是基层组织工作人员与部分不符合低保条件的农户合谋，形成"人情保""关系保"；三是将低保救助资源异化为乡村治理的一种手段，把一些不符合低保救助条件的特殊农户纳入低保范围；四是动态管理工作滞后，导致"应退未退"普遍存在，挤占了救助资源。

　　探寻我国现行农村低保识别机制部分失效的根源，主要有以下几个方面的成因：（1）缺乏相应的法律规范。不利于农民低保权利意识、政府责任意识和依法行政意识、社会公众监督意识的提升，也使得农村低保政策的实施缺乏相应的法律依据。（2）农村低保制度设计本身存在缺陷。如保障标准偏低且计算方法欠规范、现有的家计调查机制存在缺陷。（3）农村低保工作开展缺乏经费保障。这与地方政府财政能力普遍较弱有关，而且各级财政普遍存在"重城轻乡"倾向，同时农村低保资金筹措渠道有限，社会赞助力量没有得到充分发挥。（4）工作主体和受助主体文化水平和道德素质制约。一是基层专职低保工作人员不足，且工作能力和道德素养参差不齐；二是村干部违规利用低保资源谋求私利；三是农民对低保制度的认知度和参与率偏低，维权监督意识较为薄弱。（5）没有建立系统规范的监督管理机制。由于现行的农村低保工作没有形成事前事中预防控制、事后惩戒相结合的监督方式，各监督主体之间也缺乏科学的协调与配合，从而造成监督效率低下、监管成本浪费、监督流于形式等现象。

三、合理测定农村低保标准

农村低保标准是用来衡量农村居民能否达到维持其基本生活水平的一个最低支出指标，它不仅是农村最低生活保障制度的核心内容，也是农村低保对象识别的前提条件。从现状来看，不仅我国农村低保标准的理念仍然停留在解决"饱肚子"阶段，计算方法也不规范。随着经济和社会发展，我国农村生活水平得到了很大的提高，这使得农民对贫困的看法也有了更新，农村低保标准的制定的理念也需要更新。在整体经济水平不断提高、绝对贫困人口比重逐步下降、贫富差距日益拉大的背景下，笔者认为在贫困标准的理念选择上可以由绝对贫困逐步过渡到相对贫困上来。同时，农村低保标准的确定应融入能力贫困的考量。

目前我国各地在制定和调整最低生活保障标准时采用的方法主要有市场菜篮法、恩格尔系数法和消费支出比例法三种。这三种方法各有优势，但缺点也较为明显。一般而言，选择农村最低生活保障标准的测定方法应考虑以下三个因素：保障目标、计算复杂程度和数据可获得性。基于此，本书选择 ELES 模型法，其优势在于：（1）它是从相对的角度来考察贫困的，更加贴合当下对贫困的认知观点，而中国经济经历了一段时期较快的发展，"基本生活"的内容显然应该被丰富，在贫富差距日益扩大的情况下，如果还停留在完全的"绝对"，则政策的救助目标显得过低；（2）ELES 模型法的一个灵活性在于可以根据救助目标的层次来调节入选模型的商品或服务的范围。如果商品或服务的范围选择恰当，那么，虽然作为一种相对贫困标准的方法，但是仍然可以避免出现测量结果过高的情况；（3）ELES 模型法所利用的数据为官方统计数据，获取便利且计算过程不会过于复杂。

依据《中国统计年鉴》对居民消费支出的分类，本书对居民消费支出的数据分为食品、衣着、居住、家庭设备用品及服务、交通和通讯、文教娱乐用品及服务、医疗保障、其他商品和服务等八大类。为了更好地分析比较不同理念下的低保标准，笔者将消费支出划分为三个层次：生存型低保标准、基本型低保标准和发展型低保标准。同时，按不同收入组，将农村居民的收入分为五类：低收入户、中低收入户、中等收入户、中高收入户、高收入户。运用 2007—2016 年 10 个年份的数据，通过 ELES 模型的实证分析，得出以下结果：（1）低保标准理论值与实际低保标准的比较。该时期我国农村实际低保标准均低于生存型低保标准，与基本型低保标准有明显差距，更远低于发展型低保标准。以 2016 年为例，实际低保标准为 3744 元/年，而通过 ELES 模型法测得的生存型低保标准为 3919 元/年、基本型低保标准为 5768 元/年、发展型低保标准为 6610 元/年。但该时期生存型低保标准与实际低保标准差距整体上逐步减小，2016 年两者非常接近。（2）低保标准与农民人均纯收入分析。该期间，农村实际低保标准不仅在绝对量上是上升的，在相对量上也是上升的，这说明我国实际低保标准的起点过低，需要后期较快地增长以达到更合理的范围，并且笔者看到实际替代率达到的最高值也仅为 2016 年的 30.28%。生存型标准替代率表现得最为稳定，在 29.23%—32.36% 之间变化，基本型标准替代率大约比生存型标准替代率高 10%—15%，而发展型标准替代率比较高，比基本型标准替代率高 5%—8%。参照郑功成提出的替代率30%—35%的适度参照区间，可以看到生存型标准比较适宜。但由于农村收入水平偏低、恩格尔系数较大，其替代率理应高于参照区间，因而基本型标准并不是一种过高的低保标准。（3）低保标准与农民人均食品支出、人均消费支出分析。该期间，我国实际低保标准占人均食品支出的比重从2007年的60%一路上涨到2016年的115%。而生存型低保标准占人均食品支出的比重在93%—120%。从低保标准占人均消费性支出的比重来看，实际低保标准比值最高为2016年的37%，参照郑功成提出的低保标准占人均可支配收入比重为30%—35%的区间可以看到，三种理论标准值均符合这一要求，生存型低保标准占人均消费支出的比重稳定在40%左右，基本型低保标准占人均消费支出的比重在51%—58%之间。本书认为，实际低保标准不应低于生存型低保标准，同时力求接近基本型低保标准。

四、精准识别低保受助对象

作为扶贫兜底的最后一道屏障，如何将有限的低保救助资源集中到最需要救助的个人和家庭，精确识别、精准帮扶贫困对象，是一个不容忽视又亟待解决的问题。本书通过对多维测度方法的梳理和比较，并以A-F方法的测度模型为基础，通过将多维贫困方法应用于农村低保对象识别的可行性分析后，对测度模型作出相应的调整，从而分省、分区域对贫困地区和农村低保对象进行了精准识别，并得出以下结论：

（一）多维度精准识别农村低保对象更易满足"应保尽保"制度目标

导致贫困的原因随着时代的发展日趋多元化，仅以收入维度为标准对低保对象进行识别显然过于单一与片面。农村最低生活保障制度作为精准扶贫的重要手段，也并非只对绝对贫困进行帮扶。如果我们看重个体的生活质量，在农村最低生活保障对象的识别过程中，不仅要考虑收入和支出的可量化指标，也应考虑其他致贫因素的影响。实证分析表明，目前我国大部分地区的收入维度仍是农村居民贫困的主要原因，而教育、健康和生活水平等指标对农村地区多维贫困也具有较大的影响，尤其是家庭成员健康状况在各地区贫困发生率皆较高。因此，运用单一维度识别农村最低生活保障对象易造成目标选取的精准性不足，建立多维度识别机制显得尤为重要。

（二）农村低保对象识别维度选择应根据区域和农户的特征而有所差异

各地区致贫特点因社会经济发展、地理位置等有所差异，导致农村低保制度实施过程中，我国不同地区甚至经济发展水平接近的地区致贫因素也不尽相同，故而需要考虑收入要素以外致贫的隐形贫困人群。通过农户在各个维度指标的贫困状况的衡量，从而在具体农村低保对象识别操作中提供了一种可行方法，尤其是在基层识别过程中能够较为客观地对农户信息调查基础上对低保户进行筛选，并把农村低保户的精准识别与贫困区域的贫困状况相结合，进行有效的精准识别，这种识别包括了扶贫对象、贫困深度和致贫因素，且具有一定的动态性，能够对低保户信息进行实时的更新和监测，有效地实现"应保尽保、应退进退"的制度设计目标。

（三）多维贫困识别的指标选取和权重设定要因地制宜、有所差异

在建立农村低保多维识别机制时，在指标的选取、阈值的确定和

权重的设定上都应结合经济发展状况、区域贫困特征和农村居民意见有所差异，单纯照搬或套用国家标准及相关指标可能造成农村低保对象识别的精准化有所欠缺。根据实证分析结果显示，各区域贫困特征不同，在农村低保对象识别中应在指标设定时有所侧重。维度指标可以结合现行贫困识别中的打分制度，对各维度指标的差异程度进行细化并分层次进行打分，根据农户的调查信息计算各个家庭的贫困得分，对贫困得分进行排序比较，从而有效地识别出贫困农户，选定农村低保帮扶对象，为农村低保制度的有效运行提供政策依据。

五、典型案例问题剖析

综观甘肃与江西两省三个村的农村低保对象识别与选取的调研情况，自 2007 年全面推行农村低保制度以来，在我国农村的扶贫救困中发挥了不可替代的作用。农村低保制度本身的演进也是不断调整、渐趋完善的历程，农村低保的运行程序也呈现出不断规范、日趋合理的走势。农村低保制度设计的政策目标逐步接近，基本上达到了"应保尽保"的目标。然而，由于各地的经济、社会的发展差距较大，以及基层干部的素质与能力的差异性，低保政策落实的不同地方也呈现出不同的特性，其效果也存在一定的差距，"应退尽退"的政策目标也还没有实现，甚至还存在"假低保"的现象。比较甘肃与江西三个村委会的农村低保政策落实情况，笔者看到，甘肃省 HC 村低保政策的成效及其公平公正性明显与江西省的 SW 村、JT 村存在较大差距，即便是同处一个镇的 JT 村与 SW 村，其低保政策运行程序、低保对象识别与选取机制也存在一定的差异性。这不仅与当地村委会干部的素质与能力紧密相关，也与当地村民的素质与觉悟相关联。同时，低保制度本身也还存在一些与实际情况相脱节的地方。这些都是我们的制度设计者与政策实施者今后的努力方向。

分析总结两地三村的实地调研资料，我国农村最低生活保障制度运行及其低保对象识别机制还存在着较大改进的空间。

（一）农村低保制度本身还需完善优化

客观来看，目前农村低保制度的运行程序较为科学、合理，也具备一定的操作性。但从甘肃兰州 HC 村和江西德兴海口的 JT 村和 SW 村的调研结果来看，由于农村社会贫困问题的持久性、贫困成因的复杂性，以及低保资源的稀缺性，低保制度仍然存在一些与实际相脱节的地方，这在一定程度上反映出低保政策本身的弊端以及在农村社会的水土不服。一是现行农村低保制度在农村贫困户资产核查中的适用性较差。农村居民的收入来源不固定，很多家庭出于自利的考虑，上报家庭收入时，往往瞒报、谎报实际收入，也增加了收入核算的难度。二是低保资格承载过多的福利待遇导致一个低保名额两户分享的情形。而且，这些附加的救助使得低保户与低保边缘户之间差距倒挂，并加大了"应退尽退"的难度。三是以家庭为单位申报低保补助容易产生分户现象。

（二）农村低保对象识别程序运行有待进一步规范

一是农村低保政策宣传不到位，导致村民对低保政策的运行不关心、参与度低，真正的低保户不能充分地享受低保政策，低保工作也缺乏有效的大众监督。二是农村基层组织的自由裁量权过大，加上基层干部的工作能力和素质等诸多因素的影响，自由裁量权也就成了自由发挥争取利益的权利。三是低保对象长时间不更新，有进有出的动态管理机制很难实现。

（三）基层组织干部的政治素质和行政能力有待提升

低保政策的实施是个大工程，前期要对低保对象筛选、调查、登记、分类，还要进行低保资金调配，及时发放低保补助资金和物资，事后还要进行回访，调查，评估扶贫成效。农村低保工作繁杂，责任重大，对基层官员的素质要求比较高。从调研的情况来看，我国农村基层组织干部的政治素质和行政能力参差不齐，整体素质不高。由于人力物力的不足，村干部执行低保制度存在一定的变通性，常常简化低保标准的认定程序。村干部因个人私利考量往往存在一定徇私庇护行为。他们一方面向县乡级政府多多伸手，为本村和村民争取更多的财力与资源，以赢得村民的好感和支持，提升自己在村民中的威望；另一方面把低保的资格、名额作为自己的私有资源，照顾自己圈内或者是关系密切者，形成"关系保""人情保"。同时，村民代表因碍于情面或利益考量，在履行民主评议职责时，常常有走过场的行为。而且，村委会等基层组织因能力所限和人力不足，对农村低保的实施缺乏精细化管理，工作粗放不细致，形式大于内容。

第二节　对策建议

一、完善低保法律体系，强化低保问责制度

一项政策能否得到有效执行，成熟的法律保障是关键。2014年10月，党的十八届四中全会通过的《中共中央关于全面推进依法治国若干重大问题的决定》中明确提出，要"依法加强和规范公共服务，完善社会保障领域等方面的法律法规"，这意味着加快社会保障领域的法治化进程已经上升到国家战略层面。作为社会救助制度重要

组成部分的最低生活保障制度，也应该步入法治化轨道。虽然 2014 年以国务院令的形式颁布了《社会救助暂行办法》，从国家层面对社会救助领域的各项工作作出了总括性的指导，但农村低保工作始终缺乏专门性的和专业性的法律文件，农村低保的发展仍面临较多的法治困境。因此，应加强农村低保的立法工作，完善农村低保政策的法律体系。

（一）建立农村低保制度法律支撑体系

自 2007 年国务院在全国建立农村最低生活保障制度以来，农村低保制度已经走过了十余年的发展历程，但迄今为止，专门指导农村低保工作最高层级的法律文件依然只是国务院于 2007 年发布的《关于在全国建立农村最低生活保障制度的通知》，而城市最低生活保障制度的建立依据是《城市居民最低生活保障条例》。两相比较，前者是制度文件，更多地体现的是国家行政指导，而后者是行政法规，体现的是政策法定要求。农村低保制度的发展始终缺乏一部专属法规与之相匹配，这对于建立成熟完善的农村社会保障体系是非常不利的。因此，必须推动顶层设计，由最高立法机关或最高行政机关制定相应的低保法律法规，将现阶段农村低保工作中的有效做法和成熟经验制度化、法律化，促进农村低保制度有法可依，从而矫正基层低保工作的变通性、随意性，规避基层工作人员的徇私庇护行为，尽量减少各种形式的"关系保""人情保"现象。

（二）落实法律问责制，明确违规给予或获取救助资格的法律责任

国务院发布的通知中对各相关主体的法律责任规定较为笼统，在实际执行中留下了较大的自由裁量空间，而且各地出台的低保法规中

对于骗保行为的惩处主要是追回骗取的低保金、取消低保资格、缴纳罚金等。低保违规行为的违法成本过低，在一定程度上不利于低保制度的良性发展。因此，要加强法律对低保违规行为的惩处力度，严格执行法律条文中有关骗保行为的惩罚措施。对于政策执行主体而言，由于低保工作涉及村委会、乡镇政府、民政局等多个部门，当出现违规行为时，首先要明确责任主体，才能对相关人员的行为视严重程度不同进行责任追究。对于低保对象而言，当发现其骗保行为时，应取消其低保资格、追回发放的低保金并处一定金额的罚款，纳入诚信档案，对情节严重构成犯罪的骗保人，应依法追究刑事责任并对其日后其他社会救助项目的申请进行重点审查。

二、制定适宜的农村低保标准

农村低保标准是用来衡量农村居民能否达到维持其基本生活水平的一个最低支出指标，它不仅是农村最低生活保障制度的核心内容，也是农村低保对象识别的前提基础。

（一）更新农村低保标准的理念

用于衡量低保标准指标的选择在很大程度上取决于如何看待贫困。目前在我国，无论是扶贫线还是低保标准基本属于对绝对贫困和收入贫困的考量，所能达到的制度目标看似足够满足最低生活需求，但在平均生活水平日益提高的大背景下，这样的生活水准是不够的，且底层农村居民完全无法摆脱贫困漩涡，产生贫困代际传递问题。由此，在我国整体经济水平不断提高、绝对贫困人口比重逐步下降、贫富差距日益拉大的背景下，我们在贫困标准的理念选择上可以由绝对贫困逐步过渡到相对贫困上来。同时，农村低保标准的确定应融入能力贫困的考量。

（二）恰当选择农村低保标准测定方法

低保标准的计算方并不存在优劣之分，其选择的关键在于该标准所要达到的目标以及实现的可能性，因此在方法的选择上需要考虑保障目标、计算复杂程度、数据可获得性等因素。基于此，笔者认为，ELES 模型法是测定农村最低生活保障标准的优选方法。该方法是从相对的角度来考察贫困的，更加贴合当下对贫困的认知观点；其灵活性在于可以根据救助目标的层次来调节入选模型的商品或服务范围；所用的数据为官方统计数据，获取便利且计算过程不会过于复杂。

（三）农村低保标准以生存型低保标准为基础，适时向基本型低保标准过渡

依据《中国统计年鉴》对居民消费支出的八大分类，将消费支出划分为三个层次：生存型低保标准、基本型低保标准和发展型低保标准，通过 ELES 模型进行实证分析可知，2007—2016 年农村实际低保标准均低于生存型低保标准，与基本型低保标准有明显差距，更远低于发展型低保标准。以 2016 年为例，实际低保标准为 3744 元/年，而通过 ELES 模型法测得的生存型低保标准为 3919 元/年、基本型低保标准为 5768 元/年、发展型低保标准为 6610 元/年。生存型低保标准与实际低保标准差距整体上逐步减小，2016 年两者非常接近。从低保标准与农民人均纯收入比重来分析，生存型标准比较适宜，但基本型标准也不是一种过高的低保标准；从低保标准与农民人均食品支出、人均消费支出分析来看，我国农村低保标准不应低于生存型低保标准，同时力求接近基本型低保标准。综上所述，目前我国大部分地区采用生存型低保标准是适宜的，经济发达的省份可以采用基本型低

保标准，将来条件许可时欠发达地区也应该力求采用基本型低保标准。

三、建立区域性的家计核查机制，做实低保对象识别的基础

在低保政策执行过程中，对申请者的经济状况调查主要是通过家计调查实现的，在此基础上大部分地区主要依据家庭年人均收入水平来确定低保对象。但这个方法在实践中面临诸多问题，主要表现在：对农民的非货币性收入难以量化；农民就业形式的多样化导致家计调查无法准确掌握农民的真实收入情况；受《商业银行法》等法律限制，家计调查也无法获取申请者的存款情况等。而且，不同地区农村社会的发展情况不同，也应该适用不同的家庭经济状况核查机制。如江苏、浙江、上海等发达地区，这些地区农村经济发展较快、社会化程度较高、地方政府的行政能力较强；而大部分中西部地区的农村，经济发展较慢、社会化程度较低，地方政府掌握的资源有限。因此各地应根据自身的客观情况建立合适的家庭经济状况核查机制。

发达地区的农村可以借鉴上海地区对贫困人口瞄准的做法。其做法是：以统一的贫困线作为贫困人口识别的唯一标准，建立程序化和技术化的收入核查制度对贫困人口的收入进行精确调查。江苏、浙江、广东等发达地区，政府财政能力与行政能力较强，可以参考上海模式，逐步建立起规范、完整的信息系统，实现对农民信息的全方位掌握：一是加强与当地主要就业单位的联系，获得他们的支持；二是要加强政府内各部门之间的联系，努力做到信息共享与公开；三是要建立规范化的信息证明系统，为申报低保的个体提供相应的证明材

料，增强认证的便捷性与可靠性，做到程序规范、认证合理。

我国欠发达地区的农村可以借鉴湖北 Z 县低保评定的办法。Z 县是国家级贫困县，生产以农业为主，人均收入水平不高，因此 Z 县模式对广大中西部地区具有较强的参考价值。其做法是：首先由 Z 县政府根据农民"半工半耕"的模式和经济处境设计了一套"虚拟收入计算法"，其中种养殖收入和工资性收入根据家庭劳动力人口数、种养殖规模和耕地数量按当年的相对市场价格进行计算，转移性收入主要指赡养抚养收入，一般按照双方协议或赡养人能力进行计算；其次按照民主评议的方式，由村干部、村民代表以及选举产生的监督员按照"虚拟计算法"计算出所有申请者的收入情况；最后为了避免代理人的权力寻租，实行严格的干部备案制和公示制度。由于县域范围内的经济具有较高的同一性，广大中西部地区可以考虑以县为单位，考察本县农民的家计模式、就业机会、经济处境等，据此设计一套合理的、操作性强的指标体系以测算农民收入水平。与此同时，充分发挥村民参与民主评议和监督的积极性，提高认证的准确性和规范性。

四、规范低保对象识别程序

低保对象识别选取是整个农村低保制度运行的核心，其识别程序蕴含在农村低保政策的所有环节，它贯穿农村低保工作的始终。从广义考量，规范低保对象识别程序就是要配备一定数量的人力物力，采用先进、有效的技术手段，设计科学、完整的农村低保对象识别工作流程。鉴于各地政府的财政能力、行政能力、农村低保工作量等因素的制约，理想化的低保对象识别程序显然不现实，但从现有的客观条件和主观因素出发，并结合各地农村的实际情况，从狭义的角度，可以在以下几个方面来改进我国农村低保对象识别的工作程序。

（一）从多维度对农村低保对象进行精准识别

目前我国大部分地区的收入维度仍是农村居民贫困的主要原因，而教育、健康和生活水平等指标对农村地区多维贫困也具有较大的影响，尤其是家庭成员健康状况在各地区贫困发生率皆较高。因此，运用多维度识别机制显得尤为重要，更易满足"应保尽保"的制度目标。由于各地区致贫特点因社会经济发展、地理位置等有所差异，其低保对象识别指标维度选择应根据区域和农户的特征而有所差异。因此，在建立农村低保多维识别机制时，在指标的选取、阈值的确定和权重的设定上都应结合经济发展状况、区域贫困特征和农村居民意见而有所差异。根据实证分析结果显示，各区域贫困特征不同，在农村低保对象识别中应在指标设定时有所侧重。维度指标可以结合现行贫困识别中的打分制度，对各维度指标的差异程度进行细化并分层次进行打分，根据农户的调查信息计算各个家庭的贫困得分，对贫困得分进行排序比较，从而有效地识别出贫困农户，选定农村低保帮扶对象。这种识别包括了扶贫对象、贫困深度和致贫因素，且具有一定的动态性，能够对低保户信息进行实时的更新和监测，有效实现"应保尽保、应退进退"的制度设计目标。

（二）引入第三方介入低保对象识别工作

由于人情因素的影响，在农村低保工作中，"人情保""亲戚保"的现象难以避免。为此，不妨引入第三方的力量，采取校政联合的方式，做实大学生暑期三下乡等社会实践活动。这种做法的优势有以下几点：首先，大学生学习能力较强，能迅速学习到低保的各项内容，让他们把握到国家相关惠农政策、了解农村经济社会发展状况；其次，由于经费的因素，限制了很多偏远地区对低保家庭实际情况的入户调查，这项工作交给大学生完成，把部分经费作为补贴，从而使得较少的经费投入完成较大的农村低保工作任务。而且还可以较好地避免在低保中出现较严重的"人情保""关系保""权利保"等现象。农村低保管理工作的一个重要问题是低保工作人员严重不足，一般都是一个人兼管多项工作，难以做细、做实农村低保工作。大学生团体的介入可以较全面掌握村民的经济状况，客观、合理地评估农村居民的生活水平和贫困程度，并对某一村甚至某一乡镇贫富差距排序。然后，由村书记、村长和政府低保工作人员选出低保家庭做入户调查，这样节约了时间和人力成本，提高了效率。

（三）做好低保对象的定期排查，完善动态管理制度

低保政策的目标是为了帮助基本生活需求不能保障的贫困农民。为了避免产生福利依赖，应加强动态监督管理，让退出机制运行流畅。一要确保参与监管的人员的随机性，避免不合理的低保出现。可积极推行"双随机一公开"制度，双随机指的是随机抽取检查对象和检察人员，检查对象不能提前告知对方，随机抽取，避免出现掩盖家庭生活水平的情况，检察人员随机选，避免长期与同一个工作人员接触，人情意味过重，出现人情保。一公开指的是检查结果应公开，接受监督。二要助力农村低保退出机制运行顺畅。目前农村低保附带的一系列优待政策的福利程度较高，容易产生福利依赖，增加低保退出机制的实施难度。因而可以适当调整低保对象附带的优待政策，积极鼓励农民自己造血。同时，应适当兼顾低保边缘户的生活补助，缩小其与低保户的福利落差，以减少低保对象选取工作中的矛盾。通过这种低保户和低保边缘户之间"一降一增"的政策措施，可以降低

农村低保退出的难度，提升"应退尽退"的实施成效。

（四）要注重发挥村民的积极性，鼓励村民亲身参与低保工作过程

农村低保工作关乎农民个人的利益，应该由农民个体参与选取和民主评议。在低保对象的申请、推荐方面，不仅要鼓励符合条件的农户主动申报，村干部和村民也要积极推荐符合低保资格的困难户，以便使困难农户都能受到关注并被推举出来。在民主评议环节，可以组织有一定人数参加的评议团体，团体成员的选择遵从随机型原则。村民之间的生活水平、生活条件的评议最公平，评议团评议出的低保户是大家都认同的贫困户，如果想申请低保，可以向评议团提出评议申请，评议团经过评议，通过就列入低保范畴。村民民主参与度的提高，有利于低保运行的公开性和公平性，充分发挥村民监督的作用。这不仅有助于评选出真正需要帮助的贫困对象，而且培养了村民参与公共事务的热情，深化了村民对政策的了解，使其对低保政策有更为深切的体会。

五、增进政策执行主体的执行力，提升基层低保工作绩效

政策执行主体的素质能力和队伍建设是影响政策执行效果的关键因素。低保政策的实施是个大工程，前期要对低保对象筛选、调查、登记、分类，还要进行低保资金调配，及时发放低保补助资金和物资，事后还要进行回访调查，评估扶贫成效。农村低保工作繁杂，责任重大，对基层官员的素质要求比较高。现阶段我国乡镇事务繁忙，专门从事低保工作人员的数量有限，且大部分从事低保工作的乡镇干部工作方式陈旧，专业素质不高；而且大部分农村地区缺乏具有社会保障、统计、社会工作等专业知识的人员。低保工作的专业化、超负

荷和低保工作人员素质参差不齐、人手不足之间的矛盾，是影响农村低保政策落实程度的重要因素。因此，有必要加大对农村低保工作人员的培训力度，提高他们的政策理解能力和政策执行能力，不断充实基层低保工作人员队伍建设。

积极培育基层低保工作人员的工作能力，提升低保工作效率，是农村低保工作的重要内容。首先，要加强基层低保工作人员的清政廉政建设，提高其政治素养和勤政能力，牢固树立服务意识，倡导公民本位理念，摒弃传统的权力观念和"官本位"思想，减少或杜绝徇私妄政、各种"人情保""关系保"的现象；其次，要对基层低保相关工作人员进行定期业务培训，使他们能够及时了解低保的有关政策、法规、文件等，增强他们的信息捕捉能力和政策解读能力；再次，要不断充实基层队伍的专业人员队伍，建议通过在乡镇设立事业编制的做法，吸收有社会保障、统计、社会工作等专业知识背景的大学生，满足乡镇低保工作的需要。另外，鼓励更多的大学生当村官，整体提升基层政府公务员的学历水平和行政能力。最后，建立健全低保工作人员的绩效考核机制，低保基层干部是服务类的职业，应从服务态度、执行能力、工作业绩、清政廉政、客户满意度等方面加强考核，对责任心强、作风正、工作态度好、积极努力的工作人员给予激励。

六、加强低保政策宣传，提高群众低保参评的积极性

公共政策的执行效果在一定程度上与政策目标群体对政策的理解、掌握程度息息相关。低保政策的目标群体是贫困农户，如果在低保政策执行过程中村民对该项政策知之不多，就很难得到他们的理

解、支持和配合，那么政策执行效果就要大打折扣。因此，加强低保制度在农村地区的宣传建设，有利于为政策落实创造一个良好的外部环境。

如何有效地开展政策宣传与教育，使农民加深对政策的理解与了解，对政策的有效执行意义重大。鉴于我国许多地区农村居民对低保政策了解较少、关注不多，对低保工作的参与度不高，地方政府尤其中西部欠发达地区的基层政府要多渠道、多手段大力宣传农村低保政策。

随着现代化生活方式在农村的普及，农民获取信息的渠道已经不仅仅局限于广播、电视、报纸以及基层干部入户宣传，微信等应用程序的兴起已成为农民了解信息的又一重要途径。首先，基层政府工作人员应发挥不同媒介的优势，不断拓展低保政策的宣传渠道。村委会与基层干部应切实做好入户宣传，注重加强与农民的互动，及时了解农民的政策需求与意愿。充分发挥新媒体的信息传播优势，可以通过设立低保微信公众号的方式，发布有关的政策、文件等，方便农民查阅信息。其次，可以借助大学生的力量，通过暑期三下乡的方式，宣传农村的惠民政策。考虑到政府基层人员本来就人手不足，更没有时间去做政策的宣导，可以充分利用大学生的各种社会实践活动，以义工的形式到农村去宣讲各地政府的惠农政策法规。这样即节约了低保工作经费，也让大学生关注国家动态，还让村民了解到政策。

只有政策明了、群众明白，知晓什么样的情况下可申请低保、申请哪类低保，在达到什么条件时必须退出低保补助，农户才有参与的积极性，才有兴趣参与民主评议。可以推荐更适合的低保对象，使得农村低保工作更为顺利通畅。

七、完善农村低保监管机制，强化低保评选的监管工作

健全的监督制度是实现低保对象有效瞄准的重要保障，如果政策执行缺乏监督很容易导致政策落实流于形式。从我国农村低保监督工作的执行现状来看，监督体系没有发挥出其应有的效果，这主要表现在行政体系内部的监督存在漏洞且外部监督没有得到足够的重视。监督管理工作的落后使得低保政策落实过程粗糙，低保对象认定不够科学、合理，严重影响了低保制度的执行效果。因此，应强化农村低保的监督管理工作，提高低保政策的落实效果。

（一）建立低保资格认证的内部监督和外部监督的双重监管机制

由于农村低保待遇申请首先要向所在村委会或乡镇政府提出申请，经过村民评议后再报送县民政部门审批，因此在申请环节可能会出现村干部或基层干部违规利用低保资源的情况。这就要求充分发挥内部监督和外部监督的作用。从内部监督来看，首先要对低保程序的合法性加强监督。例如，首先对低保申请的民主评议环节进行监督，保证民主评议的公平公开公正，可以在很大程度上提高低保对象识别的准确性；其次，对基层干部工作实行备案制度，明确干部工作责任边界，从制度约束上减少寻租现象的发生。从外部监督来看，要充分发挥村民监督的积极性，实行公示制度不失为一个有效的措施。乡镇和县级政府的低保工作部门应建立简便畅通、适合村民使用的农村低保申述、举报渠道，只有这样村民监督才能对干部行为产生约束力。

（二）建立智能化的监督管理平台，充分发挥大数据的功能

目前我国农村低保工作中对低保户情况的核查和管理主要依赖人工方式进行，但在实际操作中，基层政府通常只有1—2名社保专员和民政专员，日常工作事务繁忙，难以做到对所有低保户情况的逐一

回访和核实，因此目前对低保户情况的核查主要采取抽查的方式进行，这就不可避免地会存在偏差。随着信息化发展和技术手段升级，大数据对于社会治理和人民生活都有着重要影响。在低保工作过程中，可以考虑利用人工智能技术建立低保监测管理平台，对所有低保户的情况进行普查以充分了解低保实施状况。要充分利用大数据的优势，分析影响低保户骗保、退保的因素，并及时采取有效措施进行管理。

参考文献

1．［日］速水佑次郎、［日］神门善久：《发展经济学：从贫困到富裕（第3版）》，李周译，社会科学文献出版社2009年版。

2．艾广青、刘晓梅、孙健：《农村低保家庭收入核算探析》，《财经问题研究》2009年第9期。

3．艾广青、刘晓梅、田伟科：《农村最低生活保障对象界定方法探索》，《财政研究》2009年第8期。

4．安永军：《低保瞄准的精准化与农村低保治理转型——基于鄂东W村的实地调研》，《社会保障研究》2017年第11期。

5．安永军：《规则软化与农村低保政策目标偏移》，《北京社会科学》2018年第8期。

6．安永军：《农村低保政策中的"福利叠加"现象及成因》，《西北农林科技大学学报（社会科学版）》2017年第9期。

7．白晨、顾昕：《省级政府与农村社会救助的横向公平——基于2008—2014年农村最低生活保障财政支出的基尼系数分析和泰尔指数分解检验》，《财政研究》2016年第1期。

8．白利友、张飞：《精准扶贫：贫困治理的"中国样本"与"中国经验"》，《西北民族大学学报（哲学社会科学版）》2018年第

7 期。

9．毕天云：《论我国城乡居民最低生活保障制度的整合》，《天津师范大学学报（社会科学版）》2017 年第 3 期。

10．边恕、冯梦龙、孙雅娜：《中国农村家庭资产贫困的测量与致因》，《中国人口科学》2018 年第 8 期。

11．边恕、孙雅娜、张玲玲：《辽宁农村低保给付标准与调整机制研究——基于马丁法的分析》，《辽宁大学学报（哲学社会科学版）》2017 年第 9 期。

12．曹艳春、陈翀：《从"低保"标准到"家庭运行标准"——社会救助制度的革新与设计》，《现代经济探讨》2016 年第 4 期。

13．曹艳春：《农村低保制度对贫困群体生活水平改善效应研究》，《中国人口科学》2016 年第 6 期。

14．曹艳春：《我国城市"低保"制度的靶向精准度实证研究》，《中央财经大学学报》2016 年第 7 期。

15．陈成文、陈建平：《农村贫困人口退出标准："契合度"偏差及其测度转向》，《江苏社会科学》2018 年第 5 期。

16．陈成文、李春根：《论精准扶贫政策与农村贫困人口需求的契合度》，《山东社会科学》2017 年第 3 期。

17．陈成文：《对贫困类型划分的再认识及其政策意义》，《社会科学家》2017 年第 6 期。

18．陈传波、王倩茜：《农村社会救助瞄准偏差估计——来自120 个自然村的调查》，《农业技术经济》2014 年第 8 期。

19．陈光燕、司伟：《民族地区贫困农户多维贫困测量与帮扶精准度研究》，《中国农业大学学报》2018 年第 7 期。

20．陈国强、罗楚亮、吴世艳：《公共转移支付的减贫效应估计——收入贫困还是多维贫？》，《数量经济技术经济研究》2018 年第 5 期。

21．陈建东、马骁、秦芹：《最低生活保障制度是否缩小了居民收入差距》，《财政研究》2010 年第 4 期。

22．陈劲、尹西明、赵闯：《反贫困创新的理论基础、路径模型与中国经验》，《天津社会科学》2018 年第 7 期。

23．陈明文：《分级负责与合理负担——我国农村最低生活保障资金筹措方式浅析》，《湖南行政学院学报》2007 年第 1 期。

24．陈文琼、刘建平：《论农村低保救助扩大化及其执行困境》，《中国行政管理》2017 年第 2 期。

25．陈宗胜、文雯、任重：《城镇低保政策的再分配效应——基于中国家庭收入调查的实证分析》，《经济学动态》2016 年第 3 期。

26．陈宗胜、于涛：《中国城镇贫困线、贫困率及存在的问题》，《经济社会体制比较》2017 年第 11 期。

27．程冠军著：《精准脱贫中国方案》，中央编译出版社 2017 年版。

28．程名望、张帅、史清华：《农户贫困及其决定因素——基于精准扶贫视角的实证分析》，《公共管理学报》2018 年第 1 期。

29．程中培：《城市低保标准测度与调整》，《重庆社会科学》2016 年第 6 期。

30．邓大松、王增文：《"硬制度"与"软环境"下的农村低保对象的识别》，《中国人口科学》2008 年第 5 期。

31．邓大松、王增文：《我国农村低保制度存在的问题及其探讨——以现存农村"低保"制度存在的问题为视角》，《山东经济》2008 年第 1 期。

32．邓大松、仙蜜花：《社会保障转移支付对收入分配差距的调节效应——基于东部 12 个省市的实证研究》，《社会保障研究》2013 年第 6 期。

33．丁国峰、赵新龙：《日本最低生活保障制度对我国农村低保的借鉴》，《学术界》2010 年第 11 期。

34．丁建文、刘飞：《公平与效率下农村低保"准入—退出"机制分析》，《江西农业大学学报（社会科学版）》2009 年第 8 期。

35．方菲：《社会排斥视野下农村低保对象的生活图景探究——基于湖北省 X 村和 T 村的调查》，《中国农村观察》2012 年第 2 期。

36．冯骁：《贫困地区基本公共服务均等化研究：基于主体功能区框架的分析》，经济科学出版社 2016 年版。

37．冯怡琳、邸建亮：《对中国多维贫困状况的初步测算——基于全球多维贫困指数方法》，《调研世界》2017 年第 12 期。

38．高明、唐丽霞：《多维贫困的精准识别——基于修正的 FGT 多维贫困测量方法》，《经济评论》2018 年第 3 期。

39．高帅：《贫困识别、演进与精准扶贫研究》，经济科学出版社 2016 年版。

40．高翔、李静雅、毕艺苇：《精准扶贫理念下农村低保对象的认定研究——以山东省某县为例》，《经济问题》2016 年第 5 期。

41．葛岩、吴海霞、陈利斯：《儿童长期多维贫困、动态性与致贫因素》，《财贸经济》2018 年第 7 期。

42．耿羽：《错位分配：当前农村低保的实践状况》，《人口与发展》2012 年第 1 期。

43．顾海娥：《中国社会救助制度的价值取向——以最低生活保障制度为例》，《甘肃社会科学》2017 年第 7 期。

44．关信平：《我国低保标准的意义及当前低保标准存在的问题分析》，《江苏社会科学》2016 年第 6 期。

45．郭剑平：《我国农村最低生活保障制度的实施现状与路径选择》，《河南社会科学》2013 年第 2 期。

46．郭熙保、周强：《中国农村代际多维贫困实证研究》，《中国人口科学》2017 年第 8 期。

47．韩华为、高琴、徐月宾：《物质剥夺视角下的农村绝对贫困及其影响因素研究》，《人口学刊》2017 年第 11 期。

48．韩华为、高琴：《代理家计调查与农村低保瞄准效果——基于 CHIP 数据的分析》，《中国人口科学》2018 年第 6 期。

49．韩华为、高琴：《中国农村低保制度的保护效果研究——来自中国家庭追踪调查（CFPS）的经验证据》，《公共管理学报》2017 年第 4 期。

50．韩华为、徐月宾：《中国农村低保制度的反贫困效应研究——来自中西部五省的经验证据》，《经济评论》2014 年第 6 期。

51．韩华为：《农村低保户瞄准中的偏误和精英俘获——基于社区瞄准机制的分析》，《经济学动态》2018 年第 2 期。

52．韩君玲：《日本最低生活保障法研究》，商务印书馆 2007 年版。

53．韩克庆：《减负、整合、创新：我国最低生活保障制度的目标调整》，《江淮论坛》2018 年第 6 期。

54．韩克庆：《社会救助是兜底性保障吗？——一项关于低保标准的描述性研究》，《郑州大学学报（哲学社会科学版）》2018 年第 7 期。

55．郝秀琴：《农村最低生活保障支出最优规模估计——以河南省为例》，《地方财政研究》2014 年第 9 期。

56．何晖、邓大松：《中国农村最低生活保障制度运行绩效评价——基于中国 31 个省区的 AHP 法研究》，《江西社会科学》2010 年第 11 期。

57．何植民、温婷：《农户视角下的农村最低生活保障政策实施效果评估分析——基于江西与湖南两省的抽样调查》，《云南行政学院学报》2013 年第 6 期。

58．何植民、熊小刚：《农村最低生活保障政策实施绩效的综合评价——基于我国东中西部地区 20 个县的调查数据分析》，《中国行政管理》2015 年第 12 期。

59．何植民：《农村低保政策实施效果评价与分析》，《行政论坛》2014 年第 1 期。

60．何植民：《农村最低生活保障政策评价指标体系的构建——基于群组决策分析模型的运用》，《中国行政管理》2013 年第 11 期。

61．何植民：《农村最低生活保障政策实施绩效评估及优化研究》，经济科学出版社 2015 年版。

62．何植民：《农村最低生活保障政策有效执行的影响因素及对策分析》，《江西财经大学学报》2013 年第 2 期。

63．贺大姣、胡象明：《论农村低保制度设计的社会公正价值目标》，《求索》2008 年第 4 期。

64．贺雪峰：《农村低保实践中存在的若干问题》，《广东社会科学》2017 年第 5 期。

65．贺雪峰：《中国农村反贫困问题研究：类型、误区及对策》，《社会科学》2017 年第 4 期。

66．洪名勇、吴昭洋、王珊：《贫困指标分解、民主评议与扶贫云系统失灵——兼论贫困户识别的基层民主方式》，《农业经济问题》2017 年第 12 期。

67．侯亚景：《中国农村长期多维贫困的测量、分解与影响因素分析》，《统计研究》2017 年第 11 期。

68．胡国恒、王丽华：《低保救助制度碎片化问题浅析》，《社会保障研究》2016 年第 9 期。

69．胡思洋：《低保制度功能定位的制度变迁与合理取向》，《社会保障研究》2017 年第 1 期。

70．胡思洋：《最低生活保障制度的功能定位研究》，经济科学出版社 2016 年版。

71．华学成、许加明：《阿马蒂亚·森的自由发展观对中国农村反贫困的启示》，《学海》2017 年第 9 期。

72．霍萱、林闽钢：《城乡最低生活保障政策执行的影响因素及效果分析》，《苏州大学学报（哲学社会科学版）》2016 年第 12 期。

73．江华、杨雪：《农村低保线评估——基于需求层次与扩展线性支出法测算》，《人口与经济》2014 年第 1 期。

74．蒋谨慎：《论阿玛蒂亚·森对贫困理论的变革》，《社会科学家》2017 年第 5 期。

75．焦克源、杨乐：《扶贫开发与农村低保衔接研究：一个文献述评》,《中国农业大学学报（社会科学版）》2016 年第 11 期。

76．金淑彬：《城乡统筹视角下完善西部农村最低生活保障制度的对策分析》,《财经科学》2008 年第 5 期。

77．赖志杰、廖宇航：《建立农村低保资金分担机制的思考——基于两级政府之间行为的博弈分析》,《江西农业大学学报（社会科学版）》2009 年第 3 期。

78．赖志杰：《"瞄偏"与"纠偏"：社会救助对象的确定——以最低生活保障制度为例》,《理论探索》2013 年第 2 期。

79．兰剑、慈勤英：《中国社会救助政策的演进、突出问题及其反贫困突破路向》,《云南社会科学》2018 年第 7 期。

80．雷勋平、Robin Qiu：《农村低保政策绩效评价及障碍因子诊断》,《统计与决策》2017 年第 18 期。

81．李宝山：《基于收入和支出识别测量贫困的差异研究》,《调研世界》2018 年第 4 期。

82．李博、张全红、周强、Mark Yu：《中国收入贫困和多维贫困的静态与动态比较分析》,《数量经济技术经济研究》2018 年第 8 期。

83．李春根、廖彦：《论精准扶贫背景下农村低保对象的诚信机制建设》,《山东社会科学》2018 年第 3 期。

84．李春根、夏珺：《中国农村低保标准保障力度的变化轨迹和省域聚类分析——基于 31 个省域的实证分析》,《中国行政管理》2015 年第 11 期。

85．李春根：《农村低保制度的调研和思考——基于江西省农村低保对象的数据》,《江西财经大学学报》2010 年第 3 期。

86．李锋：《类型学视角下农村低保精准退出机制研究》,《社会科学家》2018年第1期。

87．李钢、乔海程：《扶贫背景下农村贫困地区信息贫困度测评指标体系研究》，《农业技术经济》2017年第5期。

88．李昊源、崔琪琪：《农村居民家庭贫困的特征与原因研究——基于对甘肃省调研数据的分析》，《上海经济研究》2015年第4期。

89．李鸿：《贫困落后地区增强自我发展能力研究：以贵州省为例》，中国社会科学出版社2015年版。

90．李后建、刘维维：《家庭的嵌入对贫困地区农民创业绩效的影响——基于拼凑理论的实证检验》，《农业技术经济》2018年第7期。

91．李鹏、张奇林：《兼得公平效率——家庭规模和结构视阈下城乡低保标准与救助对象精准识别》，《宁夏社会科学》2017年第1期。

92．李鹏：《挤出还是促进——地方财政分权、市场化与低保救助水平差异》，《北京社会科学》2017年第3期。

93．李琦、曹艳春：《我国城镇居民最低生活保障制度降贫效果实证分析》，《大连理工大学学报（社会科学版）》2017年第1期。

94．李盛基、吕康银、朱金霞：《农村最低生活保障制度的减贫效果分析》，《税务与经济》2014年第3期。

95．李小云、董强、刘启明、王妍蕾、韩璐：《农村最低生活保障政策实施过程及瞄准分析》，《农业经济问题》2006年第11期。

96．李小云、唐丽霞、许汉泽：《论我国的扶贫治理：基于扶贫资源瞄准和传递的分析》，《吉林大学社会科学学报》2015年第4期。

97．李雪峰：《贫困与反贫困：西部贫困县基本公共服务与扶贫开发联动研究》，中国财政经济出版社 2016 年版。

98．李艳军：《农村最低生活保障目标瞄准机制研究——来自宁夏 690 户家庭的调查数据》，《现代经济探讨》2011 年第 1 期。

99．李艳军：《农村最低生活保障目标瞄准研究——基于代理财富审查（PMT）的方法》，《经济问题》2013 年第 2 期。

100．李迎生、李泉然、袁小平：《福利治理、政策执行与社会政策目标定位——基于 N 村低保的考察》，《社会学研究》2017 年第 11 期。

101．李振刚：《我国农村最低生活保障制度目标定位机制的反思——从家计调查到类别身份》，《广东社会科学》2016 年第 2 期。

102．李正东等：《贫困何以生产：城市低保家庭的贫困状况研究》，中国社会出版社 2018 年版。

103．梁雅莉、张开云：《我国农村最低生活保障制度实施效果评价——基于 31 个省域的宏观数据研究》，《西部学刊》2014 年第 2 期。

104．林闽钢、梁誉、刘璐婵：《中国贫困家庭类型、需求和服务支持研究——基于"中国城乡困难家庭社会政策支持系统建设"项目的调查》，《天津行政学院学报》2014 年第 3 期。

105．刘波、王修华、彭建刚：《主观贫困影响因素研究——基于 CGSS（2012—2013）的实证研究》，《中国软科学》2017 年第 7 期。

106．刘丹、卢洪友：《谁从增加的农村低保支出中受益？——基于边际受益归宿的分析》，《财经论丛》2018 年第 2 期。

107．刘峰：《我国农村最低生活保障制度改革的困境与突围》，

《贵州社会科学》2012 年第 7 期。

108．刘凤芹、徐月宾：《谁在享有公共救助资源？——中国农村低保制度的瞄准效果研究》，《公共管理学报》2016 年第 1 期。

109．刘洪、王超：《基于分层 Logistic 回归模型的中国农村贫困识别研究》，《农业技术经济》2018 年第 2 期。

110．刘磊：《基层社会政策执行偏离的机制及其解释——以农村低保政策执行为例》，《湖北社会科学》2016 年第 8 期。

111．刘丽娟：《精准扶贫视域下的城乡低保瞄准机制研究》，《社会保障研究》2018 年第 1 期。

112．刘奇：《贫困不是穷人的错》，生活书店出版有限公司 2015 年版。

113．刘圣中、王晨：《浮动的保障线：农村低保政策的变通执行》，《农村经济》2016 年第 9 期。

114．刘伟：《总结克服"贫困陷阱"经验 开启新时代现代化新征程——学习党的十九大报告关于新发展理念重要方略的体会》，《经济理论与经济管理》2018 年第 1 期。

115．刘小珉：《民族地区农村最低生活保障制度的反贫困效应研究》，《民族研究》2015 年第 2 期。

116．刘小珉：《贫困的复杂图景与反贫困的多元路径》，社会科学文献出版社 2017 年版。

117．刘晓梅、王文君、西萌：《我国低保资金绩效评估之思考》，《宏观经济研究》2014 年第 3 期。

118．刘晓梅：《农村低保家庭收入核查机制研究》，《农业经济问题》2010 年第 9 期。

119．刘一伟、汪润泉：《收入差距、社会资本与居民贫困》，《数量经济技术经济研究》2017 年第 9 期。

120．刘一伟：《"错位"还是"精准"：最低生活保障与农户多维贫困》，《现代经济探讨》2018 年第 4 期。

121．刘裕、王璇：《贫困地区贫困人口对精准扶贫满意度及影响因素实证研究》，《经济问题》2018 年第 7 期。

122．柳建平、刘方方：《农村低保对农户脱贫的影响及政策效应研究》，《西北民族大学学报（哲学社会科学版）》2018 年第 2 期。

123．陆汉文、黄承伟：《中国精准扶贫发展报告（2017）》，社会科学文献出版社 2017 年版。

124．陆汉文、梁爱有：《第三方评估与贫困问题的民主治理》，《中国农业大学学报（社会科学版）》2017 年第 10 期。

125．罗静、沙治慧：《城乡低保待遇水平与物价联动标准测算方法改进》，《社会保障研究》2018 年第 1 期。

126．罗万云、王光耀、韦惠兰：《环境风险认知、生计禀赋与农民生态移民意愿——基于甘肃省西部生态贫困县市的实证调查》，《北方民族大学学报（哲学社会科学版）》2018 年第 7 期。

127．骆为祥：《中国老年人的福祉：贫困、健康及生活满意度》，社会科学文献出版社 2016 年版。

128．米红、叶岚：《中国农村最低生活保障标准的模型创新与实证研究》，《浙江社会科学》2010 年第 5 期。

129．宁亚芳：《农村最低生活保障制度缓贫效应：来自西部民族地区的证据》，《贵州社会科学》2014 年第 11 期。

130．宁亚芳：《云南省农村最低生活保障发展研究》，社会科学文献出版社 2018 年版。

131．彭新万：《贫困与发展的主导因素：中国农村改革 30 年制度变迁的经验研究》，经济管理出版社 2010 年版。

132．彭宅文：《财政转移支付、地方治理与城市低保发展——基于省际面板数据的实证分析》，《公共行政评论》2017 年第 6 期。

133．仇叶、贺雪峰：《泛福利化：农村低保制度的政策目标偏移及其解释》，《政治学研究》2017 年第 6 期。

134．仇叶：《从配额走向认证：农村贫困人口瞄准偏差及其制度矫正》，《公共管理学报》2018 年第 1 期。

135．宋扬、杨乃祺：《最低生活保障制度的瞄准效率与减贫效果分析——基于北京、河南、山西三地的调查》，《社会保障研究》2018 年第 7 期。

136．苏树厚：《农村最低生活保障制度创新研究》，中国社会科学出版社 2014 年版。

137．孙健夫、付云飞：《河北省财政支持农村最低生活保障适度性实证分析》，《河北大学学报（哲学社会科学版）》2012 年第 6 期。

138．孙嫱：《政策执行与村落应对：甘肃省 Z 镇的农村低保制度实践》，《宁夏社会科学》2016 年第 5 期。

139．孙睿、史建民、段玉恩：《我国农村低保资金供需状况的实证分析》，《东岳论丛》2011 年第 1 期。

140．孙月蓉：《加拿大低收入家庭保障计划对我国的启示——从完善最低生活保障制度的视角》，《社会保障研究》2012 年第 2 期。

141．谭兵：《最低生活保障目标定位的维度分析》，《中山大学学报（社会科学版）》2016 年第 5 期。

142．谭溪：《支出型贫困视角下农村社会救助扶贫效果研究》，《西南民族大学学报（人文社科版）》2018 年第 7 期。

143．汤闳淼：《我国社会救助制度下城乡最低生活保障标准设立再思考》，《中国社会科学院研究生院学报》2016 年第 5 期。

144．田北海、李春芳：《我国农村最低生活保障的制度困境及其优化路径研究》，《学习与实践》2012 年第 3 期。

145．田巍、阎贤：《最低生活保障制度实施过程中公众参与监督的路径研究》，《当代经济研究》2017 年第 12 期。

146．童星、王增文：《农村低保标准及其配套政策研究》，《天津社会科学》2010 年第 2 期。

147．汪海霞：《贫困地区自我发展能力研究：以新疆为例》，经济管理出版社 2015 年版。

148．汪三贵、Albert Park：《中国农村贫困人口的估计与瞄准问题》，《贵州社会科学》2010 年第 2 期。

149．汪柱旺：《我国农村最低生活保障制度绩效分析》，《金融与经济》2009 年第 1 期。

150．王国洪、杨翠迎：《"低保"需求与供给错位了吗?》，《西北人口》2016 年第 9 期。

151．王静、庄鹏睿、罗良清：《扶贫工作范式转换的系统仿真与政策模拟——基于江西省典型贫困地区贫困人口调查的研究》，《管理世界》2017 年第 2 期。

152．王三秀、常金奎：《城市低保标准的评价与重构——以武汉市为例》，《城市问题》2016 年第 10 期。

153．王小林、张晓颖：《迈向 2030：中国减贫与全球贫困治理》，社会科学文献出版社 2016 年版。

154．王小林：《贫困测量：理论与方法》，社会科学文献出版社 2017 年版。

155．王增文：《农村低保救助水平的评估》，《中国人口．资源与环境》2010 年第 1 期。

156．王增文：《中国农村反贫困绩效的推动因素测度及分解：1978—2014》，《财贸经济》2017 年第 9 期。

157．王志章、韩佳丽：《贫困地区多元化精准扶贫政策能够有效减贫吗?》，《中国软科学》2017 年第 12 期。

158．习近平：《摆脱贫困》，福建人民出版社 2014 年版。

159．夏珺、李春根：《农村最低生活保障财政支出效率静态状况及动态变化——基于 2008—2013 年省际面板数据的实证分析》，《华中农业大学学报（社会科学版)》2018 年第 2 期。

160．夏立君、叶慧：《社会救助能缓贫吗? ——以农村最低生活保障制度为例》，《民族论坛》2013 年第 9 期。

161．肖萌、李飞跃、斯华景：《论最低生活保障职能在政府间的合理性分配——兼析〈社会救助暂行办法〉》，《中州学刊》2017 年第 5 期。

162．肖萌、李飞跃：《低保依赖的影响因素及对策——一个综合解释模型探讨》，《南开学报（哲学社会科学版)》2017 年第 3 期。

163．肖荣荣、任大鹏、乐章：《收入贫困与多维贫困的测量与比较分析》，《学习与实践》2018 年第 8 期。

164．谢冰：《西部民族地区农村最低生活保障问题研究——基于基本公共服务均等化的视角》，《中南民族大学学报（人文社会科学版)》2011 年第 2 期。

165．谢东梅、刘丽丽:《福建省农村最低生活保障标准测算探讨——基于扩展线性支出系统模型》,《福建论坛(人文社会科学版)》2017 年第 6 期。

166．谢东梅、苏宝财、蒋蔚:《农村最低生活保障制度贫困和不平等减少效果评估——基于福建省农村居民收入分组数据》,《公共管理与政策评论》2016 年第 3 期。

167．谢东梅:《农村低保制度瞄准执行与动态贫困减少的有效性检验——基于福建省 14 个县(市、区)28 个村庄的调研》,《东南学术》2016 年第 11 期。

168．谢冬梅:《农村最低生活保障制度分配效果与瞄准效率研究》,中国农业出版社 2010 年版。

169．解垩:《公共转移支付对再分配及贫困的影响研究》,《经济研究》2017 年第 9 期。

170．解垩:《中国农村最低生活保障:瞄准效率及消费效应》,《经济管理》2016 年第 9 期。

171．谢家智、车四方:《农村家庭多维贫困测度与分析》,《统计研究》2017 年第 9 期。

172．谢沁怡:《人力资本与社会资本:谁更能缓解贫困?》,《上海经济研究》2017 年第 5 期。

173．谢勇才、杨斌:《社会保障拉大了农村居民收入分配差距吗——来自广东省的经验证据(2002—2012)》,《广东财经大学学报》2015 年第 2 期。

174．徐超、李林木:《城乡低保是否有助于未来减贫——基于贫困脆弱性的实证分析》，《财贸经济》2017 年第 5 期。

175．徐强、张开云、李倩：《我国社会保障制度的建议设绩效评价——基于全国四个省份 1600 余份问卷的实证研究》，《经济管理》2015 年第 8 期。

176．杨翠迎、冯广刚：《最低生活保障支出对缩小居民收入差距效果的实证研究》，《人口学刊》2014 年第 3 期。

177．杨国涛、段君、刘子誋等：《贫困地区农户发展能力评估》，经济科学出版社 2015 年版。

178．杨立雄、杨俊：《提升最低生活保障标准对财政支出和经济增长的影响研究——以北京市为例》，《江淮论坛》2016 年第 9 期。

179．杨立雄：《最低生活保障"漏保"问题研究——以北京市为例》，《社会保障评论》2018 年第 4 期。

180．杨龙、李萌、汪三贵：《贫困村互助资金降低农户脆弱性了吗——来自 5 省 1213 户三期面板数据的证据》，《农业技术经济》2018 年第 6 期。

181．杨秋宝：《2020：中国消除农村贫困：全面建成小康社会的精准扶贫、脱贫攻坚研究》，北京古籍出版社 2017 年版。

182．姚红义：《我国中西部农村最低生活保障资金需求与供给模式分析》，《青海社会科学》2010 年第 6 期。

183．姚建平：《中国城市低保瞄准困境：资格障碍、技术难题，还是政治影响?》，《社会科学》2018 年第 3 期。

184．姚明明、王磊：《基于双重差分法的农村最低生活保障制度减贫效果研究》，《辽宁大学学报（哲学社会科学版)》2018 年第 5 期。

185．易红梅、张林秀：《农村最低生活保障政策在实施过程中的瞄准分析》，《中国人口·资源与环境》2011 年第 6 期。

186．殷浩栋、王瑜、汪三贵：《易地扶贫搬迁户的识别：多维贫困测度及分解》，《中国人口·资源与环境》2017 年第 11 期。

187．于家富：《行政给付的行为规范研究——以最低生活保障制度实践中失范行为规制为中心》，中国政法大学出版社 2015 年版。

188．余漫：《贫困地区农村基础教育资源配置公平性研究》，社会科学文献出版社 2015 年版。

189．袁航、吕梦敏、刘景景、毕怡琳：《中国农户贫困陷阱：争议与解答——基于 2004—2012 年农村固定观察点数据的分析》，《经济评论》2018 年第 5 期。

190．岳经纶、胡项连：《低保政策执行中的"标提量减"：基于反腐败力度视角的解释》，《中国行政管理》2018 年第 8 期。

191．乐章、程中培：《收入是低保制度的唯一认定标准吗？——基于政策文本与中国家庭追踪调查数据的分析》，《学习与实践》2017 年第 7 期。

192．张昊：《农村低保评审乱象的成因及治理——基于定性定量混合研究方法的分析》，《中国农村观察》2017 年第 1 期。

193．张昊：《农村低保评审乱象的成因及治理——基于定性定量混合研究方法的分析》，《中国农村观察》2017 年第 1 期。

194．张静：《我国农村最低生活保障地方立法文本之比较》，《华南农业大学学报（社会科学版）》2011 年第 2 期。

195．张开云、叶浣儿：《农村低保政策：制度检视与调整路径》，《吉林大学社会科学学报》2016 年第 7 期。

196．张乃亭：《国外最低生活保障制度典型模式对中国农村最低生活保障的启示》，《山东农业工程学院学报》2015 年第 4 期。

197．张乃亭：《中国农村最低生活保障适度水平与支付能力研究》，《山东社会科学》2015 年第 7 期。

198．张平：《中国农村贫困人口最低生活保障方式相关问题解析》，《中央财经大学学报》2008 年第 4 期。

199．张奇林、李鹏：《政府信任、人际信任与制度依赖——一种城乡低保退出困境的解释框架》，《青海社会科学》2016 年第 9 期。

200．张琦、万君等：《脱贫攻坚保障：完善创新贫困考核与退出机制》，经济日报出版社 2017 年版。

201．张全红、李博、周强：《中国多维贫困的动态测算、结构分解与精准扶贫》，《财经研究》2017 年第 4 期。

202．张松彪、曾世宏、袁旭宏：《精准扶贫视阈下城乡居民低保资源配置差异及瞄准效果比较分析——基于 CHIP2013 数据的实证》，《农村经济》2017 年第 12 期。

203．张秀兰、徐月宾、王韦华：《中国农村贫困状况与最低生活保障制度的建立》，《上海行政学院学报》2007 年第 3 期。

204．张泽胜：《农村低保制度与扶贫开发政策的有效衔接》，《重庆社会科学》2017 年第 8 期。

205．张昭、吴丹萍：《多维视角下贫困的识别、追踪及分解研究——基于中国家庭追踪调查（CFPS）数据》，《华中农业大学学报（社会科学版）》2018 年第 5 期。

206．张昭、杨澄宇、袁强：《"收入导向型"多维贫困的识别与流动性研究——基于 CFPS 调查数据农村子样本的考察》，《经济理论与经济管理》2017年第2期。

207．章昌平、林涛：《"生境"仿真：以贫困人口为中心的大数据关联整合与精准扶贫》，《公共管理学报》2017年第7期。

208．赵新龙：《中国农村最低生活保障法律制度研究》，人民出版社2014年版。

209．赵颖：《我国农村最低生活保障行政程序的实证分析——兼论行政程序与实体的互动》，《国家行政学院学报》2009年第6期。

210．郑秉文、于环：《拉丁美洲"增长性贫困"检验及其应对措施与绩效》，《经济社会体制比较》2018年第7期。

211．郑长德、涂裕春、单德朋：《精准扶贫与精准脱贫》，经济科学出版社2017年版。

212．钟海：《权宜性执行：村级组织政策执行与权力运作策略的逻辑分析——以陕南L贫困村精准扶贫政策执行为例》，《中国农村观察》2018年第3期。

213．周强、张全红：《中国家庭长期多维贫困状态转化及教育因素研究》，《数量经济技术经济研究》2017年第4期。

214．周强：《多维贫困与反贫困绩效评估：理论、方法与实证》，经济科学出版社2018年版。

215．周文明、谢圣远：《中国城镇居民最低生活保障制度的发展演进及政策评估》，《广东社会科学》2016年第3期。

216．朱梦冰、李实：《精准扶贫重在精准识别贫困人口——农村低保政策的瞄准效果分析》，《中国社会科学》2017年第9期。

217．朱旭峰、赵慧：《政府间关系视角下的社会政策扩散——以城市低保制度为例（1993—1999）》，《中国社会科学》2016年第

8 期。

218．祝建华、邓茜钰：《"宁漏勿错"与"宁错勿漏"：低保制度目标定位的两难及化解》，《学习与实践》2017 年第 9 期。

219．邹鹰：《社会福利治理转型与乡村干部角色重塑——基于 Z 县农村低保制度的分析》，《甘肃社会科学》2017 年第 7 期。

220．左停、贺莉：《制度衔接与整合：农村最低生活保障与扶贫开发两项制度比较研究》，《公共行政评论》2017 年第 6 期。

221．左停、赵梦媛、金菁：《路径、机理与创新：社会保障促进精准扶贫的政策分析》，《华中农业大学学报（社会科学版）》2018 年第 1 期。

222．左停：《创新农村发展型社会救助政策——农村低保政策与其他社会救助政策发展能力视角的比较》，《苏州大学学报（哲学社会科学版）2016 年第 10 期。

223．A.B.Atkinson，*The Institution of an Official Poverty Line and Economic Policy*，STICERO，1993.

224．Alkire S.and Foster J.，*Counting and Multidimensional Poverty Measurement*，OPHI Working Paper Series，2008.

225．Alcock P.，*Understanding Poverty*，London：The Macmillan Press，1993.

226．B.R.Mitchell，*Abstract of British Historical Statistics*，Cambridge，1962.

227．Blanche D.Col，Robert H.Bremner，*Perspective in Public Welfare：A History*，New York 1969.

228．Blanden，J.& Gregg，P.，"Family Income and Educational Attainment: A Review of Approaches and Evidence for Britain", *Oxford*: *Oxford Review of Economic Policy*, 20 (2), 2004.

229 . Briggs A., *Social Thought and Social Action: A Study of the Work of Seebohm Rowntree*, London: Longmans, 1961.

230 . Carey Oppenheim, *Poverty: The Facts*, Child Poverty Action Group, 1993.

231 . Chen L.C., "Developing Family Development Accounts in Taipei: Policy Innovation from Income to Assets", *Social Development* Issues 25 (1&2), 2003.

232 . D.Fraser, *The Evolution of the British Welfare State*, MacMillan Publishers, 1984.

233 . David John Marotta, "Means Test and Privatize Social Security", *Hudson Valley Business Journal*, 2011, 22 (36).

234 . David Owen, *English Philanthropy: 1660 – 1960*, London: Oxford University Press, 1965.

235 . Dorothy Marshall, *The English Poor in the Eighteenth Century*, London: Routledge, 1926.

236 . Ezioni, A. (Eds.), *The Spirit of Community*, New York: Crown Publishing, 1991.

237 . Hagenaars A., "The Definition and Measurement of Poverty", *The Journal of Human Resources*, 1988, 16 (9).

238 . Harold Alderman, "Multi-tier Targeting of Social Assistance: The Role of Intergovernmental Transfers", *The World Bank Economic Review*, 2001, 15 (1).

239 . John Micklewright, Sheila Marnie, "Targeting Social Assistance in a Transition Economy: The Mahallas in Uzbekistan", *Social Policy and Administration*, 2005, 39 (4).

240 . Kamerman & Kahn, *Family Policies: Government and Families in Fourteen Countries*, New York: Columbia University Press, 1978.

241 . Lida Fan, Nazim Habibov, "Targeting Social Assistance in Azerbaijan: What can We Learn from Micro-data?", *International Journal of Social Welfare*, 2008, 17 (4).

242 . M.H.Mamedova, Z.G.Djabrailova, "Methods of Family Income Estimation in the Targeting Social Assistance System", *Applied and Computational Mathanatics*, 2007, 6 (1).

243 . Machael F.J., *Poor People's Knowledge: Helping Poor People to Earn from Their Knowledge*, Oxford University Press, 2003.

244 . Maureen. Baker, *Canadian Family Policies: Cross-National Comparisons*, Toronto University Press, 1995.

245 . Midgley, J., "Toward a Developmental Model of Social Policy: Relevance of the Third World Experience", *Journal of Sociology and Social Welfare*, 1996, 23 (1).

246 . O.Lewis, *Five Families: Mexican Case Studies in the Culture of Poverty*, New York: Basic Book, 1975.

247 . Peter S., *Can Social Exclusion Provide a New Framework for Measuring Poverty?*, SPRC Discussion, 2003.

248 . Rowntree Benjamin S., *Poverty: A Study of Town Life*, London: Macmillan, 1991.

249 . Townsend, *The International Analysis of Poverty*, New York: Harvester Wheat Sheaf Publishing, 1993.

250 . World Bank, *World Development Report*, New York: Oxford University Press, 1981.

251 . World Bank, *World Development Report*, New York: Oxford University Press, 1990.

252 . World Bank, *Attacking Poverty World Development Report*, New York: Oxford University Press, 2000/2001.

附　　录

附录一　部分附表

附表 1　2007—2016 年农村五等收入居民人均收入和各类人均消费支出

单位：元

年份	收入等级	人均收入	食品消费支出	衣着消费	居住消费	家庭设备、用品及服务	医疗保健	交通和通讯	文教娱乐用品及服务
2007	低收入户	1346.90	932.20	111.00	285.60	74.50	124.80	143.70	144.90
	中等偏下户	2581.80	1128.50	139.30	374.10	99.30	162.70	207.50	197.20
	中等收入户	3658.80	1326.60	176.80	495.60	133.80	192.80	285.00	263.30
	中等偏上户	5129.80	1572.00	211.60	645.30	176.80	238.80	385.30	355.00
	高收入户	9790.70	2203.00	361.30	1227.70	299.90	374.30	717.90	654.60
2008	低收入户	1499.80	1088.40	121.60	348.20	88.20	145.90	168.40	147.00
	中等偏下户	2935.00	1293.70	149.30	428.30	122.60	187.30	224.30	194.60
	中等收入户	4203.10	1527.00	192.20	538.80	155.30	224.20	302.40	277.10
	中等偏上户	5928.60	1815.70	247.60	764.30	205.30	273.50	410.80	383.50
	高收入户	11290.20	2521.50	397.00	1518.70	343.00	451.50	806.10	662.20
2009	低收入户	1549.30	1106.80	135.40	430.50	118.00	176.50	190.30	156.00
	中等偏下户	3110.10	1317.20	164.30	534.40	141.90	209.90	240.40	210.50
	中等收入户	4502.10	1549.70	209.50	655.40	178.50	256.30	327.70	296.10
	中等偏上户	6467.60	1861.70	268.70	894.60	248.00	333.70	469.40	416.00
	高收入户	12319.10	2601.80	436.50	1731.10	384.70	521.10	910.80	722.30

年份	收入等级	人均收入	食品消费支出	衣着消费	居住消费	家庭设备、用品及服务	医疗保健	交通和通讯	文教娱乐用品及服务
2010	低收入户	1869.80	1236.70	151.20	417.70	120.40	190.30	208.60	165.00
	中等偏下户	3621.20	1464.60	190.60	562.20	174.00	246.70	281.10	235.20
	中等收入户	5221.70	1718.00	239.10	718.40	220.70	295.10	372.30	318.10
	中等偏上户	7440.60	2047.60	305.20	934.90	276.80	381.00	525.50	446.10
	高收入户	14049.70	2828.40	496.90	1787.90	435.20	589.90	1073.80	782.20
2011	低收入户	2000.50	1485.40	208.50	572.30	172.60	312.60	292.00	202.30
	中等偏下户	4255.70	1729.90	250.40	677.50	225.30	372.70	354.70	267.20
	中等收入户	6207.70	2010.70	309.30	857.00	289.30	421.60	476.10	344.30
	中等偏上户	8893.60	2395.50	400.70	1086.90	373.30	496.60	634.10	471.50
	高收入户	16783.10	3264.40	618.40	1863.70	560.20	645.20	1144.10	815.70
2012	低收入户	2316.20	1620.30	246.10	637.70	197.40	370.90	360.30	230.20
	中等偏下户	4807.50	1902.70	287.60	775.20	250.10	439.10	412.70	294.20
	中等收入户	7041.00	2197.40	358.40	990.70	319.10	499.10	546.90	386.80
	中等偏上户	10142.10	2672.60	466.10	1341.20	406.70	595.70	732.50	533.10
	高收入户	19008.90	3622.70	717.80	1952.80	618.40	737.10	1418.80	918.90
2013	低收入户	2583.20	1739.95	272.12	724.14	223.62	443.37	439.34	251.08
	中等偏下户	5516.40	2043.21	318.01	880.27	283.32	524.89	503.24	320.89
	中等收入户	7942.10	2359.67	396.29	1124.99	361.49	596.62	666.88	421.89
	中等偏上户	11373.00	2869.96	515.38	1522.99	460.72	712.09	893.20	581.46
	高收入户	21272.70	3890.22	793.69	2217.49	700.54	881.12	1730.06	1002.25
2014	低收入户	2768.10	1962.02	316.88	1034.73	292.60	544.21	558.89	444.13
	中等偏下户	6604.40	2303.98	370.32	1257.83	370.71	644.28	640.18	567.61
	中等收入户	9503.90	2660.83	461.48	1607.50	472.99	732.32	848.34	746.27
	中等偏上户	13449.20	3236.25	600.16	2176.22	602.83	874.06	1136.25	1028.53
	高收入户	23947.40	4386.73	924.25	3168.59	916.62	1081.53	2200.83	1772.87

续表

年份	收入等级	人均收入	食品消费支出	衣着消费	居住消费	家庭设备、用品及服务	医疗保健	交通和通讯	文教娱乐用品及服务
2015	低收入户	3085.60	2125.18	341.78	1130.70	315.18	610.70	641.96	500.87
	中等偏下户	7220.90	2495.57	399.41	1374.50	399.33	722.99	735.32	640.12
	中等收入户	10310.60	2882.10	497.74	1756.60	509.50	821.78	974.43	841.60
	中等偏上户	14537.30	3505.37	647.31	2378.07	649.37	980.83	1305.12	1159.92
	高收入户	26013.90	4751.51	996.87	3462.50	987.38	1213.65	2527.93	1999.35
2016	低收入户	3006.50	2277.24	357.24	1260.37	344.13	670.75	750.58	553.06
	中等偏下户	7827.70	2674.14	417.48	1532.13	436.00	794.09	859.74	706.82
	中等收入户	11159.10	3088.33	520.25	1958.05	556.28	902.60	1139.31	929.30
	中等偏上户	15727.40	3756.19	676.59	2650.79	709.00	1077.29	1525.95	1280.79
	高收入户	28448.00	5091.51	1041.96	3859.58	1078.05	1333.01	2955.66	2207.68

附表 2　ELES 模型参数估计结果（2007 年）

项　　目	α_i	β_i	R^2	F
食品消费支出	756.539 *** (25.282)	0.150151 *** (26.932)	0.996	725.32
衣着消费	65.400 *** (13.474)	0.029901 *** (33.065)	0.997	1093.32
居住消费	93.303 * (3.421)	0.113817 *** (22.401)	0.994	501.82
家庭设备、用品及服务	34.740 ** (10.464)	0.027128 *** (43.857)	0.998	1923.40
医疗保健	85.776 *** (82.626)	0.029524 *** (152.643)	0.999	23299.86
交通和通讯	37.300 * (4.345)	0.068993 *** (43.131)	0.998	1860.32
文教娱乐用品及服务	46.095 * (4.538)	0.061512 *** (32.506)	0.997	1056.651
其他商品和服务消费	12.729 ** (10.826)	0.014575 *** (66.536)	0.999	4427.10

注：①括号中的数据代表 t 值；②* 表示 P 值<0.05，** 表示 P 值<0.01，*** 表示 P 值<0.001。

附表3　ELES 模型参数估计结果（2008 年）

项　目	α_i	β_i	R^2	F
食品消费支出	889.678 *** （25.826）	0.146883 *** （26.363）	0.996	695.02
衣着消费	72.949 *** （14.409）	0.028733 *** （35.091）	0.998	1231.39
居住消费	79.145 （1.373）	0.123859 *** （13.289）	0.983	176.59
家庭设备、 用品及服务	47.290 *** （24.562）	0.026220 *** （84.202）	0.999	7089.90
医疗保健	94.572 *** （22.406）	0.031309 *** （45.865）	0.999	2103.56
交通和通讯	37.469 （1.777）	0.066701 *** （19.562）	0.992	382.67
文教娱乐用品及服务	53.831 * （4.794）	0.053961 *** （29.715）	0.997	882.98
其他商品和服务消费	18.786 *** （24.106）	0.011980 *** （95.050）	0.999	9034.57

注：①括号中的数据代表 t 值；② * 表示 P 值<0.05，** 表示 P 值<0.01，*** 表示 P 值<0.001。

附表4　ELES 模型参数估计结果（2009 年）

项　目	α_i	β_i	R^2	F
食品消费支出	908.072 *** （29.607）	0.139431 *** （30.558）	0.997	933.82
衣着消费	83.235 *** （15.654）	0.028561 *** （36.106）	0.998	1303.67
居住消费	155.015 （2.590）	0.124191 *** （13.949）	0.985	194.56
家庭设备、 用品及服务	71.189 ** （8.518）	0.025589 *** （20.580）	0.993	423.55
医疗保健	116.092 *** （15.933）	0.032812 *** （30.271）	0.997	916.31
交通和通讯	41.244 （1.543）	0.069141 *** （17.391）	0.990	302.45

项　目	α_i	β_i	R^2	F
文教娱乐用品及服务	59.363 * (5.477)	0.053817 *** (33.375)	0.997	1113.89
其他商品和服务消费	16.201 ** (5.025)	0.012988 *** (27.079)	0.996	733.27

注：①括号中的数据代表 t 值；②* 表示 P 值<0.05，** 表示 P 值<0.01，*** 表示 P 值<0.001。

附表5　ELES 模型参数估计结果（2010 年）

项　目	α_i	β_i	R^2	F
食品消费支出	1015.010 *** (28.816)	0.131051 *** (28.657)	0.996	821.22
衣着消费	91.360 *** (23.368)	0.028761 *** (56.663)	0.999	3210.71
居住消费	150.167 * (3.359)	0.113973 *** (19.633)	0.992	385.45
家庭设备、 用品及服务	80.959 *** (13.392)	0.025535 *** (32.534)	0.997	1058.46
医疗保健	128.053 *** (29.184)	0.033001 *** (57.930)	0.999	3355.92
交通和通讯	23.330 (0.654)	0.072808 *** (15.714)	0.988	246.92
文教娱乐用品及服务	55.788 ** (7.058)	0.051475 *** (48.425)	0.998	2345.00
其他商品和服务消费	19.351 ** (7.677)	0.012435 *** (37.998)	0.998	1443.86

注：①括号中的数据代表 t 值；②* 表示 P 值<0.05，** 表示 P 值<0.01，*** 表示 P 值<0.001。

附表6　ELES 模型参数估计结果（2011 年）

项　目	α_i	β_i	R^2	F
食品消费支出	1249.493 *** (33.905)	0.121614 *** (30.296)	0.997	917.83

续表

项　目	α_i	β_i	R^2	F
衣着消费	140.479*** （15.947）	0.028445*** （29.643）	0.997	878.73
居住消费	326.590** （7.660）	0.089785*** （19.334）	0.992	373.81
家庭设备、 用品及服务	121.916*** （13.298）	0.026510*** （26.548）	0.996	704.78
医疗保健	279.009*** （25.105）	0.022382*** （18.488）	0.991	341.82
交通和通讯	126.467* （4.308）	0.059482*** （18.603）	0.991	346.07
文教娱乐用品及服务	96.558** （7.206）	0.042427*** （29.067）	0.996	844.87
其他商品和服务消费	38.459** （12.394）	0.011827*** （34.992）	0.998	1224.42

注：①括号中的数据代表 t 值；② * 表示 P 值<0.05，** 表示 P 值<0.01，*** 表示 P 值<0.001。

附表 7　ELES 模型参数估计结果（2012 年）

项　目	α_i	β_i	R^2	F
食品消费支出	1352.808*** （28.131）	0.121241*** （26.255）	0.996	689.35
衣着消费	162.921*** （13.879）	0.029121*** （25.834）	0.996	667.4
居住消费	136.968** （9.177）	0.081097*** （17.736）	0.991	314.56
家庭设备、 用品及服务	137.122*** （19.391）	0.025535*** （37.605）	0.998	1414.13
医疗保健	339.030*** （16.533）	0.021857** （11.100）	0.976	123.21
交通和通讯	123.794 （2.185）	0.065847** （12.101）	0.979	146.44
文教娱乐用品及服务	105.770** （6.333）	0.022171*** （26.406）	0.996	697.28

项　目	α_i	β_i	R^2	F
其他商品和服务消费	45. 129*** （13. 685）	0. 012777*** （40. 349）	0. 998	1628. 02

注：①括号中的数据代表 t 值；② * 表示 P 值<0. 05，** 表示 P 值<0. 01，*** 表示 P 值<0. 001。

附表 8　ELES 模型参数估计结果（2013 年）

项　目	α_i	β_i	R^2	F
食品消费支出	1444. 695*** （26. 886）	0. 116653*** （25. 356）	0. 995	642. 91
衣着消费	178. 267** （12. 321）	0. 028840*** （23. 282）	0. 994	542. 04
居住消费	490. 766** （8. 633）	0. 082486*** （16. 947）	0. 990	287. 19
家庭设备、 用品及服务	153. 576*** （17. 279）	0. 025917*** （34. 055）	0. 997	1159. 77
医疗保健	403. 597*** （16. 475）	0. 023417** （11. 165）	0. 976	124. 65
交通和通讯	146. 400 （2. 038）	0. 071902** （11. 692）	0. 979	136. 70
文教娱乐用品及服务	112. 648** （5. 582）	0. 041373*** （23. 944）	0. 995	573. 33
其他商品和服务消费	52. 578** （11. 460）	0. 013565*** （34. 531）	0. 997	1192. 37

注：①括号中的数据代表 t 值；② * 表示 P 值<0. 05，** 表示 P 值<0. 01，*** 表示 P 值<0. 001。

附表 9　ELES 模型参数估计结果（2014 年）

项　目	α_i	β_i	R^2	F
食品消费支出	1591. 842*** （29. 600）	0. 117118*** （29. 153）	0. 996	849. 89
衣着消费	199. 112** （8. 406）	0. 029811*** （16. 847）	0. 990	283. 81

续表

项　目	α_i	β_i	R^2	F
居住消费	668.396 ** (8.181)	0.104897 *** (17.186)	0.990	295.36
家庭设备、 用品及服务	191.654 *** (14.423)	0.030165 *** (30.388)	0.997	923.40
医疗保健	486.052 *** (20.390)	0.025699 *** (14.431)	0.986	208.27
交通和通讯	167.425 (1.398)	0.080809 ** (9.036)	0.96	81.64
文教娱乐用品及服务	181.464 * (3.281)	0.064900 *** (15.708)	0.988	246.73
其他商品和服务消费	45.765 ** (6.359)	0.011225 *** (20.881)	0.993	436.00

注：①括号中的数据代表 t 值；② * 表示 P 值<0.05, ** 表示 P 值<0.01, *** 表示 P 值<0.001。

附表 10　ELES 模型参数估计结果（2015 年）

项　目	α_i	β_i	R^2	F
食品消费支出	1718.381 *** (28.417)	0.117182 *** (28.162)	0.996	793.12
衣着消费	213.155 ** (8.482)	0.029710 *** (17.181)	0.990	295.19
居住消费	725.187 ** (7.954)	0.105879 *** (16.876)	0.990	284.81
家庭设备、 用品及服务	204.905 *** (14.262)	0.030019 *** (30.365)	0.997	922.02
医疗保健	544.279 *** (19.429)	0.026624 *** (13.812)	0.985	190.77
交通和通讯	187.005 (1.389)	0.085824 ** (9.262)	0.966	85.79
文教娱乐用品及服务	200.866 * (3.313)	0.067642 *** (16.214)	0.989	262.91
其他商品和服务消费	48.254 ** (6.487)	0.011073 *** (21.633)	0.994	467.98

注：①括号中的数据代表 t 值；② * 表示 P 值<0.05, ** 表示 P 值<0.01, *** 表示 P 值<0.001。

附录二 《农村最低生活保障对象识别
机制研究》调查问卷

问卷编号：

问卷填写人：

调查时间：　　　年　　月　　日

调查地点：　　省　　市　　县　　乡（镇）　　村

地区贫困程度：□贫困县　　　□贫困村　　　□无

尊敬的农民朋友：

您好！自 2007 年农村最低生活保障制度在全国基本实施以来，中央及地方政府十分重视农村低保的实施管理工作。为进一步完善农村低保制度、改善农村居民生活条件，请您依据实际情况，认真回答问题，以使我们的研究更具真实性，为政府的政策决策提供科学依据，使农村经济得到更好发展。

同时，根据我国法律规定，在未获得您许可的前提下，我们会对您所提供的所有信息予以绝对保密。本次调查采取不记名制，我们在科学研究中采用的是大量问卷的数据统计，而非您的个案信息，不会造成您家庭信息的泄露。

非常感谢您的理解和帮助！

一、家庭基本情况

1. 您的年龄_____；家庭人口数_____；其中：男性____人，

女性＿＿＿人；需要抚养的子女＿＿＿人，需要赡养的老人＿＿＿人。

2. 您家庭一年总收入：＿＿＿＿＿＿＿＿；家庭收入主要来源：＿＿＿＿＿＿＿＿。（可多选）

　　A. 种粮　　　　B. 种植经济作物　C. 畜牧业　　　D. 竹木业

　　E. 在外务工　F. 家乡打零工　　G. 自营非农业

　　H. 亲朋好友接济　G. 政府提供的低保金　H. 其他

3. 您的婚姻状况：A. 已婚　B. 未婚　C. 离婚　　D. 丧偶

4. 您的文化程度：＿＿＿＿＿＿；您家庭成员中教育程度最高的达到：＿＿＿＿＿＿。

　　A. 文盲　B. 小学　　C. 初中　D. 高中/中专

　　E. 大专　F. 本科　G. 研究生及以上

5. 您的家庭是否享有低保政策＿＿＿＿＿＿（是/否）；除农村低保以外，还有参加其他社会保障吗？＿＿＿＿＿＿＿＿＿（可多选）

6. 您的家庭成员＿＿＿＿＿＿人享有医疗保险；＿＿＿＿＿＿人没有享有医疗保险。

　　A. 新型农村养老保险　B. 新型农村合作医疗　C. 医疗救助

　　D. 特困生活救

7. 家庭成员身体健康情况：

身体状况	健康	有慢性病，能从事一般性劳动	重大疾病或伤残，无劳动能力
人口数			

8. 家庭中是否存在未完成九年义务教育就辍学的适龄儿童：＿＿＿＿＿＿（是/否）

9. 您的家庭每年用于教育支出的金额为＿＿＿＿＿＿＿＿元。

10. 下列家用电器及电子产品中，您家拥有哪些？_____
（可多选）

　　A. 电视机　B. 洗衣机　C. 冰箱　D. 空调　E. 电脑

　　F. 手机　　G. 热水器　J. 其他_____

11. 您是否拥有居住房屋所有权_____（是/否）；如果有，其房屋结构类型是：_____

　　A. 茅草房　B. 土坯房　C. 砖木结构　D. 钢筋混凝土/砖混

E. 其他_____

12. 您家庭日常生活燃料是：_____

　　A. 比较清洁的能源，如电器、管道煤气、液化气、天然气、沼气

　　B. 不够清洁的能源，如蜂窝煤、木柴、木炭、稻草、动物粪便

13. 您家中是否通电：_____（是/否），若能通电，日常供电是否稳定：_____

　　A. 很稳定，极少出现断电情况　B. 一般，断电情况比较频繁

　　C. 很不稳定，断电情况严重

14. 家庭中使用的水源：_____

　　A. 自来水　B. 深井水>5 米　C. 其他

15. 您家与村委会、乡（镇）政府等之间的关系：

　　A. 家人或亲戚在乡镇（或、县市、省）政府或工作

　　B. 家人是村委会领导

　　C. 和村委会领导是亲戚或朋友　D. 无关系

16. 请您对家中经济状况进行主观评价（结合您自己对生活的期望以及社会相对比较等因素：

　　A. 非常贫困　B. 贫困　C. 一般　D. 较宽裕，比较满意

E. 很宽裕，非常满意

17. 若您自我感觉家庭经济状况存在困难，其原因主要是：（可多选，最多选 3 项）

A. 除农业收入外几乎无其他经济来源　B. 家庭成员患重病或残疾

C. 子女上学负担重　D. 赡养老人负担重　E. 多子女抚养负担重

F. 家中缺乏劳动力　　G. 居住地自然条件差

H. 因灾害等多种突发事件　　I. 其他

二、农户对农村低保政策实施的认知度和认同感调查

1. 您是通过什么途径了解农村低保政策的？

A. 广播　B. 电视　C. 村干部　D. 亲戚、朋友或邻居　E. 其他

2. 作为低保户，该政策的实施对您家庭的基本生活有什么影响？

A. 有明显影响，让家里经济负担减轻了很多

B. 有些影响，稍微能够减轻一点经济负担

C. 基本没有影响，金额太少，对改变家庭生活状况基本没有效果

3. 您认为由村委会对低保家庭进行初步评估是否合适？

A. 合适　　　B. 不合适

4. 您所在的村确定最低生活保障对象时是否存在不公平或徇私现象？

A. 很公平　B. 比较公平　C. 不太公平　D. 很不公平

5. 您所在的村在确定低保户后是否会进行公示以征求群众意见？

A. 会公示，并征求群众意见　B. 会公示，但不征求群众意见

C. 不公示　D. 不清楚

6. 在民主公示过程中，如果您对公示内容有异议，您是否会向村委会或上级政府提出意见或建议：

　　A. 一定会　　　　　　　　B. 偶尔会

　　C. 不会，觉得与自己无关

　　D. 不会，迫于村干部或政府权利的顾虑